普通高等院校经济管理类"十三五"应用型精品教材
物流系列

U0368785

MODERN WAREHOUSING AND
DISTRIBUTION MANAGEMENT

现代仓储与配送管理

基于仓配一体化

刘常宝 编著

机械工业出版社
CHINA MACHINE PRESS

图书在版编目（CIP）数据

现代仓储与配送管理：基于仓配一体化 / 刘常宝编著. —北京：机械工业出版社，2020.1
（2023.3 重印）
（普通高等院校经济管理类"十三五"应用型精品教材·物流系列）

ISBN 978-7-111-64443-9

I. 现… II. 刘… III. ①仓库管理 – 高等学校 – 教材　②物流配送中心 – 企业管理 – 高等学校 – 教材　IV. F253

中国版本图书馆 CIP 数据核字（2020）第 005076 号

　　本书基于"信息技术背景下的仓配一体化管理"的编写思路，注重运用当下行业的融合性、跨界性创新思想来处理仓配关系，以优秀物流服务行业的仓储一体化成熟运作模式作为黏合剂，紧紧地将仓储管理与配送管理契合在一起，并将这一编写思想贯穿始终，鼓励教师将传统的仓储与配送两个相对独立的课程体系整合为一个有机整体，为学生今后在相关融合性行业的就业与创业拓宽知识与技能。本书始终关注物流业发展的前沿，尊重物流业发展的现状，用新近的理念和行业成果以及完善成熟的经典理论，借助创新的运作模式来丰富课程知识体系，在此基础上，适应网络经济与平台经济的新变化，拓展知识与技能领域，引进大数据云计算理论与技术方法，并将学习视野拓展到海外，以使课程知识服务于行业的国际化发展，同时培养学生的创新意识与创新能力。

　　本书既可作为高等院校电子商务、物流管理、市场营销等专业的本、专科教材，也可作为企业营销人员、管理者、经理人、研究人员、营销咨询培训师的培训教材和指导工具书。

出版发行：机械工业出版社（北京市西城区百万庄大街 22 号　邮政编码：100037）
责任编辑：杜　霜　　　　　　　　　　　　　责任校对：李秋荣
印　　刷：北京建宏印刷有限公司
开　　本：185mm×260mm　1/16　　　　　　版　　次：2023 年 3 月第 1 版第 3 次印刷
书　　号：ISBN 978-7-111-64443-9　　　　　印　　张：16.5
　　　　　　　　　　　　　　　　　　　　　定　　价：45.00 元
客服电话：（010）88361066　68326294

目前，物流业已成为先进商业模式创新的蓝海，从供应链到区块链，物流业为模式创新提供了很多素材和资料。传统的物流业内部的业务分类被电商背景下的市场多样化需求颠覆，融合思想成为一体化、平台化模式的思想源泉。大数据、云计算为融合性提供技术基础，并且正在孕育和产生巨大的经济价值，其增值性和创新性几乎颠覆了传统物流行业现有的运作模式，其盈利方式和运作模式也日益受到行业的追捧和青睐，未来单纯的仓储人才和配送管理人才也将会被仓配一体化的复合型人才取代。故此，本书在设计体系构架时不再将仓储与配送分割为两个不同性质的业务功能模块，而是将其相互融合甚至契合成为一体化的运作模式。希望在课程教学中，教师也要防止将两者割裂开来或做加法形式的结合，使其无缝对接、融为一体，整合为一门系统、完整的课程，并对接当下现代物流企业的仓配业务需要，使高校的专业建设与企业行业发展相互契合。

本书基于"信息技术背景下的仓配一体化管理"的编写思路，注重运用好当下行业的融合性、跨界性创新思想来处理仓配关系，以优秀物流服务行业的仓配一体化成熟运作模式作为黏合剂，紧紧地将仓储管理与配送管理契合在一起，并将此编写思想贯穿始终，鼓励教师将传统的仓储与配送这两个相对独立的课程体系整合为一个有机整体，为学生今后在相关融合性行业就业与创业拓宽知识与技能。在本书的编写过程中，笔者始终站在物流业发展的前沿，尊重物流业发展的现状，用最新的理念和行业成果以及完善成熟的经典理论，借助创新的运作模式来丰富课程知识体系，在此基础上，适应网络经济与平台经济的新变化，拓展知识与技能领域，引进大数据云计算理论与技术方法，并将学习视野拓展到海外，以使课程知识服务于行业的国际化发展，同时培养学生的创新意识与创新能力。

本书具有以下几个特点：

（1）知识体系的逻辑性与创新性的统一。使用总分式的体系设计，对业内各种仓配一体化创新模式进行解析，帮助学生全面、系统地理解仓配一体化模式的演变过程。

（2）案例分析与模式诠释的统一。在传统的仓储与配送管理理论基础上，诠释新仓配一体化模式的运作机制与商业价值，帮助学生了解现代融合性思想的实践基础。

（3）课内知识与业内现状的统一。通过仓配一体化专业知识的系统梳理，以及业内新近案例的导入，帮助学生实现学业与职业的无缝对接，完成学习人向职业人的转变。

（4）传统理论与前瞻趋势的统一。将业内优秀仓配一体化物流企业的前瞻性运作模式与传统经典理论有机结合，借助课后的实训模块提高学生的综合分析能力和预测能力。

全书分为 12 章，第 1 章为现代仓储与配送概述，阐述了传统仓储与配送的含义与特征，仓配一体化的本质、特点与类型，以及对行业发展的作用。第 2 章为仓配一体化体系构建，介绍了从工业仓储到商业仓储以及信息技术背景下的一体化框架设计。第 3 章至第 6 章为仓配一体化的基本业务运作流程分析，以当下的优秀企业的运作模式和组织模式为研究基点，以创新务实为脉络和主线，介绍了仓配一体化组织与管理、仓配一体化服务、仓配中心规划与管理以及仓配一体化业务流程。第 7 章至第 11 章以仓配一体化模式的前瞻性创新理念为引导，对正在实现及未来行业趋势的创新模式和创新理念进行系统务实的分析，介绍了电商仓储、数字仓、云仓储、海外仓、保税仓、融通仓、冷链仓、新零售与前置仓等全新的仓配模式。第 12 章介绍了自 2014 年以来政府出台的与仓储配送相关的政策法规，并对政策法规做了简略的、科学的解读。考虑到有部分仓配模式正在创新阶段，诸多理论与体系尚未推广，故此，在诠释中给学生留有一定的思考和完善的空间，以适应学生运用互联网思维和创新思维来对接未来仓配岗位的实际需要，也符合高校培养应用型人才的目标。

参与本书编写的教师均为多年教授信息系统管理、电子商务、物流管理、市场营销等专业的一线教师，既有丰富的工商管理专业、物流管理专业的教学经验，又有一定的前瞻性、创新性知识的驾驭能力。

本书由刘常宝编著并负责对全书进行构思、统稿、总纂、修改和定稿。在本书的编写过程中，笔者参阅了大量相关行业报告、政府法规、专业教材、专著和网络资料，并援引当前互联网与信息技术相关知识、仓储与配送的法律知识、仓配物流行业运营问题研究资料，在此特别说明，并对相关作者表示感谢！

本书涉猎知识范围广，体系框架全新，业内研究落地，编写难度较大。基于此，书中难免有不妥之处，敬请各位同人不吝赐教。

刘常宝

2020 年 1 月

在教学中应将现代仓储与配送管理课程置于大数据与云计算等信息技术广泛运用与不断发展的背景之下，关注仓储与配送相互间整合、融合到契合的演变过程，通过业内新近案例和成功的运作经验，把握从传统仓储与配送的理论构架到仓储与配送融合的基础形式，再到创新模式的逻辑演进。明确以信息技术为背景的共享经济对仓配一体化的客观需求，利用业内成熟的模型和权威的理论，对仓储与配送管理课程的知识进行科学系统的传授，将仓储与配送二者融合的思想贯穿教学活动的始终。教学中力求案例选取新、准、精，研究角度新颖，板书体例条理清晰。仓配管理与服务模式具有很强的创新性和实战性，学生通过学习，应理解仓储与配送融合、创新的现实意义，并能够在互联网及信息技术背景下，掌握相关企业实施融合创新的过程、规律与特征，梳理仓配一体化的基本发展过程、流程与业务核心点。建议教学课时为48学时。

学时分配表

章　　号	内　　容	建　议　学　时
第 1 章	现代仓储与配送概述	4
第 2 章	仓配一体化体系构建	4
第 3 章	仓配一体化组织与管理	4
第 4 章	仓配一体化服务	4
第 5 章	仓配中心规划与管理	4
第 6 章	仓配一体化业务流程	4
第 7 章	电子商务与电商仓配物流	4
第 8 章	数字仓与云仓储	4
第 9 章	海外仓与保税仓	4
第 10 章	融通仓与冷链仓	4
第 11 章	新零售与前置仓	4
第 12 章	仓配物流政策法规	4
合　计		48

目录 • Contents

前　言
教学建议

第 1 章　现代仓储与配送概述　　　　　　　　　　　　　1

1.1　现代仓储与配送的概念　　　　　　　　　　　　　2

1.2　仓储与配送的关系　　　　　　　　　　　　　　　6

1.3　仓配一体化的现状分析　　　　　　　　　　　　　9

┊本章小结　　　　　　　　　　　　　　　　　　　　15

┊复习思考题　　　　　　　　　　　　　　　　　　　15

┊课内实训　　　　　　　　　　　　　　　　　　　　15

┊课外实训　　　　　　　　　　　　　　　　　　　　15

┊案例分析　　　　　　　　　　　　　　　　　　　　16

第 2 章　仓配一体化体系构建　　　　　　　　　　　　　17

2.1　仓配一体化体系设计的思想基础　　　　　　　　18

2.2　仓储配送 ERP 体系　　　　　　　　　　　　　　23

2.3　仓储配送 SCM 系统　　　　　　　　　　　　　　26

2.4　仓储配送 CRM 体系　　　　　　　　　　　　　　34

┊本章小结　　　　　　　　　　　　　　　　　　　　38

┊复习思考题　　　　　　　　　　　　　　　　　　　39

┊课内实训　　　　　　　　　　　　　　　　　　　　39

┊课外实训　　　　　　　　　　　　　　　　　　　　39

┊案例分析 2-1　　　　　　　　　　　　　　　　　　39

┊案例分析 2-2　　　　　　　　　　　　　　　　　　40

第 3 章　仓配一体化组织与管理　42

3.1　仓配一体化组织概述　43

3.2　仓配一体化管理模式分析　47

3.3　供应链下的仓配创新　53

┆ 本章小结　55

┆ 复习思考题　55

┆ 课内实训　55

┆ 课外实训　56

┆ 案例分析 3-1　56

┆ 案例分析 3-2　56

第 4 章　仓配一体化服务　59

4.1　仓配一体化服务概述　60

4.2　仓配一体化服务的基本内容　62

4.3　仓配一体化服务流程优化　70

4.4　仓配一体化服务的发展趋势　73

┆ 本章小结　76

┆ 复习思考题　76

┆ 课内实训　76

┆ 课外实训　77

┆ 案例分析 4-1　77

┆ 案例分析 4-2　78

第 5 章　仓配中心规划与管理　79

5.1　仓配中心规划概述　80

5.2　仓配中心平面布局设计　85

5.3　仓配中心的分类与设备　88

5.4　EIQ 规划分析　91

┆ 本章小结　104

┆ 复习思考题　105

┆ 课内实训　105

┆ 课外实训　105

┆ 案例分析 5-1　105

┆ 案例分析 5-2　106

第 6 章　仓配一体化业务流程 　　　　107

　6.1　仓配一体化功能概述　　　　108

　6.2　仓配一体化业务流程　　　　111

　6.3　仓配一体化货物库内作业　　　　126

　6.4　仓储管理系统　　　　130

　　本章小结　　　　133

　　复习思考题　　　　134

　　课内实训　　　　134

　　课外实训　　　　137

　　案例分析　　　　137

第 7 章　电子商务与电商仓配物流 　　　　139

　7.1　电子商务与电商仓配物流概述　　　　140

　7.2　电商仓配供应链体系　　　　142

　7.3　电商仓配物流模式　　　　147

　7.4　电商仓配物流问题与对策　　　　151

　　本章小结　　　　155

　　复习思考题　　　　156

　　课内实训　　　　156

　　课外实训　　　　156

　　案例分析 7-1　　　　156

　　案例分析 7-2　　　　157

第 8 章　数字仓与云仓储 　　　　159

　8.1　数字仓概述　　　　160

　8.2　云仓储概述　　　　163

　8.3　"云仓储"效益及适用行业　　　　167

　8.4　"无人仓"概述　　　　168

　　本章小结　　　　173

　　复习思考题　　　　173

　　课内实训　　　　173

　　课外实训　　　　173

　　案例分析　　　　173

第 9 章　海外仓与保税仓　175

9.1　海外仓概述　176

9.2　海外仓的操作与功能　180

9.3　海外仓发展趋势　184

9.4　保税仓概述　189

⋮本章小结　192

⋮复习思考题　192

⋮课内实训　192

⋮课外实训　192

⋮案例分析 9-1　192

⋮案例分析 9-2　194

第 10 章　融通仓与冷链仓　196

10.1　融通仓概述　197

10.2　供应链金融与融通仓　201

10.3　融通仓业务操作中的问题及对策　203

10.4　冷链物流　204

⋮本章小结　209

⋮复习思考题　209

⋮课内实训　210

⋮课外实训　. 210

⋮案例分析 10-1　210

⋮案例分析 10-2　211

第 11 章　新零售与前置仓　213

11.1　新零售概述　214

11.2　前置仓概述　217

11.3　前置仓行业成熟模式　224

11.4　前置仓扩展模式分析　227

11.5　前置仓的发展趋势　231

⋮本章小结　233

⋮复习思考题　233

⋮课内实训　234

┊课外实训 234

┊案例分析 11-1 234

┊案例分析 11-2 235

第 12 章　仓配物流政策法规　237

12.1　仓配物流政策法规制定的背景 238

12.2　2014～2018 年仓配物流政策法规概述 242

12.3　2014～2017 年我国政府制定的重要仓配物流法规汇总 247

┊本章小结 251

┊复习思考题 252

┊课内实训 252

┊课外实训 252

┊案例分析 12-1 252

┊案例分析 12-2 253

参考文献　254

现代仓储与配送概述

学习目标

1. 通过学习本章，熟悉现代仓储与配送的本质及相互融合的发展趋势，了解现代仓储与配送的内涵、种类及特点。
2. 熟悉现代仓储与配送的核心业务及行业发展状况，掌握网络经济下现代仓储与配送的表现形式及业务特征。
3. 了解现代仓储与配送的基本运作模式，了解国家及地方实施仓储与配送融合发展的战略。

引导案例

鲸仓与陆港集团合作投建的义乌市首个智能共享仓

义乌市严昆电子商务有限公司（以下简称"严昆公司"）作为义乌市跨境电商元老级企业，于 2018 年 3 月入驻鲸仓科技与国际陆港集团合作投建的智能共享仓。严昆公司位于义乌市陆港电商小镇，借助深耕跨境电商领域十余年的经验，目前在 eBay 平台大中华区排名前 20 名，亚马逊、Wish、全球速卖通则紧随其后。经过这些年的发展，严昆公司已成为义乌市政府重点扶植培养的企业，并荣获 2015 年义乌第五批电子商务示范单位、义乌跨境电商协会副会长单位、2015 年 10 周年大卖家奖、2017 年 eBay 精英奖等奖项。凭借自身专业经验及苦心钻研行业多年，严昆公司目前已实现约 5 万个 SKU[⊖]、日均达 30 000 单、仓库面积 4 500 平方米、仓库人员 70 余人。在业务不断扩张之时，企业对仓储数据准确性及管理规范性的需求越发明显。基于此项需求，严昆公司通过考察对比众多仓储方案，在接触并了解了鲸仓智能共享仓之后，在很短的时间内就决定签约。

　⊖　SKU 的全称为 stock keeping unit（库存量单位），即库存进出计量的基本单元。

严昆公司的负责人说："在我们考察过的智能仓储设备中，这套系统设备操作更简单，使用价格包括后期的保养成本更低，故障率更低，很适合电商企业。仓库里单个储位盒可存储 4～8 个 SKU，比起传统仓储，可减少很大一部分仓库面积。"此次，严昆公司入驻的是鲸仓科技与国际陆港集团合作投建的义乌市首个智能共享仓。而智能共享仓则是指由鲸仓科技投建的全球智能仓，品牌商、零售商均可按需入驻，将仓储业务外包给鲸仓。目前智能共享仓项目还在建设阶段，但严昆公司还是将信任交给了鲸仓科技。

资料来源：鲸仓科技官网，http://www.whalehouse.com/。

1.1　现代仓储与配送的概念

"仓储"是一个古老的概念，"仓廪实而知礼节"，古人将仓储看作安国之本、立国之基、持家之要。自古代至近代，我国社会生产力水平不高，产品生产总量不高，受交通基础设施建设资源不足的影响，物流运作能力受限，仓储的物品大多都是近地消费，仓储属静态储存，多是以备不时之需。现代仓储则突破传统静态物资储存的意义，仓储的功能和类型也伴随消费体量的扩张、市场范围的扩大、产业链的拉长、生活质量的提高，以及产业融合程度的加深而发生质的变化。现在，已经逐步由存储型仓储向流通型仓储转化，仓储功能也逐步多元化，为实现仓储与配送功能的融合创造了良好的客观条件。

1.1.1　现代仓储的基本内涵

纵观仓储角色的变化，从物流功能整合的角度，概括地说，就是仓储向配送中心的转化，仓储与配送的业务交融，二者的业务边界日益模糊，趋于融合。

1. 现代仓储的内涵的演变过程

传统的仓储的定义是从物资储备的角度阐发而来的，进入 21 世纪，现代仓储不仅仅是传统意义上的"仓库""仓库管理"，而且是在经济全球化与供应链一体化背景下的仓储，是现代物流系统中仓配一体化的一个重要环节。尤其是信息技术的快速发展与逐步普及，为现代仓储模式创新带来了很多机遇。随着物流管理向供应链管理以及区块链方向的发展演进，企业越来越多地强调仓储作为供应链中的一个资源提供者的独特角色，由此，仓库再也不只是存储货物的库房了，仓储与零售、国贸、金融等行业相互融合，逐步扩大服务内容和服务范围。

2. 现代仓储的内涵

现代物流系统中的仓储，本身是一个动态的概念，是系统要素中的重要构成，它表示一项活动或一个过程，是以满足供应链上下游的需求为目的，在特定的有形或无形的场所，运用现代技术对物品的进出、库存、分拣、包装、配送及信息进行有效计划、执行和控制的物流活动。从这个概念可以发现现代仓储以下几个基本内涵。

（1）物流活动。仓储首先是一项集成化的物流活动，或者说物流活动是仓储的本质属性。仓储不是产品生产也不是商品交易，而是为生产与交易服务的物流活动中的一个中间环节。这表明仓储只是物流活动之一。仓储应该融于整个物流系统之中，在与其他物流活动相联系、相配合中实现自身价值，这一点与过去的"仓库管理"是有很大区别的。

（2）仓储活动。仓储活动包括了物品的进出、库存、分拣、包装、配送及其信息处理等六个方面的基本功能，这些功能已经把具有原初含义的配送包含在其中。

1）物品的出入库与在库管理可以说是仓储最基本的活动，也是传统仓储的基本功能。但是，在信息化技术支持下，其管理手段与管理水平得到了不断的凝练和提升。

2）物品的分拣与包装在传统仓储中也有，只不过在现代仓储中表现得更普遍、更深入、更精细、更精准，甚至已经与物品的出入库及在库管理相结合，共同构成现代仓储的基本功能。

3）将"配送"作为仓储活动，以及仓储的基本功能之一，是因为配送不是一般意义上的运输，而是仓储功能的自然延伸，是仓库发展为配送中心乃至仓配中心的内在要求。若没有配送，仓储也依旧是孤立的仓库，就像没有出口的"水库"，只具有蓄水功能。

4）仓储信息处理已经是现代经济活动的普遍现象，也是仓储活动的内容之一。如果没有现代信息处理技术支持，现代仓储的意义就不存在了。

（3）仓储目标。仓储的目标反映出仓储运营者的经营目标，就是为了满足供应链上下游的需求，对仓储物以及附带相关服务进行有效的管理并获得预期经济效益。这与传统上仅仅满足"客户"的需求在深度与广度上都有重大区别。要明确需求者与服务接受者，确定目标客户，以供应链思维经营仓储。客户可能是上游的生产者，也可能是下游的零售业者，还可能是企业内部，仓储要满足供应链中直接客户或间接客户的需求，应该融入供应链上下游之中，根据产业供应链的整体需求确立仓储的角色定位与服务功能。

（4）仓储条件。仓储的条件是由特定的有形或无形的场所与现代技术构成的，是硬件与软件条件的统一。"特定"是指因为各个企业的供应链具有特定性，所以仓储的场所也有特定性。"有形的场所"是指仓库、货场或储罐等。现代网络经济背景下，仓储有时可以在虚拟仓（即虚拟的空间）进行，如海外仓、前置仓、无人仓等，也需要许多现代技术的支撑，离开了现代仓储设施设备及信息化技术，现代仓储便无从谈起。

（5）仓储方法。企业仓储的方法与水平主要体现在利用现代技术能力方面，包括有效地实施仓储计划、执行和控制等。计划、执行和控制是现代管理的基本内涵，科学、合理、精细的仓储也应当通过现代技术对传统的仓储方式加以创新改造，形成具有互联网时代特点的仓储方法和模式。

1.1.2　现代仓储在物流和供应链中的角色

现代仓储既是物流整个活动链条中的重要环节，也是物流功能增值的重要方面，它是实现物流时间价值的主要形式，如图 1-1 所示。

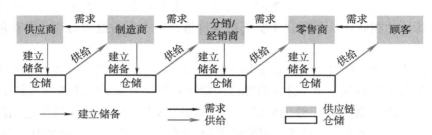

图 1-1　仓储在供应链中的地位

（1）仓储是物流与供应链中的库存控制中心。库存成本是主要的供应链成本之一，在我国，库存成本约占物流总成本的三分之一。因此，管理库存、减少库存、控制库存成本就成为在供应链框架下，从仓储着眼降低供应链总成本的主要任务。

（2）仓储是物流与供应链中的调度中心。仓储直接关乎供应链的效率和反应速度。人们希望现代仓储处理物品的误差能降低到一个百分点以下，并能够对特殊市场需求做出快速反应。比如，当日配送等形式已经成为许多仓库所采用的一种业务方式，客户和仓库管理人员通过不断提高精确度、及时性、灵活性以及对客户需求的反应程度来实现经营目标。

（3）仓储是物流与供应链中的增值服务中心。现代仓储不仅提供传统的储存服务，还提供与制造业的延迟策略相关的后期服务，包括组装、包装、打码、贴唛、客户服务甚至融通资金、报关与清关等增值服务，以提高客户满意度，从而提高供应链上的整体服务水平。可以说，物流与供应链中的绝大部分增值服务都体现在仓储方面。

（4）仓储是现代物流设备与技术手段的主要应用中心。供应链一体化管理是通过现代管理技术和科技手段的应用而实现的，实现高效率必然促进了供应链上的一体化运作，而软件技术、互联网技术、自动分拣技术、光导分拣、RFID、声控技术等先进的科技手段和设备的应用，则为提高仓储效率提供了技术条件。

中国仓储与配送协会根据发达国家的研究成果与我国现代仓储业发展的趋势，提出了现代仓储的内涵与外延、仓储在供应链中的功能与定位，可以成为行业依据的标准。

1.1.3　现代配送的内涵与外延

传统仓储与配送的本质区别：仓储侧重于管理储物空间利用，而配送更侧重于管理时间规划，即物品周转速度。二者的本质区别是配送中心既管理空间又管理时间。配送是仓储功能的推进和延伸，配送是物流的一个缩影或在某小范围中物流全部活动的体现，它是伴随人类城市化进程而产生的城区短距离物资空间的移动形式。经科学统计，城市配送的经济半径为 60 公里左右。从物流来讲，配送囊括了所有的物流功能要素，实质上是物流管理整体活动的浓缩。一般的配送集装卸、包装、保管、运输和物流加工于一身，通过这一系列活动完成物流全部或部分功能。

总之，配送是物流中一种特殊的、综合的活动形式，其从商流与物流到信息流、资金流紧密结合，不仅包含了商流活动、物流、资金流、信息流活动，也包含了物流中若干功能要素的延伸。

1. 现代配送的内涵

配送是按用户订货要求，在配送中心或其他物流节点进行货物配备，并以最合理的方式送交用户，实现资源的最终配置的经济活动。这一概念概括说明了配送的基本内涵。实际上，在物流活动中，配送的上游活动是仓储，下游就是送货，配送是仓储与送货的有机结合。

（1）配送是接近用户资源配置的全过程。尤其是第三方配送服务企业实现客户价值的过程，配送运作中包含了 CRM（客户关系管理）的核心内容。在各环节中会增加传统仓储延伸或衍生的服务内容，伴随电商与跨境的需要，物流金融与海外仓模式运作，客户价值实现的外延会有所增加。

（2）配送与一般送货有本质性的区别。伴随智能化物流的出现，未来仓储与送货将合二为一，配送是高水平送货，是从物流节点至用户的一种特殊送货形式。从送货功能看，其特殊性表现为：通常从事送货的是专职第三方物流企业，而不是生产或商业企业；配送是"中转"型送货模式，而一般送货，尤其从工厂至用户的送货，往往是直达型送货模式；一般送货的配送种类与数量由生产决定，配送则是客户需要的。

（3）现代配送是"配"和"送"有机结合的形式。配送与一般送货的重要区别还在于，配送利用配送中心或仓库进行有效的分拣、配货等理货工作，使送货的数量结构达到一定的规模，以利用规模优势取得较低的送货成本。现代配送追求整个配送的优势，分拣、配货等工作是必不可少的，这些功能有赖于仓储来实现。

要做到需要什么送什么，就必须在一定中转环节筹集这种需要，从而使配送必然以中转形式出现，这就为配送与中转仓储功能的合二为一创造了先决条件。

（4）配送以用户要求为出发点。客户至上是所有服务业的宗旨。在传统中，由于配送活动大部分是由企业内部运作的，因此客户意识不强。但在第三方仓配中，强调的是"按用户的订货要求"，明确了用户的主导地位和市场拉动趋势。配送是从用户利益出发，按用户要求进行的一种活动，因此在观念上必须坚持"用户至上""质量第一"，配送企业的地位是服务地位而不是主导地位，不能从本企业利益出发而应从用户利益出发，在满足用户利益的基础上获取物流企业自身的利益。更重要的是，不能利用配送活动损害或控制用户，更不能利用配送作为部门分割、行业分割、割据市场的手段。

2. 现代配送的外延（分类）

现代配送分类的基础仍然以功能为主，这是未来仓配分类的基础和前提。

（1）按仓储节点不同可分为：配送中心配送、仓库配送、商店配送。

（2）按仓储商品种类和数量不同可分为：少品种大批量配送、多品种少批量配送、配套成套配送。

（3）按配送时间和数量不同可分为：定时配送、定量配送、定时定量配送、定时定路线配送、即时配送。

（4）按经营形式不同可分为：销售配送、供应配送、销售供应一体配送、代存代供配送。

（5）按照空间位置不同可分为：国内仓、海外仓、前置仓。

1.2　仓储与配送的关系

仓储是配送的物质基础和运作前提，配送是仓储功能的业务延伸和价值扩张，这是仓储与配送关系的核心。

无论是仓储还是配送，提供的都是物流服务，都以满足顾客对物流服务的需求为活动的前提。目前，由于在买方市场条件下，顾客的需求是灵活多变的，市场消费特点是多品种、小批量的，因此从这个意义上说，仓储与配送活动绝不是简单的存货与送货活动，而应该是建立在市场营销策划基础上的企业综合经营活动。

在新零售背景下，单一的存货与送货功能无法满足用户对物流服务的需求，因此仓储与配送活动是多项物流活动的统一体，尤其是传统仓储功能的延伸和扩张。而配送被人们认为是"微物流"，只是比大物流系统在程度上有些降低和在范围上有些缩小而已。从这个意义上说，仓储与配送活动几乎包含了所有的物流功能以及所有的功能拓展。

1.2.1　仓储与配送关系的意义

由于现代商业活动的融合性和协同性不断增强，因此相似或相近活动的整合趋势日益明显。仓储与配送原本是区别度较高的两项物流功能，但在互联网和信息技术的支持下，在客户的需求不断变化的情况下，仓配一体化趋势日益明显。仓储与配送关系有以下几个意义。

（1）有利于物流运动实现合理化。事物内部本质的必然的联系就是规律，关系是构建联系的基础。由于仓储与配送之间关系紧密，互动性、渗透性强，二者相互作用，就构成一定的规律。物流运动合理化就是要符合经济活动的内在规律和发展趋势，仓储与配送在传统意义上的功能整合是实现一体化的前提。

（2）可以完善运输和整个物流系统。未来物流系统的整合资源功能将会伴随信息技术和互联网技术的突破而不断增强。仓储与配送在技术先进的条件下融合为一个完整的系统，这是趋势，也具有可行性。

（3）可以提高末端物流的效益。在供应链需求点不断下移的情况下，终端与末端效益问题日益受到业界的关注，仓储与配送在功能上的整合都是为末端物流或者"最后一公里"物流服务的。二者关系的处理不仅关乎末端物流所需资源的供给问题，也是未来物流服务企业转型升级优化的方向。

（4）通过集中库存使企业实现低库存或零库存。配送频率与仓储效能之间的二律背反关系，印证了仓储与配送的内在关联性。在商业流通领域，实现零库存对末端地价偏高的商业网点来说意义更大，为提高实体店的竞争力，只有仓配合作才能真正实现低库存乃至零库存。

（5）简化事务，方便客户。仓配一体是仓储与配送的统一，对如跨境海外仓、第三方配送中心、物流园区等物流节点有更重要的社会价值。仓配一体化之后，仓配的部分交叉重叠的服务内容得以合并，使整体流程得到优化，不仅大大缩减了交易成本，而且还方便了客户；同时，可以为电子商务的发展提供基础和支持。

在互联网共享经济背景下，行业内外功能整合存在一定的技术基础，关键是如何转变传统观念，实现企业资源效用的最大化。

1.2.2　仓储与配送的关系

1. 仓储与配送的区别

从传统意义上看，仓储与配送的主要区别在于：

（1）仓储属于物流相对静态的活动，配送则为物流动态性活动。

（2）仓储一般指内部存储与管理，配送则特指外部送达与相关延伸服务。

（3）仓储服务的内容相对具有单一性，配送则是一项综合性、复合性的服务。

总之，传统意义上的仓储是指在特定的场所储存物品的一切管理行为，而配送则是以组织配送性销售或供应为目的，以执行实物组配合送达为主要职能的区域性全流程活动。二者在功能、价值、业务等方面有一定的区别。

表 1-1 从五个方面比较说明了仓储与配送的区别。

表 1-1　仓储与配送的区别

项　目	配　送	仓　储
服务对象	特定用户	所有企业需求用户
功能	配送核心作业等功能	物流功能健全
辐射范围	小	大
配送特点	多品种、小批量、高频率	少品种、大批量
经营特点	以配送为主，储存为辅	储存、吞吐能力强
应用场景	货物的运送过程	货物的保存与管理

2. 仓储与配送的联系

从功能和逻辑演进方面看，先有仓储后有配送，配送是在仓储功能扩张的基础上延伸出来的一项综合性功能。

（1）仓储是配送的基础和前提。从国际物流业态发展逻辑过程看，现代配送大部分都是在原有的仓储功能完备的基础上产生的，尤其是现代技术，首先在仓储业中使用，再逐渐在配送活动中推进，从黑科技以及智慧物流的发展脉络中就可以看到端倪。

（2）配送是仓储功能的立体化演进和扩展。现代配送活动基于市场需求，采取客户导向，实施功能驱动，利用现代技术支撑，进一步模糊了仓储与配送的功能边界。尤其是在电商企业进入后，在互联网技术的推动下，配送功能在原有的仓储功能基础上，正在向各个方面立体化拓展，海外仓、融通仓、前置仓等仓配模式使得原有的仓配功能在金融、海关、零售等领域构建了一个经济生态圈。

（3）配送活动是物流管理流程的浓缩。从逻辑关系上看，配送与仓储互相包含对方的功能，配送与仓储具有属种与交叉的复合型关系。在互联网经济时代，电子商务活动对物流功能的整合趋势日益明显，现代物流在仓配一体化趋势下，已非传统意义上的物流功能的有形呈现，它包括所有可以为客户增值的相关业务内容。在整个成本中，伴随资本有机构成全面提升，成本权重更倾向整合之后的配送活动。

知识 1-1　富润德的统仓统配

深圳市富润德供应链管理有限公司（以下简称"富润德"）依托多年的仓配积累，建立了 1+520 的供应链集成服务运营网络，逐步形成了集主干网、仓、区配网三网合一的供应链基础设施，为客户提供了全网覆盖、全程受控、全时服务的营运保障。同时，富润德整合区域性社会化快消品供应链资源，快速构建了一个区域统仓统配的仓储物流。

在快消品仓配方面，富润德提升的价值空间包括以下几个方面。

1. 配送中心管理服务

配送中心管理服务包括：越库作业，自动化与分类，悬挂服饰型作业，共同包装、处理及零售准备服务，退货管理，专属及共享设施，季节性仓储。

2. 配送至店面服务

配送至店面服务包括：越库作业、配送中心运输作业、专属车队及货运管理、回程载货、退货管理、笼型护框及栈板管理、客服中心。

3. 供应链分析与流程设计服务

供应链分析与流程设计服务包括：通过供应链咨询，界定商业需求及物流机会；方案及整合物流设计服务，包括厂房网络、运输网络及技术整合；结合系统进行需求评估及持续改善研讨会，以此判别流程改善的机会。

4. 零售准备服务

零售准备服务包括：对待售商品重新加工和重新包装、退货管理、服饰处理、标示及标签。

5. 逆向物流服务

有效管理退货不仅能帮助企业恢复价值，也能让客户感到满意。富润德能协助企业规划及实行逆向物流解决方案，帮助企业节省时间与金钱并改善客户服务。

富润德的逆向物流服务能为任何市场的零售商大幅度节省成本并改善效率。正因为富润德是供应链管理的领导厂商，所以企业可依赖富润德在产品处理、存货与运输方面的经验，以保护高价值的产品及维系客户关系，给企业前所未有的安全感。

6. 店内物流服务

（1）主要服务内容为将货物从配送中心送至零售店面（即供应链的最后一段路程），以及所有相关的店内活动。

（2）建立有效率的服务支持店内作业，如库存优化服务、人工生产力及提高存货的流通率。

（3）提供"非交易"活动的作业保障：装货区、销售区还原、退货。

（4）结合拼装，提供集运、储藏室及货架补货管理。

（5）为终端门市流程注入创新理念。

（6）改善供应链的能见度，协助买家及商家做出决定。

（7）提高存货可用率，同时减少不必要的库存数量。

（8）最终目标是改善客服质量并降低成本。

（9）活动包括物流箱拆箱、依部门区分产品、拆装、将存货搬至使用点支持商家。

7. 仓配服务

（1）网络设计，包括据点的选择，并以快速运送、大宗或季节性作业来强化网络，确保经济效益。

（2）流程模式化与优化，包括决定最理想的机械化作业程度。

（3）设施的设计与配置，包括货架系统与原物料处理设备共同配合。

（4）系统装配与整合，包括安装支持、设定及修改。

（5）设计旺季规划，包括试产扩量、外部储存作业。

资料来源：富润德官网，http://www.frdscm.com/index.html。作者有删改。

1.3　仓配一体化的现状分析

企业如果要提升仓配一体化的服务能力，就需要进一步加强物流网络和服务能力、供应链设计能力、物流设施和技术应用能力、综合 IT 能力。

仓配一体化模式就是借助现代信息技术和网络技术，整合仓配两者的功能和价值，凸显出仓配整体优势的一种优秀模式。随着互联网技术的逐渐普及，在电商成为引领行业创新的新引擎背景下，市场对物流服务综合性和个性化的需求强烈。各类型物流企业与新进入者逐渐形成了多方竞争、交叉占位的行业局面。

1.3.1　仓配一体化的需求现状分析

仓储是物流的核心环节，仓储的布局代表供应链的布局，决定着后期业务运营中订单履行的效率和可得性，以及未来功能拓展的可行性等问题。现在，无限追求物流服务体验成为客户需求的热点和企业的痛点，故而高效仓储就成了物流服务企业的核心竞争力，也成了仓配一体化的前置研究问题。

1. 重视仓配一体化整体设计

以商业企业为例，对于大多数商家来说，即使超大企业能够支撑地市级仓的布局和建立，也无法投资超过企业承受能力的配送队伍以实现一体化配送。如果仅仅采用"自行仓储＋第三方配送"等简单模式，所有的订单包裹还需要进入配送公司的转运中心进行二次分拨，递送周期延迟一天，时效性便大打折扣。因此，全国性的"多仓＋一体化配送"乃至前置仓与中心仓的配置成为仓配一体化的基础需求。商业企业的仓配服务要求是仓配一体化实施的客观需求，也是仓配一体化顶层设计与格局构建的基础。

2. 大数据背景下的方案设计

新型仓配一体化增值的服务在于，通过物流企业自己掌握的大数据为客户提供销售预测，提前做好库存调配，在一点入仓，辐射城区，商品能更贴近消费者，并以更快的速度满足客户订单需求。仓配体系不仅要根据销售大数据进行库存分布的建议，还需要有很强的自动化订单履行能力，主动以货主为单位对全渠道库存分布进行自动调拨，对库存进行集中和优化，并拉动上游供应链的补货。所以，供应链整体设计、物流解决方案的制定能力已成为仓配一体化企业争取客户的增值服务内容之一。制定供应链层面的解决方案，基于总成本的观点，尤其为终端客户在库存控制、销售预测、售后服务方面，通过物流设备、信息系统与服务，做好有助于商家推进成本节约和市场拓展的实质性工作。

3. 关注解决方案整体价值的实现

新的仓配一体化解决方案的提供者，主要是2PL[⊖]提供商（包括设施能力提供商）与3PL[⊜]（物流运作管理方）的有机结合，既要具有仓储、运输、配送等密集网络服务能力，也要具有很强的定价和议价能力。仓配一体化公司的营运建立在一定规模成本的基础之上，还需要具备提供处理客户所需要的市场、客户等销售数据的能力，能够提供供应链管理能力的规划设计，通过数据共享、系统整合，在信息上获取高附加值。

1.3.2　仓配一体化的瓶颈分析

随着仓配一体化服务模式的价值被逐步发现，同类企业之间的竞争不仅会加剧，而且会在更高层次上开展，所以仓配市场的瓶颈性问题也会逐步显现，并对整个行业

　　⊖　**2PL**：第二方物流是指买方、销售方或流通企业组织的物流行为。这些物流组织的核心业务是采购并销售商品，为了销售业务需要而投资相应的物流网络。

　　⊜　**3PL**：第三方物流是针对卖方和买方而言，介于提供商和用户之间的专业物流中间商，即专业的物流组织。

发展方向产生实质影响。不同类型的企业在市场发力过程中面临不同的困难和挑战。

1. 市场占有率

以第三方物流（合同制）为例，最大的瓶颈是仓库网点和配送能力的局限，城区内仓配辐射度有限，如要进入目前市场份额最大的仓配业务领域（如 B2C）存有诸多障碍。除汽车、医药等专业领域外，电商领域内的市场在竞争中变得相对狭小，给传统自有 B2B 的业务空间和毛利空间也会减少。保持市场份额的更多的是有基础设施保障的物流行业巨头，以及国外成熟的轻资产经营模式，大多数仓配企业都会在政策层面和经济大环境下承受压力和影响，市场占有率都会有所下降。

2. 业务拓展受限

以快递为例，快递企业网点资源丰富，但业务拓展受软硬件限制。如顺丰、"四通一达"⊖等企业均具有 90% 以上的县级配送覆盖能力，从专长的揽件、转运、配送业务转向仓配一体和智能库存，首先面临的便是缺乏优质高效的仓库资源。其大部分库房层高低，仓储作业自动化程度低，人效、坪效和拣配差错率与专业物流公司相比还有较大差距。其次，WMS（仓储管理系统）缺乏对商品、库存、作业调度等功能，无法满足客户对仓库运营管理的综合要求，大部分网点与客户信息系统的 OMS（对接订单管理系统），也局限于面单对接，达不到平台化要求。

3. 线下运营能力

以电商平台为例，电商平台业务扩张受制于线下运能限制。物流企业建立的开放物流平台为业务规范化集聚创造条件，开放的物流电商平台在业务形态、系统对接和仓配能力方面无疑占据绝对优势——仓库网点多、库存分布广、离顾客近、终端市场消费数据完善。开放的物流电商平台目前面临的最大挑战是缺乏强大、高效的仓库间干线支线运输体系。与以配送为主的快递公司拥有众多车辆的各类车队相比，电商平台仓配一体化更多地依赖于车队外包，在补货频次、批量的灵活性以及干线运输成本方面处于劣势，尤其是在重大节日期间，由于车辆资源紧张，因此加价率高，运能保障挑战多。

目前，解决瓶颈性问题的主要做法是提前铺货、设置前置仓，加大运输、仓储批量，但在实施中需要注意消化由于体系扩张，客户分布较为分散而造成的沉淀的客户成本。

1.3.3　仓配一体化的发展趋势

信息技术下仓配一体化的出现，无疑是产业重组、新零售市场渠道重组、互联（物联）网技术发展的必然结果，因此未来的发展规模、速度也与信息技术、互联网技术、物联网技术有必然的关系，也会成为未来仓配一体化最有利的支撑因素。新一轮技术革命，对传统意义上具有相对独立功能的物流环节会不断地整合与融合，仓配一

⊖ 四通一达，是申通快递、圆通快递、中通快递、百世汇通、韵达快递五家民营快递公司的合称。

体化将是行业融合的重点所在。

作为仓配一体化基础的仓储业务，在整个产品流通中占有举足轻重的地位，仓储成本的高低对物流业发展有较大的影响。随着国内电子商务的发展和物流运输业务的推进，国家在积极推动物流信息化、智慧化建设的过程中，同步推进物流运输重要环节中仓储业的规范、高效化、一体化发展。

知识1-2 国内第300亿件快件产生于贵州省遵义市湄潭县

2016年12月20日，国内第300亿件快件产生于贵州省遵义市湄潭县，这标志着我国快递业务量已突破300亿件，继续稳居世界第一。2015年1~10月，社会物流总费用规模为8.3万亿元，同比增长4.0%，占GDP总量的14.72%。从结构看，运输费用为4.2万亿元，同比增长3.6%，占社会物流总费用的50.9%。在强大的运输需求量之下，处于运输各个环节的物流公司、配送公司纷纷引入外部资本开始跑马圈地，拓展自己的市场空间。2016年物流行业成功融资的企业超过155家，整个行业融资金额超过1 000亿元，融资主体包括处于成熟期的综合运输公司、成长期的干线运输企业、初创期企业、天使期的配送类企业，其中中海集运以人民币77.84亿元收购佛罗伦，致远富海出资3亿元投资中集电商物流，宅小主成功融资1 000万元，圆通、申通快递分别上市融资175亿元、169亿元。

由于物流行业目前从作业层面来看大多技术含量不高、进入门槛较低，因此进入该行业的资金实力较弱的企业和个人私营业主较多，主要类型有跨省区干线运输、省域内区间运输和终端配送运输。老牌国营干线运输企业包括中国邮政、中储运、中铁物流、中外运、中远物流等企业。民营资本主要利用公路运输，少部分企业采用航空运输，从事干线运输和终端配送，如"四通一达"、顺丰、德邦、电商平台的京东和菜鸟等，资本实力较小的物流企业和个人从事省域内货物转运、货物运输代理以及终端配送。

资料来源：中国物流与采购网，http://www.gywb.cn/content/2016-12/22/content_5412736.htm。作者有删改。

1. 仓储物流行业资源整合明显

2001～2016年这16年间，资料显示，美国物流成本占其GDP比例的平均值为8.97%，并且在2016年仅为7.5%。与此同时，我国2016年物流成本占GDP的比例为15%左右。降低物流成本对行业以及国家而言极具战略意义，目前以中国邮政、京东、阿里、苏宁等为代表的超大公司，通过自身努力建设了包括智能化仓储物流中心在内的与国外公司水平相当的物流设施，正在逐渐扭转国内仓储物流行业整体发展水平相对滞后的局面，但是在硬件投资、专业人才投资、技术投入和经营环境等方面依然有作用空间。

由于物流行业进入资本门槛太低，在产业转型的背景下，行业整体由被动接受型向主动服务型转变，我国目前众多经营单一运输服务项目的传统类物流公司将实现功能转型或逐步被市场淘汰。转型所带来的行业格局重构，也会进一步加深企业间的竞争，从而导致行业内兼并重组发生概率增加。其正面作用则是行业整体集中度的进一步提升。

目前以自由贸易区为代表的区域性开放政策出台，将放宽资本进入的门槛，国内外众多资本将流入仓储物流行业，如普洛斯、易商等物流巨头。这将促进我国国内仓储物流行业的优化配置和微型专业化直至仓配一体化，整个物流行业的服务水平、运输效率将得到提升，服务成本将进一步降低，仓储物流行业在未来 5 ～ 10 年乃至更长时间内将成为金融资本和产业资本热捧的主要投资方向，仓储与配送一体化的升级换代将成为投资热点。

2. 物流行业智能化成为仓配一体化的催化剂

物流行业正在从传统人工操作时代逐渐跨越至智能管控及智慧运作时代。自动化、无人化应用逐渐从前端的分拣、运输环节延伸到末端配送环节。无人车上路、无人机试飞，使企业看到智能技术有望缓解末端配送压力以及配送从业者流失的问题。在零售消费催生即时配送需求时，物流行业领导者先后入局，驱动即时配送市场。

尤其是随着电商行业的快速发展，物流外生力量促使追逐时代高速发展的步伐，从"传统"升级为"智能"。物流企业在前端的仓储、分拣环节的智能技术运用相对成熟，如智能分拣、大数据预测、无人仓、无人机等已成功融入商业体系，以商业驱动物流业的格局已经成型。

在物流的前端操作通过智能硬件、物联网、大数据等智慧化技术与手段，提高物流系统分析决策和智能执行，从而提升物流运输系统的智能化、自动化水平。

以百世云仓使用的智能化仓储机器人为例，其改变了传统仓库"人找货"的传统模式，实现"货找人""货架找人"。据百世集团相关负责人介绍，机器人在接收到订单后，通过百世智能系统选取的最优路线驶向存放货品的货架，并将货架从巨大的仓储区搬运至员工配货区。配货员只要等货架被搬到面前，从计算机提示的货位上取下所需商品即可，全程不需要走动，既有效降低了人工劳力强度，也大幅地缩短了配货时间。

所以，智慧物流仍是行业发展的主旋律，根据中国物流与采购联合会数据，当前物流企业对智慧物流的需求主要包括物流数据、物流云、物流设备三大领域。2016 年智慧物流市场规模超过 2 000 亿元。到 2025 年，智慧物流市场规模将超过万亿元。面对如此巨大的市场份额，物流企业需在保持前端技术继续普及的情况下，加大对末端仓配技术的研究。

3. 物流供应链全球化成为仓配一体化未来的趋势

零售市场的需求新特点是商业模式乃至物流模式创新的逻辑起点。以京东为例，京东一直做自建物流、拓展全品类自营商品等"重资产"的模式，这一模式的成熟过程不仅需要时间的积累，更需要持续不断的资金投入，很多业务短期内甚至看不到盈利的希望。但京东发布的 2018 年第一季度财报显示，其当季的净利润超过人民币 15 亿元，实现了连续 8 个季度盈利，这是一个很有说服力的数据。

随着居民收入水平的提高和消费观念的转变，消费者对高品质商品的需求快速增加，服务触角延伸到社区家庭，对服务性消费的需求不断释放，消费结构呈现加快升级趋势，生活服务领域新技术、新业态、新模式不断涌现，为终端消费模式创新提供条件，使物流供应链的作用空间进一步加大。业内人士认为，服务类市场未来的空间巨大，每个细类都有千亿市场的潜力，需求链条可能会延伸到社区家庭，未来京东在供应链服务类业务的布局，也将重点投入汽车、房产、医疗三个领域。

"无界零售"的核心在供应链和消费者，目前对于像京东这类大型电商零售批发企业而言，最重要的是要把以物流为载体的供应链全球化。迄今为止的十年，京东已经布局覆盖了整个中国的物流体系或者供应链体系，下一个十年就是把这一套创新的供应链服务管理体系带到全球市场，打造一个全球化的物流和供应链企业。从后端来讲，无界零售的核心就是供应链一体化，把供应链和产品、库存、货物全部升级成一个系统，减少品牌商的操作难度；从前端来讲，无界零售的核心就是满足消费者随时随地消费的需求，这两个核心从来没有变过，也是仓配一体化的着力点。

1.3.4　影响仓配一体化发展的因素

通过行业的历史和现状可以预测，仓配一体化产业格局还会持续相当一段时间，对参与企业来说，以下几个方面成为仓配一体化影响企业发展的核心因素。

1. 网络和服务能力

网络和服务能力包括各类中心仓、卫星仓的布局和开仓能力，干线运输调拨能力及柔性，服务标准和服务质量等。目前云仓发展受阻，不仅有仓库建设的问题，而且存在连通能力不足的问题，干线与支线运输调拨能力及柔性尤为关键。

2. 大数据掌控能力

供应链以信息数据为构建基础，大数据掌控技术对供应链上下游组织的协调与沟通能力提升十分重要。对不同行业客户供应链的掌控与设计能力、客户大数据服务能力、销售预测模型设计的精准程度，无疑大多数企业都只处于对这一部分能力的初级构建阶段。

3. 物流设施与技术应用能力

物流园区与物流设施的新建和改造水平，以及自动化物流技术的研发和方案定制能力，对仓配一体化的推广影响巨大，是不容低估和忽视的重要因素。不同的基础设置支持能力，导致成本不同，客户体验不同。尽管目前出现了物流设施建设突进现象，但不同层级的设施，其建设标准和模式重复，定制化服务能力依旧不足。

4. 综合 IT 能力

综合 IT 能力包括信息系统的建设能力和 OMS、WMS、TMS 系统的建设能力，其中支持多种销售平台管理、为客户提供仓储配送透明化服务、提供 OpenAPI 开放的数据接口的 OMS 系统尤为重要。据预测，随着市场需求增速放缓，未来十几年或将出现行业垄断的局面，这会改变我国物流行业一直以来"小、弱、散、慢"的局面，而出现几家真正实力超群、竞争力强、上下贯通的物流龙头企业，在电商物流领域率先实现 B2B 和 B2C 等多环节的仓配一体化。

总之，仓储这一传统的物流功能与现代意义的配送相互契合，在现代技术的撮合下相互融合已成为一种必然，未来在行业不断成熟的模式推动下，相关的行业成熟度会不断提高，研究也会不断跟进，理论成果与现实的成效将会相得益彰，互相促进。

本章小结

现代物流系统中的仓储表示的是一项活动或一个过程，是以满足供应链上下游的需求为目的，在特定的有形或无形的场所，运用现代技术对物品的进出、库存、分拣、包装、配送及其信息进行有效的计划、执行和控制的物流活动。仓储与配送在功能上既有交叉又有一定的区别，但是二者融合的趋势十分明显。

仓储与配送的关系：仓储的主要功能是对商品品类的保存，是电子商务的重要组成部分；客户需要是实现仓配一体化的价值基础。

仓配一体化对物流活动的影响：仓配一体化将改变人们传统的物流概念；仓配一体化将改变物流的运作方式；仓配一体化将改变物流企业的运营形态。

仓储一体化的本质：仓储以商务为本质；仓储物流以信息技术与网络技术为手段。

仓配一体化战略：实施互联网背景下的仓储物流；促进"互联网 + 物流"仓配一体化模式的全面升级。

复习思考题

简答题：

1. 现代配送的基本内涵是什么？
2. 仓配一体化运作的主要瓶颈是什么？
3. 影响仓配一体化发展的因素主要有哪些？

课内实训

2017 年 2 月，商务部、国家发展改革委、国土资源部、交通运输部、国家邮政局在之前的政策基础上制定了《商贸物流发展"十三五"规划》，提出加强商贸物流基础设施建设，提升仓储、运输、配送、信息等公共服务水平；通过信息技术优化物流资源配置和仓储配送管理；提高物流园区、仓储中心、配送中心的物流供需匹配度。对此，你能否谈谈你对仓配一体化目标的理解？这些项目的盈利点有哪些？

课外实训

以小组为单位，利用业余时间对校园仓储配送市场进行一次调查，可以根据自己对仓储服务供应商了解的情况，自行拟定初步方案，设计简单调查流程，调查完后做出调研PPT，并附上照片和文字说明。

🌀 案例分析

中兴通讯 2019 年度全球合作伙伴大会，科捷物流获质量优秀奖

2018 年 12 月 6 日，"中兴通讯 2019 年度全球合作伙伴大会"在深圳中兴大厦召开，北京科捷物流有限公司（以下简称"科捷物流"）作为中兴通讯股份有限公司（以下简称"中兴通讯"）的合作伙伴之一，应邀参会并获质量优秀奖。

中兴通讯第三季度实现了出色的业绩，完成了 5G 端到端的产品测试，已能提供完整的 5G 终端方案。主营业务及产能在"4·16"事件后均已快速恢复。中兴通讯副总裁周建峰在致辞中特意提到，中兴通讯成绩的取得离不开合作伙伴的大力支持与共同努力，尤其是在关键事件发生时提供的有力保障。

时间追溯到 2018 年 4 月 16 日，受到美国拒绝令影响，中兴通讯发货业务全面暂停，合作伙伴没有因此影响业务支持，而是继续通力配合，全面保障了禁令期间中兴通讯的资产安全，并给予了极大的支撑。2018 年 7 月 14 日，禁令解除，各合作伙伴与中兴通讯高效协作，又在第一时间恢复中兴通讯的业务。

其中，科捷物流在禁令解除后 1 小时内就恢复了总部仓储业务，并很快在 2 小时内就完成了总部第一单澳大利亚项目出库，在 6 小时内完成了缅甸代表处 MPT 客户首单站点的备货及配送工作，给予了同为民族品牌的中兴最大的支持，顺利保障中兴通讯在禁令解除后 24 小时内全面恢复物流服务的正常运作，以确保其全球物流业务迅速开展。可以说此次质量优秀奖颁给科捷物流，实至名归。

科捷物流与中兴通讯早在 2015 年就开展了战略合作，除了国内的全面合作，2018 年还通过了中兴通讯在缅甸、尼泊尔等地的供应商资格认证，未来还将进行孟加拉国、马来西亚及菲律宾的供应商资格认证。未来科捷物流还将与中兴通讯进一步扩展海外业务，伴随中国民族企业一同出海，为供应链的发展保驾护航。

资料来源：科捷物流，http://baijiahao.baidu.com/s?id=1619181619227611160&wfr=spider&for=pc。作者有删改。

问题：

1. 科捷物流为中兴通讯全球物流业务所做的主要贡献是什么？

2. 科捷物流与中兴通讯实施战略合作的前景是什么？在仓储与配送方面，科捷物流采取的核心运营模式是什么？为什么能够创造令用户满意的价值？

仓配一体化体系构建

学习目标

1. 了解仓配一体化体系构建的基础与可行性和现实性，了解仓配一体化体系自身的特点。
2. 掌握仓配一体化体系的主要构成要素、主要功能模块，明确新仓配一体化体系构建的目标、原则、任务。
3. 掌握体系基本模块——仓配 ERP 模型、仓配 SCM 模型、仓配 CRM 模型的基本原理以及运营条件，了解未来仓配一体化模型的创新趋势。

导引案例

京东新通路正式推出全新联合仓配体系

2018 年 4 月，京东集团副总裁、京东商城新通路事业部总裁郑宏彦宣布，京东新通路将推出一套全新的联合仓配体系，全面升级 B2B 通路效率。作为全球唯一拥有中小件、大件、冷链、B2B、跨境和众包六大物流网络的企业，2017 年，京东集团加紧布局第四张物流网——B2B 物流网，以更好地满足 B 端订单的需求。为了适应小 B 业务的高速增长，在"一体化的开放"原则下，本着重构通路"成本、效率与体验"的出发点，京东新通路推出一套全新的仓配解决方案，与品牌商、渠道商共建"联合仓配"体系，作为对京东现有 B 端专属物流的补充。

京东商城新通路事业部终端业务部总经理唐渤介绍说，京东新通路将联合中小经销商、批发商，将他们现有的仓配资源作为新通路的联合仓和配送网络，也欢迎品牌商将自己的渠道、仓配资源接入新通路线上平台，多方开放、融合，共享通路效率最大化。

据悉，联合仓配体系"密度更大、覆盖更广、下沉更深"。符合条件（货、库、车、人）的"联合仓"将作为第三方商家入驻京东掌柜宝，为其周边 3 ～ 5 公里半径范围的零售门店供货并配送。项目覆盖全国各大城市，最低下沉到镇一级市场，率先在高频、高服务需求品类中开展，如粮油、酒水、奶类等。

联合仓配体系的本质是在"知人、知货、知场"的基础上升级零售的基础设施，联合品牌商、中小经销商、批发商的力量，有效提升配送效率，扩大最后一公里配送的可实现范围，提升用户体验，让整个通路的势能完全释放。

联合仓配体系正式运行后，高频、高服务需求品类的商品将由联合仓发货、配送；低频、慢流类商品将由京东中央仓发货，京东物流转运至联合仓，在联合仓与高频、高服务需求商品合并装运后，再统一配送到店。

资料来源：亿邦动力网，http://m.ebrun.com/。作者有删改。

2.1　仓配一体化体系设计的思想基础

仓配一体化的思想基础是物流一体化，它是系统思想在物流管理领域里的场景化应用。物流一体化与仓配一体化既是科学的管理理念，也是行业发展的现实需求与未来趋势，这不仅是因为配送是浓缩的物流，同时也反映出仓配一体与物流一体的内在联系。

2.1.1　物流一体化概述

物流一体化就是以物流系统为核心，由生产企业，经由物流企业、销售企业直至消费者形成的供应链整体化和系统化，它是物流业发展到一个高级和成熟阶段的产物。只有当物流业高度发达，物流系统日趋完善，物流技术日益成熟，尤其是互联网、物联网技术日益普及，物流业成为社会生产链条的领导者和协调者，才能够为社会提供全方位的物流一体化服务。

1. 物流一体化的产生

从 20 世纪 80 年代中期开始一直到现在，人们称这一阶段为现代物流学（modern logistics）阶段。伴随物流业的繁荣与发展，各行业都自然意识到，物流不仅限于分销领域，而是已经涉及企业物资供应、企业生产、企业分销以及企业废弃物再生、产品召回、海外仓配等全范围和全领域价值活动。原来的分销物流概念，已经不适应这种形势，必须扩大概念的外延。

值得指出的是，这个阶段的物流概念虽然与军事后勤学上的物流概念字面相同，但是意义已经不完全相同了。军事后勤学上的物流概念主要是指军队物资供应调度上的物流问题，而现代物流概念则是各个专业物流在全面高度发展的基础上，基于企业供、产、销等的全范围、全方位物流问题。这一概念无论是广度、深度还是涵盖的领域、层次、流程都与原概念有无可比拟的差别，因此这个阶段应当称为现代物流学阶段。它是一种适应新时期所有企业（包括军队、学校、事业单位）的集成化、信息化、一体化、智慧化的物流学概念，也就是说，这一时期的物流概念本身就是物流系统化思想的结晶。

2. 物流一体化的表现

物流一体化的表现是基于物流业功能作用范围而言的，主要有内部与外部两个方面。

（1）内部集成化物流。在 20 世纪 70 年代末之前，物流一体化只是针对企业内部各个职能部门的运作与协调问题产生的。欧美等发达国家的许多企业都设立了物流部或物流服务部，全面负责企业内部生产经营过程中的采购、物料管理、生产制造、装配、仓储、分销等所有环节的物流活动，实现了采购物流、生产物流和分销物流的统一运作和管理，称为企业物流的内部一体化，这也是后期仓配库内一体化作业的基础。

20 世纪 80 年代中期以来，企业内部的集成化物流、集成思想将各价值活动整合在一起。例如，MRP Ⅱ是把生产管理与生产能力管理、仓储管理、车间管理、采购管理、成本管理等集成起来；DRP 是把分销计划、客户管理、运输管理、配送管理、车辆管理、仓储管理、成本管理等集成起来；LRP 是把 MRP 和 DRP 集成起来；ERP 是把 MRP Ⅱ与人事管理、设备管理、行政办公等系统集成起来；等等。这种集成是仓配业务集成的前提，只有实现物流流程功能集成，才能在更高层面上实现仓配集成。

（2）外部集成化物流。物流外包和第三方物流的产生，进一步导致物流专业化、技术化和外部的集成化，实现企业之外的生产和物流的分工合作，可以有效提高各自的核心竞争力。物流一体化是物流产业集群化的发展独特形式，它必须以第三方物流充分发育和完善为基础。物流一体化的实质是物流管理系统化问题，即专业化物流管理人员和技术人员以及行业政策指导者，充分利用专业化物流设备、设施，发挥专业化物流运作的管理经验，以取得系统的整体最优效果。同时，物流一体化的趋势为第三方物流仓配的发展提供了良好的发展环境和巨大的市场需求。

20 世纪 90 年代，供应链理论诞生，供应链管理系统的形成进一步导致物流管理的联合化、共同化、集约化和协调化，为物流一体化乃至仓配一体化的全面实现奠定了坚实基础。

总之，物流一体化是应用系统科学的方法，充分考虑整个物流过程的各种环境因素，对商品的实物活动过程进行整体规划和运行，保证实现整个系统的最优化。在国际上发达国家的企业物流已经逐步实行了一体化运作，而且企业物流的一体化不再仅仅局限于单个企业的经营职能，而是贯穿于生产和流通、终端消费以及售后服务的全过程，包括了跨越整个供应链的全部物流，实现由内部一体化到外部一体化的转变。

3. 物流一体化的发展层次

伴随信息技术和网络技术乃至物联网技术的不断成熟，物流一体化的发展也分为三个层次：物流自身一体化、微观物流一体化、宏观物流一体化。

（1）物流自身一体化是指物流系统的观念逐渐确立，运输、仓储和其他物流要素趋向完备，子系统协调运作，系统化发展。

（2）微观物流一体化是指市场主体企业将物流提高到企业战略的地位，并且出现了以物流战略作为纽带的企业联盟以及虚拟联盟。

（3）宏观物流一体化是指物流业发展到一定的水平，即物流业占到国家国民生产总值的一定比例，处于社会经济生活的主导地位，它使跨国公司从内部职能专业化和国际分工程度的提高中获得规模经济效益。

2.1.2　仓配一体化的布局

仓配行业是流通行业的重要分支行业之一，以储藏、保管商品、配送商品为主要业务形态。从供应链的角度来看，物流过程本身就是由一系列的"供给"和"需求"组成的。当供给和需求的节奏不一致时，即出现生产的产品不能及时消费或者存在需求不能被满足时，需要建立充裕的产品储备来满足市场的需求。所以，仓配的出现主要是为了解决生产和需求在时间上的不一致问题。

仓配一体化的前端工作是仓储布局问题，由于仓储涉及供应链的主要环节，其决定了企业的商业模式和目标，所以仓储的设计在供应链中处于核心地位，是实现后期仓配一体化的基础性工作。仓储布局及其管理的内容包括两个部分。

1. 仓储布局的基本思路

仓储布局的设计在供应链设计中具有核心地位。仓储物流的研究最初是从解决商品供给中的"牛鞭效应"开始的，即在多个环节的流通过程中，每个环节对于需求的预测存在的误差会随着流通环节的增加而增加，库存也就越来越偏离最终的实际需求，从而带来保管成本和市场风险的提高。

所以仓储的管理牵涉到供应链的每一个环节，包括供应商采购、制造、装配到分销；同时也牵涉到物流流程的设计、配送中心的建立和企业生产方式的选择。

（1）仓储优化控制方式更新。仓储的优化控制决定了仓储的商业模式和管理目标。如在传统制造业中，仓储是用来存储和备货的；而运用 JIT 模式等以高效配送为目标的企业，是以实现降低仓储数量、提高进出货效率为目的的，面向终端的现代商业仓储则应更重视品类管理和终端供货。

（2）仓储作业操作模式转换。仓储作业的操作是最基础的部分，要根据上一层确定的控制目标和管理模式来落实为操作流程，同时还要与众多的专用仓储设备自动控制系统和管理系统，如 WMS、ERP 等相结合。所以，提高技术手段与技术设备的先进性和可控性是仓储作业操作的关键。

1）仓储功能的静与动转换。仓库类型按功能分类可分为仓储中心型（静态）和流通中心型（动态）仓库。目前，在买方市场的大环境下，产业链被消费市场反向拉动，消费需求驱动商贸周转加速。相比静态仓储，流通型仓储更偏重提高整个产业链的流动性，更强调是否能适应消费者对时效性的需求。传统的静态仓储服务商提供安全、低成本静置仓储服务。而动态仓储服务更倾向于消费市场及终端客户，主要以流通为目的而并非长时间的储存与保管，所以更注重出入库效率。

2）消费市场拉动仓储功能转换。在供过于求的环境下，终端消费市场会转变为买方市场。随着市场上互为代替的商品越来越多，消费者可选择的商品种类余地增大，而终端消费需求变化的速度也越来越快，所以一个特定产品被其他同质产品替代的可能性随着时间的推移而增大，品类管理的重点是商品的流转速度与换货周期。

从盈利模式来看，现代仓储业仍以仓储租赁服务为主，但是表外业务的增值服务未来将成为新的盈利点。其盈利模式主要分三个部分。

第一，存储和深度定制加工业务：公司主要的利润来源于入库商品存放、配套加工利润。公司将自有仓库出租给中小制造企业、零售企业，然后收取租金和进出库费用。深度定制加工业务是大规模定制与敏捷制造的浓缩版。

第二，配套增值服务：仓库同时提供配套装卸、售后服务，技术支持、技术咨询升级和近前配送等增值服务。

第三，特殊配套服务：金融租赁、质押、融资等金融服务。企业与银行等机构合作，提供供应链金融服务，其中库存的管理只需要对货物进行监管，收取管理费。对前置仓、海外仓等仓配形式，物流服务会进一步拓展。

2. 仓储新功能布局面临的问题

对仓储功能的重新布局，不仅体现了仓储业应对电商环境和国内外市场环境变化的主动转型，同时也是为其后的仓配一体化布局扫清障碍。仓储新布局面临的主要问题主要有以下几点。

（1）主营业务收入贡献度降低。传统企业的简单仓储主营业务收入贡献度低。很多第三方仓储业目前主营业务分为经销和物流仓储业务。虽然仓储业务是大多数业务的基础，但收入占比不到15%，即使加上进出库业务也不到35%，而配套业务中，货运代理和配送等衍生服务贡献了超过60%的营业收入。

增值业务毛利高但持续走弱。企业利用其仓储资源优势和品牌优势，开展了许多高毛利的质押监管、配送以及货运代理业务，优质企业一般贡献超过50%的毛利。但是随着竞争的加剧，增值业务毛利率也处于下降区间。

（2）大型仓储企业的重资产比例较高。固定资产中自有仓储面积一般占到总仓储面积的70%左右，较高的重资产导致企业的流通灵活性差，企业总资产周转率总体下滑。同时，过高的总资产导致行业总体净资产收益率（ROE）偏低。虽然国家出台多项仓储业政策支持、政府补贴，也包括出售资产等营业外收入，使得国有大型仓储企业ROE得到改善，但是企业经营仍然处于困境。近年来，一些大型仓储的主营业务收入年增长率约为−28%。

（3）高端物流设施稀缺。我国现代仓储设施的比例很低。虽然仓储总供给量较大，但其中只有约20%符合高标准仓库的要求，其中主要供应商提供的高标准仓库占比较低。

从建筑结构来看，我国平房和楼房仓库面积占总仓库面积的75%，而立体仓库只占25%。立体仓库属于高层货架仓库，通常需要机械化和自动化来进行仓储作业，所以对仓储的配套设施和仓储作业操作技术要求很高。

从仓库种类来看，传统仓储业的仓库类型以通用仓库为主，占仓储总面积的97%

以上。通用仓库储存没有特殊存放要求的货物，例如家电、服装和快速消费品等，但是通用仓储的平均利润只有约 9%；冷库和危险品仓储等专业仓库所占的比例分别大约为 1.3% 和 0.8%。虽然冷库和危险品仓储平均利润率可以达到 20% 左右，但是对技术和专业人员的要求也很高，进入壁垒较高。

（4）仓储资源缺口较大。工业用地供应缺口较大。由于仓储用地归属于工业用地，所以主要来源于国有土地出让和集体土地租赁。2012 年国家每年下达的全国土地利用年度计划指标是 40 万公顷○左右，但是据国土资源部所做的土地利用年度计划指标需求分析，统计各个省上报年度用地需求突破 67 万公顷，工业化包括物流行业用地明显供不应求。

（5）多样化和专业化仓储需求。由于消费市场的多样性，传统的单一仓储服务已经不能满足仓储客户的需求。消费市场对仓储种类的需求是多样化的。比如，随着餐饮食品行业的发展，低温仓储和冷藏仓库市场的需求量上升。消费市场不断扩大的同时，互联网时代带来了网络消费模式，也使得电商迅速崛起。随着电商消费模式的不断渗透，消费者的消费习惯发生了改变，这使得传统物流逐渐向现代物流转变。在转变的过程中，仓储的重要性日益凸显。随着电商不断发展，电商仓储的形态也在发生改变。

知识 2-1　在线零售规模持续增大

2010 年至 2015 年，我国在线零售总额年复合增长率为 48%，2015 年实现 28 251 亿元的规模。同时，我国在线零售在社会零售中的占比也越来越高，从 2010 年到 2015 年，上升了 9.2 个百分点。

资料来源：搜狐网，http://www.sohu.com/a/291370513_100058519。作者有删改。

（6）消费体验促使物流模式和仓储形态发生改变。随着线上购物模式的不断渗透，消费者开始倾向于购买电子商品和小型家电，由于货物轻便且成本不高，所以传统物流依旧可以满足消费者的需求。但是到现阶段，消费者开始购买大而重且价格较高的商品，就会促使物流成本增加。

消费习惯的改变也会使物流过程变得更加复杂化。传统的物流模式是商品从工厂出来，整车运输到总仓库，再到各级代理，然后到门店，最终消费者上门店消费。整个过程是一个简单的"整车 + 零担"的运输过程。但是随着电商消费模式的兴起，零担慢慢被整车、快递和仓储替代。

从供应链上看，商品依然由工厂整车配送到总仓，但是此时零担起到的作用只是把商品送到各级的分仓，而最终将商品送到消费者手中的则是配送和快递。传统的"整车 + 零担"模式的时效性很低，需要 40 ～ 60 天，而现代的"分仓"模式物流只需要 3 ～ 7 天就可以把商品送到消费者手上，满足消费者对时效的需求。所以从传统物流到现代物流，仓储的形态发生了改变，导致整个物流流程发生改变。

○　1 公顷 =10 000 平方米。

2.2　仓储配送 ERP 体系

仓储配送 ERP（enterprise resource planning，ERP，即"企业资源规划"）本身就是一整套的仓储配送解决方案，称为仓储配送 ERP 系统。随着我国经济和科技的发展，ERP 在我国企业中已经有了非常广泛的应用。简言之，ERP 系统就是现代企业管理系统，将企业的数据信息都统一到一个平台上，消除企业内部的信息孤岛，达到提高企业员工工作效率的目的，从而提升企业自身的经济效益。仓配或仓储 ERP 系统是 ERP 系统中的一个模块，在企业中也发挥着很大的作用。

2.2.1　仓储配送 ERP 系统

仓储配送 ERP 系统指的是对仓储货物的收发、结存等活动的有效控制，其目的是为企业保证仓储货物的完好无损，确保生产经营活动的正常进行，并在此基础上对各类货物的活动状况进行分类记录，以明确的图表方式表达仓储货物在数量、品质方面的状况，以及目前所在的地理位置、部门、订单归属和仓储分散程度等情况的综合管理形式。

采用仓储配送 ERP 系统的目的在于解决仓库管理常见问题。例如，未对物料或品类进行分类管理；账物不符，管理混乱，经常找不到货；有漏发、错发现象；不遵守先进先出原则，产生废料；终端送货不及时，货损严重，配送成本过高。

2.2.2　仓储配送 ERP 系统解决方案

仓储配送 ERP 系统作为仓储管理的技术手段，就是为了解决传统仓管手工操作、滞后管理的弊端，实施超前计划，前馈管理，通过信息导入、数据分析，实施过程预测，提高仓储系统的反应速度和纠错能力，使仓储活动与配送活动实现无障碍衔接，真正实现仓配一体化管理。以下主要通过仓储配送 ERP 系统功能来说明其对仓配一体化实施的意义。

1. 物料数据的维护

（1）划分物料类别。很多企业需要分析不同类别的物料的采购数据等，那么就需要在系统中对物料进行分类。例如，按低值易耗品、办公用品、快消品等划分。分类确定后，就可以在仓储配送 ERP 系统中按类别查找，企业若需要查看某个类别物料近一个月的出入库情况，这时，此功能就有使用价值了。

（2）创建物料基础数据。每一笔物料都由公司数据、销售数据、采购数据、库存数据、成本数据等组成，维护好每一笔数据关系到后面的收发存管理。仓储配送 ERP 系统有一个集成维护的功能，此功能在开始创建物料数据时就可以一起维护，创建任何物料只需要开启集成维护功能就可以一次完成维护，无须分笔操作。

仓储配送 ERP 系统将物料按种类进行编号，编好后将物料名称、编号等信息写入二维码，结合 RFID 扫描枪进行管理，这样既方便查找，又可在第一时间知道库存情况。此外，安全库存提醒也可以降低停工待料的风险。

2. 仓储配送 ERP 系统库存状态

同一物料存放在仓库中会因为品质不同，存在多种状态，如可用、待处理、废品等。此时，就可以通过库存状态来区分。相同的库存状态可以按照不同的存货属性来设置。仓储配送 ERP 系统预设了五种库存状态供用户使用。针对线上与线下新零售模式，包括：自有库存、VMI 库存、客供库存、寄售托管库存、委外托管库存等形式。

3. 出入库管理

仓库的所有物料的出入库信息，都可以直接记录在出入库记录中，包括采购入库、领用出库等。仓储配送 ERP 系统通过不同业务的出入库确认功能，统一产生出入库记录，不需要进行转单流程，直接产生相应单据作为入账凭证。

4. 库存初始化

期初数据录入完成后，可以通过库存管理结束初始化功能，完成库存管理的初始化动作。结束初始化以后，不允许再更改库存的期初数据。

仓储配送 ERP 系统可以帮助企业很好地进行仓库管理工作，不仅降低企业的仓储物流支出，还能提高企业仓库管理的劳动效率。

目前行业普遍应用的是 SaaS 级库存管理系统，该类系统服务于中小企业的库存管理，是具有物料清单（BOM）的在线库存管理系统，方便企业及时了解原材料和产成品在仓库中的动态，并且运用云 ERP 系统，实时更新仓储数据，并可设置各种预警机制。仓储配送 ERP 系统软件的目标是实现"零库存"，让所有企业的资金周转再也不成问题。

知识 2-2　易仓科技提供的管理系统有哪些优势？

易仓 ERP 主要分两大模块：订单管理模块和仓配管理模块。订单管理就是从平台抓取订单到系统，然后进行订单处理的一系列工作，比如审核、退换货、客服等。仓配管理就是从产品开发到采购到收货发货等整个供应链的管理。

易仓 ERP 平台对接 eBay、亚马逊、全球速卖通、Wish、Lazada、Shopee、Cdiscount、Souq、沃尔玛等主流跨境电商平台。通过制定订单自动规则匹配发货仓库和物流邮寄方式，支持无库存、有库存见单采购和有库存备货采购三种订单处理模式。

资料来源：http://bbs.eccang.com/articles/1020。作者有删改。

2.2.3　仓储配送 ERP 系统的管理优势

1. 赋能企业智能化

仓储配送 ERP 系统真正实现了销售、仓储、物流、配送业务数据一体化和自动化，与 ERP 各模块数据实时、无缝集成，完美整合，灵活扩展，避免重复录入数据，保证数据准确、及时传递，可以有效赋能企业化数字化、智能化转型。

2. 预警与跟踪管理

仓储配送 ERP 系统引入独特的自动预警机制，让仓储和配送人员有计划、有次序地进行每一项货品收发和订单配送工作，随时随地了解库存情况、订单出库情况、物流配送情况，从而保证仓储和配送工作没有遗漏，及时追踪订单物流进度，提高仓储和物流配送的工作效率。

3. 智能化设置

仓储配送 ERP 系统根据智能化设置，可以自动选择第三方物流公司，自动生成第三方物流公司的快递订单，批量生成捡货单，配合手机 App 和条形码，简化和规范化配送流程，顺利完成整个拣货、配送、出货工作。

4. 实现国际化营运目标

仓储配送 ERP 系统应用多语言、多币种、多汇率功能，配合企业国际化仓储物流管理策略，图形化实时提供各种仓储和物流报表分析，使企业随时掌控客户订单、仓储情况、货车配送情况、包裹情况、物流追踪情况的智能分析数据，让企业实现仓储物流工作的创新性突破。

知识 2-3　多方赋能　释放快消 B2B "新价值"

京东新通路联合仓配体系的推出将从多维度重构成本、效率、体验，为品牌商、渠道商和零售门店带来新的价值，全面赋能行业合作伙伴。

对品牌商来说，可以共享平台上的渠道和仓配资源，扩大自身的市场覆盖范围和下沉深度，弥补部分区域线下力量薄弱的现状。同时，接入新通路的联合仓配体系，遵循品牌商的线下定价原则，通路环节更加透明可控，有利于形成更加健康的产品价格体系。此外，广泛的分销渠道和全链路数据反馈，也能帮品牌商更准确地掌握生意全貌，做出更有效的决策。

中小经销商和批发商成为京东新通路的合作伙伴，将获得更广泛的生意来源。它们不仅获得了额外的配送收入，还将实现经营商品的品类扩充，在稳定已有的老用户的同时，服务和拓展京东掌柜宝的新用户，全年再无淡季之虞，人、车、库及资金的效率都将实现最大化。

零售门店的进货体验也将得到大幅度提升，商品破损率降低，集中送货、统一清点可以提高工作效率，还获得了品类更丰富、由京东背书的高品质货源。

无界零售时代的到来并未改变零售的本质——成本、效率、体验，而供应链效率的提升是迎接零售业变革的重要一步。在京东 "一体化的开放" 战略下，京东新通路将以更开放的姿态不断升级零售基础设施和通路效率，与品牌商、渠道商、零售商以及消费者共同打造一张完整的无界零售图景。

资料来源：四川新闻网，http://finance.newssc.org/system/20180320/002383216.html。作者有删改。

2.3　仓储配送 SCM 系统

供应链管理（supply chain management，SCM）应用是在企业资源规划（ERP）的基础上发展起来的。SCM 就是对供应、需求、原材料采购、市场、生产、库存、订单、分销发货以及延伸服务等的综合管理，包括了从生产到发货、从供应商的供应商到顾客的顾客的每一个环节。它把公司的制造过程、库存系统和供应商产生的数据合并在一起，从一个统一的视角展示产品设计、制造一直到消费过程的各种影响因素。供应链是企业赖以生存的商业循环生态系统，也是企业在互联网经济、共享经济背景下所面临的管理革命。统计数据表明，企业供应链可以耗费企业高达 25% 的运营成本。

供应链管理的现实表现主要是一种整合整个供应链信息处理及规划决策，并且建立自动化和最佳化信息基础架构的方案，目标在于达到整个供应链的最佳化，在现有资源下达到最高客户价值的满足，覆盖在所有供应链公司的 ERP 和交易处理过程。

2.3.1　仓储配送 SCM 系统的主要内容

仓储配送 SCM 系统（见图 2-1）的最初设计是一个以生产管理系统为核心，以客户订单拉动的集原材料和零配件的采购、运输、生产制造、产品储存、销售等环节于一体的供应链运行环境，将自动化立体仓库的应用系统，由原有的仓储作业操作层面扩展到整个供应链的管理应用。

同时，仓储配送 SCM 系统的基本功能模块包括了图 2-1 所示的基本部分：供应链的设计、专业化仓储服务、库内一站式服务、配送、后续服务等。

图 2-1　仓储配送 SCM 系统

1. 仓储管理在仓储配送 SCM 系统中的核心地位

仓储管理在仓储配送 SCM 系统中具有核心地位。从物流业的发展过程可以看到，解决物流因"牛鞭效应"而导致的需求放大问题尤其重要。解决这个问题的思路，是从研究合理的安全库存开始，到改变现有流程，建立集中的配送中心或仓配中心，以及到改变生产方式，实行订单生产，将静态的库存管理转变为动态的 JIT 配送，实现降低库存数量和周期的目的。在这个过程中，尽管仓库越来越集中，每个仓库覆盖的服务范围越来越大，仓库吞吐的物品越来越多，操作越来越复杂，但是仓储的周期越来越短，单位成本呈现不断递增的趋势。

2. 基于仓储配送 SCM 系统的仓储管理

随着立体仓库数量的增加及立体仓库技术的普及，很多企业已经开始考虑如何使自动存储系统与整个企业的生产系统集成在一起，形成企业完整的合理化物流体系。这种集成的趋势表现在将企业内部的物流系统向前与供应商的物流系统连接，向后与销售体系的物流集成在一起，使社会物流与生产、生产物流与销售物流、销售物流与消费物流融合在一起，形成以市场需求为导向的全程全域供应量生态系统。

基于仓储配送 SCM 系统的仓储管理是一个适用于第三方物流配送中心的仓储配送管理，它支持条形码、RFID 等物流信息识别技术，可与射频数据采集终端进行实时信息互动，以及可对自动立体仓的全自动仓储作业，如入库、出库、移库、移位等进行直接监控，从而真正实现了对仓储作业的到货检验、入库、出库、移库、库存查询等各个作业环节的系统管理。

2.3.2　仓储配送 SCM 系统仓储管理的应用价值

仓储是物流各环节之间存在不均衡性的表现，仓储也正是解决这种不均衡性的手段。

1. 在采购中的价值

物流管理对生产型企业来说，就是必须解决好物资采购的低成本与准时的问题，这是生产型企业 SCM 中十分核心的问题，是保证企业生产所需物资最低库存准备的必要条件，也是上游企业与生产企业之间实现紧密联系的保证。根据销售订单制订生产计划，按照生产计划和 BOM 信息，运用 MRP 展开，形成物料需求清单和车间作业任务清单，并根据库存情况和采购条件，自动生成采购计划，然后根据供应商的条件，生成相应的订单，大大加快采购物料统计的时间，提高采购的准确性和及时性，降低库存，加快库存资金的流动。

拉动式 SCM 模式通常按客户订单进行生产，由客户需求来激发最终产品的供给。制造部门可以根据客户实际需求来生产定制化的产品，即生产与作业管理系统可根据生产计划展开，自动产生详细到车间和班组的生产计划，自动计算新的材料需求和工序生产，大大减轻了计划人员的工作量，减少了差错。根据产品计划和材料清单来严格控制车间的领料，可以防止材料多领或浪费，并可以清楚地了解生产进度和车间的库存情况，保证及时生产和入库，提高对客户订单的快速反应能力，降低库存，缩短提前期。

商业化采购利用拉动式 SCM 模式同样可以实现企业的管理目标，销售企业根据 SCM 系统存储或收集的相关数据，直接对应终端消费，确定建立店数量、送货周期、消费效果反馈等，终端数据再反馈至相关企业，实现产销的整体调控，降低库存。

2. 立体库监控机与管理机的数据传输

无论是商业企业还是生产企业，物流信息传输、反馈与共享在物流管理中是无时无刻不存在的，是保证物流运作准时、精确的关键。物流管理中应当充分利用计算机数据库技术与网络通信技术来解决这一问题。仓库按所需物料的指定货位进行出库作业，通过电子标签拣选系统和 AGV 小车，按作业计划将所需物料送至生产线的各工位。经生产线加工并检验合格的成品，通过 AGV 小车输送至成品库，最后由销售部门根据客户订单进行配送销售。根据出入库的情况，库存数据可及时进行更新，并可随时进行仓库的库存盘点、仓库之间的调库以及各种出入库查询的报表打印等。实现仓库 ABC 管理、仓库批号管理、库存优化控制、JIT 零库存管理、牛鞭效应分析等还基于仓储配送 SCM 系统化研究。

2.3.3　供应链 SCM 配送系统

从供应链及其管理的定义来看，供应链环境下的配送应能够集中系统中的库存，并且能以相对集中的系统库存，建立起较强供应能力的供应链配送保障体系，使得节点企业外部的供应系统（即由各个节点成员组成的供应链体系）与企业内部的供应体系（即企业内部物流体系）能够融为一体，实现整个系统物流配送的无缝链接，达到降低成本、提高客户服务水平的目的，保证合作企业的共同发展。

1. 供应链 SCM 配送系统概述

供应链 SCM 配送系统不单考虑的是从生产者到消费者的"货物配送"问题，而且要考虑到如何全面考虑和设计从供应商、生产者、分销商到消费者对产品制造、运输、保管、配置、传递和信息等各个方面，全面地、综合性地提高综合经济效益和效率的问题。供应链中的各个企业通过各种手段实现它们之间物流、信息流的紧密连接与共享，以达到对最终客户要求快速反应、减少存货成本、提高供应链整体竞争水平的目的，而这些手段的主体就是配送物流系统。尤其是现代物流中利用集装方式在很多领域中实现了"门到门""货架到货架"的物流，提高了整个物流系统的效率。多品种、小批量、多批次的货物是传统物流系统难以提高物流效率的对象，在供应链环境下的物流配送系统，可以利用供应链的协作关系网络使这个问题在一定程度上得到解决。

综上所述，在包含配送系统的供应链中，配送系统的效率对整个系统的效率提高起着决定性的作用，在供应链物流系统中处于核心的位置。

2. 供应链 SCM 配送与传统物流配送的区别

在传统的概念中，配送是作为一种特殊的、综合的物流活动形式存在的，是商流和物流紧密结合的一种运作方式。从所包括的功能来看，配送是物流的一个缩影或在某个小范围内实现货物送达目的地的所有物流活动的集合。特殊的配送作业还包括必要的加工活动。其目标指向是安全、准确、优质的客户服务和适当的配送成本。在供应链管理理念出现以前，传统的物流配送范畴有限，各个需要物流配送服务的企业在传统物流管理的理念下构建自己的配送网络，很少涉及和上下游企业的合作竞争，难以实现企业间物流配送的无缝衔接。供应链管理理念被广泛采用，企业之间的供应链关系确立后，就急需构建与之相匹配的配送模式。

供应链 SCM 配送与传统配送的区别主要体现在以下几个方面。

（1）供应链环境下的物流配送由于合理构建了适合供应链的配送网络，充分考虑了上下游节点企业的分销商和客户的供给与需求，所以在配送路径更合理的基础上，能够比传统物流配送更有效地降低整个物流配送过程中与配送相关的成本，并在成员节点的相互合作下保证服务水平不受到影响。

（2）传统物流配送为实现一定的服务水平必须配置大面积的仓库。供应链环境下的物流配送可以将散布在各个阶段不同地理空间位置上的分属不同所有者的仓库，通过供应链的网络系统连接起来，形成可供整个供应链系统统一管理和调配使用的"虚拟仓库"，从而达到将服务范围和货物集散空间实际放大的效果。

（3）传统物流配送由于信息交流的限制，完成一个配送过程所需要的时间较长。供应链环境下的物流配送可以利用存在于供应链成员企业之间的数据传输技术、信息共享技术以及良好的合作关系，实现配送过程的实时跟踪，简化配送过程，缩短单位配送周期，从而提高配送服务水平。

（4）通过合作伙伴在信息上一定程度的共享，供应链环境下的物流配送能比传统物流配送更具市场适应性和反应性，更具应对市场不确定的柔性，更具竞争能力。

（5）供应链环境下的物流配送采用集成的思想和方法，而不仅仅是对供应链上仓储设施、节点企业、配送设施的简单连接，与传统物流配送相比，在速度、规模、效率和资源的配置上更具优势。对现有的传统物流配送系统进行重新配置整合，可以实现供应链环境下的配送系统，从而使得社会资源充分利用，杜绝了资源浪费。

3. 供应链 SCM 配送的特点

供应链 SCM 配送与传统的物流配送相比具有新的特点，具体可以简单概括为：信息共享、过程同步、合作互利、交货准时、响应敏捷、服务满意。

2.3.4　供应链 SCM 管理环境下物流配送模式与配送方式

1. 供应链配送模式

从供应链 SCM 管理物流配送的主体及其服务的内容来看，其配送模式主要有以下四种。

（1）自营物流配送模式。自营物流配送模式是物流配送服务运营的最初模式，是指核心企业和各个节点企业物流配送的各个环节由企业自身筹建、组织、经营和管理，可通过建立全资或控股物流子公司的形式，实现对企业内部及外部货物配送活动进行业务控制的一种运营模式。

这种物流配送模式的优势有以下几点。

1）能实现企业内部供应、生产和销售的一体化作业，系统化程度相对较高。

2）能够满足企业对原材料、半成品及成品配送的准确性和及时性需要，保证客户服务质量。

3）可以掌握市场需求的第一手信息，满足企业对外进行市场拓展的需求。

4）配送的规模化、集约化为采用现代物流技术手段提供基础，并能提高物流配送的劳动生产率。

其不足之处表现在：企业为建立配送网络体系的投资规模与成本将会大大增加；与企业的经营规模关系密切，在企业配送规模较小时，配送的固定成本和费用相对较高；整个供应链配送成本大大提高，而且配送效益不显著，配送设施利用率低。也就是说，这种物流配送经营模式需要企业投入大量的资金来配置专业的物流设施和配送部门，需要企业本身的物流配送去使得这些物流设施和配送部门满负荷运行，才能获取经济规模效益。一般而言，采取自营物流配送模式的企业大都是规模较大的集团公司。供应链中连锁企业的自营物流配送模式如图2-2所示。

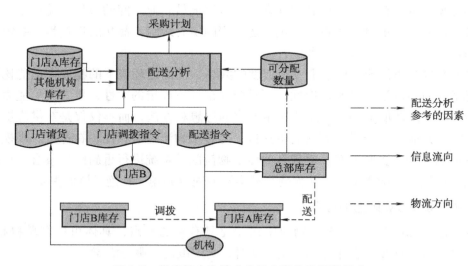

图2-2   供应链中连锁企业的自营物流配送模式

（2）协作物流配送模式。协作物流配送模式是指在货主企业自营物流配送模式下，当自身的物流资源难以满足企业的物流需求造成资源的紧张，或当本身的物流资源能力大于企业的物流需求造成资源的闲置时，在供应链关系协调下，与处于相同或不同供应链阶段的供应商、制造商、分销商、客户联合起来为有效地解决物流需求和降低物流成本而开展的一种物流运营模式。

（3）第三方物流配送模式。第三方物流配送模式是指由参与供应链系统的物流配送的第一方（供方）、第二方（需方）之外的专业化或综合化的物流企业以契约合同的形式，向供需双方提供全部或部分物流服务的业务模式，如图2-3所示。它的服务内容包括设计物流系统、电子数据交换（EDI）能力、报表管理、货物集运、选择承运人、海关代理、信息管理、仓储、咨询、运费支付和谈判等。第三方本身并不拥有专业型资源，而是通过参与供应链利用整合手段去整合专业型资源，为物流配送的第一方、第二方提供物流配送服务。

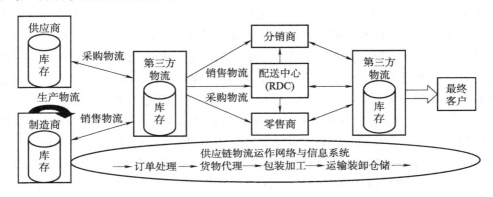

图 2-3　供应链中第三方物流配送模式

第三方物流源于企业战略核心竞争力发展观点和外包理论的成熟，这一理论使企业能更好地配置自身资源来实现产品的生产和销售，因此第三方物流在早期是面向单个企业的。虽然第三方物流企业同时服务于多个客户，但每个客户都是以一个单独的实体来对待的。供应链节点企业采用第三方物流配送模式对于提高企业经营效率可起到重要作用。

具体来说，第三方物流配送模式具有以下几个优势。

1）使供应链节点企业集中精力于核心业务。企业应将自己的主要资源集中于自己擅长的主业，而把物流等辅助功能留给物流公司，使企业能轻装上阵。

2）能灵活运用新技术，实现以信息换库存，降低成本。信息技术是第三方物流配送模式出现的必要条件，这是由于虽然科学技术日益进步，但身为单个企业的第一方、第二方通常难以在短时间内更新资源或技能，在供应链过程中可能还有不同的以及不断变化的配送和信息技术需求，而第三方能以一种快速、更具成本优势的方式满足这些需求，而且这些物流服务通常都是其他供应链节点企业，如制造商一家企业物流难以做到的。

同样，第三方物流供应商还可以满足一家企业的潜在客户需求的能力，从而使企业能够接洽零售商。

3）减少固定资产投资，加速资本周转。自营物流配送模式需要企业投入大量的资金配置专业物流设施，而使用第三方物流配送模式不仅可以减少投资，还能够减少仓库和车队方面的资金占用, 加速资金的周转。

4) 能满足供应链节点企业个性化的需求。供应链中不同的节点企业、不同物资的物流配送需求不同, 而第三方物流配送模式可按照企业的业务流程和物流需求来提供个性化服务。

与自营物流配送模式相比, 第三方物流配送模式的采用在为供应链节点企业提供上述便利的同时, 也会给企业带来诸多的不利和限制。

第三方物流配送模式存在的主要问题包括: 企业不能直接控制物流职能, 无法使之与企业生产职能相协调; 不能保证供货的准确和及时, 对企业的生产计划以及客户服务水平的影响无法预测; 由于不是直接与客户发生物流关系, 所以不能保证客户服务的质量和维护与客户的长期关系; 企业将放弃对物流专业技术的开发等。

(4) 第四方物流配送模式。随着供应链中的制造商和零售商日益趋向外包其物流业务, 对一种能提供全方位、整合供应链管理服务模式的要求越来越迫切, 第四方物流服务开始显现。所谓第四方物流, 是指集成商们利用具有互补性的服务供应或分包商所拥有的资源、能力和技术来控制、整合与管理客户公司的一整套供应链运作模式。第四方物流商是有领导力量的侧重于业务流程外包的中立物流服务集成商, 其通过对整个供应链的影响力, 解决物流信息共享、社会物流资源充分利用等问题, 向客户提供可评价的、持续不断的客户价值。供应链中第四方物流配送模式如图2-4所示。

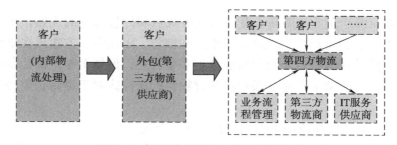

图2-4　供应链中第四方物流配送模式

相对于第三方物流配送模式, 第四方物流配送模式解决的主要内容包括以下几个方面。

1) 准确把握客户需求, 提供全面的整体供应链物流解决方案。

2) 根据客户特殊的需求整合、改善和再造供应链流程, 这种设计是一个基于产出的结果, 而不仅仅是成本降低的问题。

3) 承接供应链多个运作责任, 包括制造、采购、库存管理、供应链信息技术、需求预测、网络管理、客户服务管理和行政管理等。

4) 协调与监控供应链节点企业之间的合作关系, 保证供应链上各个环节计划和运作的协调一致和紧密集成。

5) 提供多个行业供应链解决方案的开发与咨询, 系统解决跨行业、跨部门问题。

6）充分利用信息技术、战略思维、精细分析、流程再造和卓越的组织变革管理等手段为客户提供增值性服务。

总之，运用第四方物流配送模式，可以使供应链中各节点企业能更好地关注自身的核心能力，充分利用企业的物流资产和资源，进而实现全程供应链管理。第四方物流配送模式是当今物流运营发展的趋势，代表了未来物流发展的方向。而在实际应用中，尽管企业可以把所有的供应链活动外包给第四方物流，但是通常第四方物流只是从事供应链功能和流程中的某些关键部分，所以从某种意义上讲，这种模式仍然处于探索、试验的阶段，需要全域范围内的广泛推广。

2. 供应链 SCM 配送方式及其选择

（1）供应链 SCM 配送方式。供应链 SCM 配送方式是指构成配送运动的诸要素的组合形态及其运动的标准形式，是适应经济发展需要并根据配送对象的性质、特点及工艺流程经过反复实践确定下来的。尽管不同种类的产品有不同的配送方式，甚至同类产品在不同市场环境下配送方式也不完全一样，而作为一项特殊的物流活动，配送所包括的基本要素及其运动规律却是完全相同的，由此构成了配送的基本方式。为了满足不同产品、不同企业、不同流通环境的要求，经过长期的发展，形成了多种配送方式。

（2）配送方式的选择。在进行配送方式选择时，可从企业、产品、流通环境等不同的角度对不同方式的作用和影响分析入手。

1）从企业角度分析。企业应结合不同配送方式的适用条件与范围，根据自己企业的实际情况（如企业规模、产品的市场特性和库存特性、业务量的大小、性质、配送中心的成本、维护配送中心的成本、车辆的配送成本等）进行可行性研究，对不同的方案进行比较，从而确定合适自己企业的配送方式。即使相类似的企业在其配送方式的选择上也是根据自己企业的特征采取相应的配送方式，而在具体的操作上存在着相当的差异。

2）从产品角度分析。在产品生命周期的整个过程中，为实现供应链节点企业零库存，我们可以合理采取"即时配送""准时配送""落地配""多批次、少批量"方式向节点企业或客户配送货物。首先，由于"即时配送"和"准时配送"具有供货时间灵活、稳定，供货弹性系数大等特点，因此客观上能够紧密衔接供求和保障需求，从而减轻节点企业的库存压力，使零库存成为可能。其次，由于以"多批次、少批量"的方式去配送货物，每次的配送数量少，因此可以直接将货物运送到车间和生产线。又因为配送频率高，可以降低节点企业库存的安全库存水平，从而实现节点企业库存的零库存目标。此外，对不同的物资按产品的库存特性采用不同的配送方式，如对价值高的 A 类物资采用"直接配送"或"定时定量配送"，或对同属 A 类的物资可采用"多品种、小批量配送"。

3）从流通环境分析。不同的流通环境适合采用不同的配送方式。以城市内的物流配送为例，不同配送方式的比较主要是对车辆配送成本与新建和维护配送中心的成本进行比较。单配送中心配送方式与准多配送中心配送方式之间只有配送成本之间的比较；准多配送中心配送方式与多配送中心配送方式就要看前者所有的配送成本与后者新建和维护配送中心以及所有配送成本之和相比较，必须同时考虑不同方式所能提供的服务水平，以及公司的运营组织等。此外需要配送的产品的总量、订单特点以及产品的单位价值在选择配送方式的过程中具有同样重要的作用。如需配送的产品总量小，或者单位订货量小，但市场覆盖面大，客户分散。如果该产品单位价值很高，采用"门到门"直发方式即可。反之，要兼顾物流配送成本和服务水平难度较大。此时最好能寻找配送渠道，与其他企业的产品共享"门到门服务"即共同配送，并分担仓储和配送费用。需要指出的是，和配送模式选择不同，配送方式的选择是作业层的决策，而配送运营模式选择则属于较高的决策层决策。

在进行配送方式选择时更不能墨守成规，应该分析物流配送需求的多样性和某些需求的临时特性，如应对突发事件的配送，讲究各种配送方式的合理组合，发挥各种配送方式的互补作用。

2.4 仓储配送 CRM 体系

随着互联网的迅猛发展、市场的不断成熟，世界经济进入电子商务物流时代，以生产为中心、以销售产品为目的的市场战略逐渐被以客户为中心、以服务为目的的市场战略取代，作为仓储配送物流企业，尽管经营环境以及手段发生了变化，但是以客户为中心的客户关系管理仍然是仓储配送活动成功的关键。

2.4.1 客户关系管理的新观念

仓储配送物流客户服务与一般客户服务从根本上并没有本质的区别，即都是从接受客户订单开始到商品送到客户手中并使客户关系长期化，为满足客户需求而发生的所有服务活动。仓储配送具有电子化、信息化、自动化、网络化、智能化、柔性化等特点，而其中柔性化的意思是能真正根据消费者需求的变化来灵活安排仓储配送活动，实现"以客户为中心"，也就是要求配送中心要根据消费者需求的"多品种、小批量、多批次、短周期"特点，灵活组织和实施仓储配送物流作业，并具有新的创新与优势。

1. 仓储配送物流客户关系管理的新特点

客户关系管理（customer relationship management，CRM）就是对物流客户关系进行管理的一种思想和技术。简言之，客户关系管理是一种"以客户为中心"的经营理念，它借助于信息技术在企业的市场、销售、技术支持、客户关系管理等各个环节的应用，以改善和增进企业与客户的关系，实现以更优质、更快捷、更富个性化的服务保持和吸引更多客户的目标，并通过全面优化面向客户的业务流程，使保留老客户和获取新客户的成本达到最低化，最终使企业的市场适应能力和竞争实力有一个质的提高。

基于互联网的客户关系管理是一个完整的收集、分析、开发和利用各种客户资源的系统（见图 2-5），它的新特点包括以下几个方面。

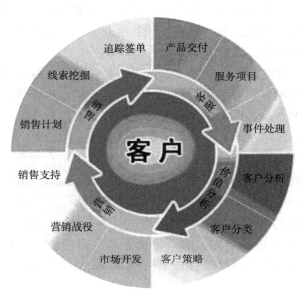

图 2-5　客户关系管理（CRM）的主要业务内容

（1）集中了企业内部原来分散的各种仓储配送客户数据，仓储配送客户数据形成了正确、完整、统一的客户信息为各部门所共享。

（2）仓储配送客户与企业任何一个部门沟通都能得到一致的信息。

（3）仓储配送客户可选择电子邮件、电话、传真等多种方式与企业联系，都能得到满意的答复，因为在企业内部的信息处理是高度集成的统一活动。

（4）仓储配送客户与公司交往的各种信息都能在对方的客户数据库中得到体现，能最大限度地满足客户个性化的需求。

（5）公司可以充分利用仓储配送客户关系管理系统，准确判断客户的需求特性，以便有的放矢地开展客户服务，提高客户忠诚度与满意度。

2. 客户关系管理带给物流企业的主要优势

仓储配送中客户关系管理作为一种全新的商务运作方式，不仅改变了现行的物流运营系统和盈利模式，而且改变了人们贸易和消费的方式。

（1）降低成本，增加收入。在降低成本方面，客户关系管理使销售和营销过程自动化，大大降低了销售费用和营销费用。由于仓储配送客户关系管理使企业与客户产生高度互动，可帮助企业实现更准确的仓储配送客户定位，所以可以使企业留住老客户，获得仓储配送新客户的成本显著下降。在增加收入方面，由于仓储配送客户关系管理过程中掌握了大量的客户信息，可以通过数据挖掘技术，发现客户的潜在需求，实现交叉、体验式、可视化销售，所以可带来额外的新收入来源。由于采用了客户关系管理，所以可以更加密切与客户的关系，增加订单的数量和频率，减少核心客户的流失。

（2）提高业务运作效率。信息技术的应用，实现了企业内部范围内的信息共享，使业务流程处理的自动化程度大大提高，从而使用物流业务处理的时间大大缩短，员工的工作流程也将得到简化，使企业内外的各项业务得到有效的运转，保证客户以最少的时间、最快的速度得到满意的服务。

（3）保留客户，提高客户忠诚度。仓储配送客户可以通过多种形式与企业进行交流和业务往来，企业的客户数据库可以记录分析客户的各种个性化需求，向每一位客户提供"一对一"的产品和服务，而且企业可以根据客户的不同交易记录提供不同层次的优惠措施，鼓励客户长期与企业开展业务活动。

（4）有助于拓展市场。仓储配送客户关系管理系统具有对市场活动、销售活动的预测、分析能力，能够从不同角度提供有关产品和服务成本、利润数据，并对客户分布、市场需求趋势的变化做出科学的预测，以便更好地把握物流市场机会。

（5）挖掘仓储配送客户的潜在价值。每一个企业都有一定数量的客户群，如果能对客户的深层次需求进行研究，则可带来更多的商业机会。仓储配送客户关系管理过程中产生了大量有用的客户数据，只要加以深入利用即可发现很多客户的潜在需求。

2.4.2　仓储配送中客户关系管理创新方式

客户关系管理的实施，要求以客户为中心来构架企业，完善对客户需求快速反应的组织形式，规范以客户为核心的工作流程，建立以客户需求为驱动的商品流转和服务机制，进而培养客户对品牌的忠诚度，扩大市场份额。

1. 仓配活动客户关系管理创新基础

（1）需求的拉动。随着市场竞争的加剧和信息技术的不断发展，越来越多的企业面临共同问题：第一是企业的营销、销售、客户服务部门难以获得所需要的客户互动信息；第二是来自业务销售、客户服务、配送中心、仓库仓储等部门的信息分散在企业内部，这些零散的信息使营销人员无法对客户进行全面了解，各部门难以在统一的信息基础上面对客户。这就需要将各部门面向客户的各项信息进行集成，组建一个以客户为中心的企业，实现对所有面向客户活动的全面管理。

（2）技术的推动。计算机、通信技术、网络应用的飞速发展使客户关系管理系统的运用成为可能；办公自动化程度、员工计算机应用能力、企业信息化水平、企业管理水平的提高为客户关系管理系统的产生创造了条件。

（3）管理理念的更新。当前，一些先进企业的经营管理重点正经历从以产品为中心向以客户为中心的转变。客户联盟的概念正在逐步被企业接受，也就是与客户建立共同获利的关系，达到双赢的效果。在引入客户关系管理的理念和技术时，不可避免地要改变企业原有的管理方式。变革、创新的思路有利于员工接受新的工作方式，而物流业务流程的再造则为工作方式、方法的改变提供了现实的思路和方法。

2. 仓配活动客户关系管理创新方式

在互联网时代，仅凭传统的管理思路和方法已不能满足行业发展的需要。互联网带给人们的不仅是一种方法的改进，也触发了企业的组织架构、工艺流程的再造以及整个社会管理思想的变革，因此，客户关系管理是现代物流企业生存和发展的一种不可缺少的手段。而对仓储配送客户关系管理系统进行业务需求分析是整个项目实施过程中的重要环节。

（1）微信、QQ、虚拟社区及电子邮件的链接，便于客户和网站管理者通过邮件联系。邮寄目录，请客户签署邮寄单。让所有在邮寄单上的人及时了解企业所提供的最新产品，为了把客户放在邮寄单上，在做第一次交易的时候询问客户的微信号、QQ号以及电子邮箱地址，一旦有了联系方式和地址，预测出他们的购买行为，就可以传送适当的信息。

（2）搭建网络社区，培养稳定的客户群。社区建立的原则基于社会心理学常识：一般人不喜欢改变，不喜欢决策。他们寻求某种大目标的时候，就会融入一个团体，他们不愿意轻易放弃。创造一种环境，让客户在其中培养良好的感觉，认识到他们是被理解的，成为一种强势集团的成员；运用网站公告板，供仓储配送客户在网上、群里公开发表意见。通过邮件列表，定期或不定期向不同的仓储配送客户群体发送不同信息。

（3）设计客户服务体验专区。客户服务体验专区可以存放每一个客户的信息，便于客户跟踪、查询订单的执行，应该包括服务前、服务中、服务后，这样便提高了服务过程的透明度。在长期的客户关系中，客户导向的服务比产品的技术含量更加重要，服务管理模块应具有以下功能：客户对象管理、保修检查、服务合同管理、服务请求管理、服务订单处理、零配件供应、发票和报表管理。良好的客户服务不再是解决服务后问题，而是应该从刚刚接触客户的那一刻开始，在问题出现以前做好预防工作。快速响应是反映服务质量的第一表现，其次是对客户意见集中且投诉比率大和需要快速订单跟踪的服务。这些服务对客户满意程度具有重要影响，其中包括存货水平、订货信息、订货周期、快速装运、运输、系统准确性、订货方便性以及服务替代性等。

2.4.3　研究仓配物流客户关系管理的意义

随着信息技术的高速发展，企业的数字化转型势在必行，其中，各类型企业对客户关系管理系统的需求也日益旺盛。但目前，有些物流企业对客户关系管理的认知明显不足，仅仅把它当作一种客户管理工具，却忽略了它对企业未来业务发展的价值。现在，客户关系管理的应用范围涵盖了各个方面，不仅包括售前、售中、售后管理、产品管理，有些产品还包括采购和仓储管理以及财务管理等，能够实现生产销售一体化，为企业的内部外部协同搭桥，达到无缝对接的目的，让企业的流程得到优化、企业的运营管理更高效。

认为传统客户关系管理过于标准化也是一些企业的误区，他们认为界面和功能不匹配，而事实上，现在的云端生态客户关系管理一般都有自定义的 PaaS 平台支持，例如神州云动 CloudCC CRM 提供丰富的自定义功能，企业可以随意添加和修改栏目，这无疑为企业的个性化需求打开了窗口。客户关系管理对于企业而言，意义是十分重大的，其能够为企业进行客户管理，也能够帮助企业进行营销，提升客户的满意度。

（1）客户关系管理能提供有针对性的按需服务，建立新型的客户管理关系，改善与客户的沟通，对企业打开市场销路有着重要作用。它通过整合客户的所有资源，运用 AI 技术进行智能化分析，达到客户营销的目的。从本质上来说，客户关系管理也可以是一种营销工具，以客户为导向的营销系统，把客户的重要性提高到一个新的层次，通过对客户数据的筛选分析，得出目标客户来进行精准营销，随时根据客户的喜好进行营销方案调整，通过整合营销的各项功能，从客户的需求出发，保证营销活动能够成功。这样一来也就从传统营销转向了现代营销，在营销的观念上得以改变。

（2）客户关系管理为通过智能化的服务支持，让社交、短信和邮件集于一体，随时随地与仓储配送客户沟通互动，体现了服务的快速精准特点。这样才能为企业成功留住客户，在与客户的交流中，对客户的一言一行都记录在案，随时根据客户关系管理的数据分析得出合理的策略，为客户提供专业的服务，这也是客户关系管理的最大价值所在。

🔧 本章小结

物流一体化就是以物流系统为核心，由生产企业，经由物流企业、销售企业直至消费者形成的供应链整体化和系统化，它是物流业发展到一个高级和成熟阶段的产物。

仓储配送 ERP 系统指的是对仓储货物的收发、结存等活动的有效控制，其目的是为企业保证仓储货物的完好无损，确保生产经营活动的正常进行，并在此基础上对各类货物的活动状况进行分类记录，以明确的图表方式表达仓储货物在数量、品质方面的状况，以及目前所在的地理位置、部门、订单归属和仓储分散程度等情况的综合管理形式。

仓储配送 SCM 系统的最初设计是一个以生产管理系统为核心，以客户订单拉动的集原材料和零配件的采购、运输、生产制造、产品储存、销售等环节于一体的供应链运行环境，将自动化立体仓库的应用系统，由原有的仓储作业操作层面扩展到整个供应链的管理应用。

客户关系管理就是对物流客户关系进行管理的一种思想和技术，简言之，就是一种"以客户为中心"的经营理念，它借助信息技术在企业的市场、销售、技术支持、客户关系管理等各个环节的应用，以改善和增进仓配企业与客户的关系，实现以更优质、更快捷、更富个性化的服务保持和吸引更多客户的目标。

🌀 复习思考题

简答题：

1. 仓储新功能布局面对的问题是什么？
2. 供应链 SCM 配送的特点是什么？
3. CRM 体系具有的新特点和创新方式是什么？

🌀 课内实训

假如你被公司委以一项电子商务物流的 SCM 体系任务，你力求将此项活动做得圆满而完善，那么你做的这项电子商务物流的 SCM 体系将包括哪些基本内容？调查的主要程序包括哪些？

🌀 课外实训

以小组为单位，利用业余时间对某一电商物流企业的 CRM 体系进行一次调查，可以根据自己对企业了解的情况，自行拟定初步方案，重点对发现的问题提供解决方案，调查完后做出调研 PPT。

🌀 案例分析 2-1

因仓储外包服务收费低于行业水平，备受小微电商青睐

在大的环境下，仓储外包是大趋势，因此，近年来，不少小微电商纷纷将目光投向专业仓储外包服务商，通过与其合作借助专业化优势、价格优势提升用户体验，做大做强。

现在仓库作业和库存控制作业已多样化、复杂化，靠人工去处理已十分困难。如果不能保证正确的进货、验收及发货，就会导致产生过量的库存，延迟交货时间，增加经营成本，以致失去客户，因此选择专业可靠的仓储外包公司是十分关键的环节。

上海维佳供应链是一个专为小微电商提供专业仓储服务的平台，以互联网＋仓储的模式，整合最优质的物流资源，致力于为电商卖家提供快速高效、安全稳定、有竞争力的运输服务，多元化的仓储服务，更好地满足了小微电商对仓储的不同需求，所以经过业内不断的口碑传播，越来越多的小微电商与上海维佳供应链合作，不光是因为上海维佳供应链专业，更重要的是其收费低。

中国电商市场发展迅速，竞争越来越激烈，大中电商凭借规模化降低运营成本，不断获取竞争优势，小微电商则面临利润空间收窄与运营成本增高的双重压力，选择专业的仓储外包平台，不如选择更有价格优势的仓储外包平台，因此，最具价格优势的上海维佳供应链成为小微电商争相合作的最佳合作对象。

企业算一笔账，为保证商品合理储存，正常出入库而发生的与储存商品运作有关的费用，仓储运作成本包含设备折旧、库房租金、水电气费用、设备修理费用、人工费用、保险费用等。由于存货而发生的除运作以外的成本，包括订货成本，资金占用成本，存货风险成本，缺货成本等。再加上退货需要 3 次无效动作：发货、退货、退货处理，这 3 个动作几乎同样浪费时间和资源。

如果选择和上海维佳供应链合作，卖家只需将仓储配送业务外包给上海维佳供应链，无须投资任何自动化设备，以存储费、作业费、物流费的方式支付费用，每月只需 4 000 元，比自建仓节省一半以上，并且房租、物业、装修、货架、料箱全包，无论多小规模的小微电商都能承担起这一笔费用。

资料来源：中国经济新闻网，http://www.cet.com.cn/xwsd/2186506.shtml。作者有删改。

问题：本案例中，上海维佳供应链有哪些新的业务能力要求？本案例中上海维佳供应链为客户降低物流成本的主要途径是什么？这些成本的基本构成是什么？

🌀 案例分析 2-2

物流配送用数据说话　天津供应链体系建设更智能

从冷库到运输车辆，再到商超门店的冷柜，整个冷链配送环节的温湿度实时显示，超出预设范围还会自动报警提醒，整个冷链流通过程都在监控之中。天津市作为供应链体系建设试点城市，目前全市已有 33 个冷库、94 部运输车辆以及 146 家商超门店的 1 027 个冷柜纳入天津市冷链物流公益性监控平台，数据通过无线传输模块传到后台进行处理。天津供应链城市共同配送服务平台的上线更加全面优化了供应链体系，让商超配送更加高效便利，两个"平台"的使用不断提升物流标准化、智能化、信息化水平。很多商圈、社区、写字楼周边可以看到的便利蜂超市已经全部纳入了这套冷链物流公益性监控平台。"我们冷链运输过程以及在门店终端的温湿度信息都会实时传送到政府的监控平台上，相关信息过了预设数值后就会自动报警，我们也会在第一时间收到提示，这便于我们更好地管理短保质期类的食品。"便利蜂相关负责人张慧影表示。商务局也可以通过这个平台看到每一个门店的相关数值，对企业进行监管。

除了冷链物流上的监管，天津市商务局还利用智能供应链系统为企业做好服务，打造了天津市供应链城市共同配送服务平台，不断提升物流标准化、智能化、信息化水平。"我们可以根据门店的供货需求在平台上下单，将货物配送到物流中心和大仓库，根据长短保质期产品的物流线路进行配送。我们在门店没有仓库，这对于日配类的产品更加方便及时。"张慧影说。

天津供应链城市共同配送服务平台确定了以标准托盘循环共用为切入点，以推进实施供应链上下游企业标准化箱盘、盘车、盘库"三匹配"工程为抓手，以智慧化物流平台为支撑，以标准体系建设为保障的物流标准化建设实施路径，在商贸连锁、电商物流、商贸批发等领域实施了一批影响力大、辐射范围广的物流标准化项目。"以前每家企业供应链中的托盘和箱子都由自家购买，而现在使用平台的物流，通过供应链的整合，企业可以直接在平台进行租赁，大大降低了企业成本，提升了效率。使用平台以后物流成本降低了30%，同时提高了货品的周转率。"张慧影表示。

资料来源：天津市工业和信息化局网站，http://gyxxh.tj.gov.cn/newzixun/67052.htm。作者有删改。

问题：

1. 配送企业实施大数据背景下的供应链管理有何重要意义？

2. 供应链城市共同配送服务平台的最大优势是什么？

3. 供应链管理对配送成本降低有何作用？

仓配一体化组织与管理

学习目标

1. 熟悉仓配一体化组织与管理的基本构架及主要特点，了解传统仓储配送组织与现代仓配一体化组织的区别，理解仓配一体化组织与管理的基本思路和特点。
2. 熟知仓配一体化组织与管理的基本模型、基本流程，了解仓配一体化组织与管理新理论。

导引案例

中国跨境电商 B2B 平台建海外仓　采购商足不出户直采中国货

"全球采购商需要每年春秋两季跑到中国广州参加中国进出口商品交易会。我们把'交易会'办到国外去，让采购商足不出户直采中国货。"中国商务部首批跨境电商试点前四强企业大龙网常务副总裁朱福兴说。大龙网"一带一路、百城百联"战略将为中国货的海外采购商带来利好。

近年来，中国制造企业需要"走出去"，由国外市场消化部分产能；许多国家也正需要这些中国货。成立于 2010 年的大龙网致力于打通渠道，让全球采购商与中国厂商直接对接。对采购商来说，获得物美价廉的货源、便捷高效的物流、对称透明的信息是关键。

大龙网是最早走到海外的中国跨境电商企业之一。朱福兴说，2012 年在迪拜参加一次展会时，原以为作为电商企业的大龙网会比较尴尬，因为没有生产货品可供展示。谁知大龙网的广告语引起海外采购商的瞩目："我是你的中国供应链合伙人，提供 50 万个商品品类，帮助你向中国工厂直采。"

零售商都希望向厂商直采，避免代理、进出口公司等中间环节的利润分割。朱福兴说，基于在迪拜展会上发现的这个商机，大龙网建立了"线上约、线下会"的全球网贸会雏形。线上，大龙网的约商 App 让全球商人用母语随时随地进行商务洽谈；线下，大龙网在"一带一路"沿线国家建立 50 个网贸馆，同时在中国建立与之对应的供货产业园，即"一带一路、百城百联"战略。这种模式通过"前展后仓"形式，让中国货在采购商所在国家线下展示并仓储。采购商在本国即可看到、体验到中国货。

朱福兴说，这种模式不但方便全球采购商看货、洽谈合作，还能缩短从下单到提货的时间。传统贸易方式中，一般从下单到中国厂商供货需要 3～6 个月。有了海外仓后，中国供货商可通过销售数据计算出最适合的备货量，等采购商下单，就从当地的海外仓发货。大龙网建立境外采购商与中国供货商的直接对接平台，减少中间环节，对供采双方来说都有利。

重庆市摩托车配件流通协会会长周少钢说，传统的国际贸易是"两头堵"，进出口公司一边与海外商家沟通，一边对厂商压价，存在信息不对称等问题。大龙网的模式减少了中间环节，可以增加厂商的利润点。实际上，其协会企业将降低的成本体现在售价上，让采购商能以更低价格买到优质的中国货。

大龙网的这种模式已有实效。2015 年，其平台出口流水达人民币 306 亿元，同比增长 32%。朱福兴透露，全球网贸会将带领中国品牌和商品乘"一带一路"建设的东风出海，到 2017 年，完成"百城百联"战略。目前，网贸会已在莫斯科、华沙、迪拜、胡志明市、多伦多等地建网贸馆，雅加达、新德里、法兰克福、墨尔本、首尔、仰光等近 20 个城市的网贸馆也已列在 2016 年建馆计划中。

资料来源：中国新闻网，http://www.chinanews.com/df/2016/05-03/7857058.shtml。作者有删改。

3.1　仓配一体化组织概述

目前很多仓配企业都拥有独立的仓配管理系统，仓配管理系统更易于统计仓库产品的入库、出售及销售量、配送服务等信息。在仓配系统软件运用日益普及的前提下，仓配组织模式也发生了质的变化，新的仓配管理系统组织设置就成为下一步仓配一体化有效实施的关键所在。

3.1.1　仓配一体化组织的主要形式

基于信息技术下的仓配一体化组织，无论从组织内容到形式、从内部到外部、从构架到运作，都呈现出现代组织的特点和优势。

1. 企业一体化管理组织

伴随科技进步和市场扩张，企业仓配管理系统随着企业生产量以及销售量的增长而不断升级和完善。很多企业应用仓配管理系统，使自身步入了全面、高效、稳定的一体化管理模式，特别是在各类电商平台层出不穷的时代，越来越多的电商仓库需要一体化的管理模式来实现仓配货物的精细化、精准化管理，使仓配活动与企业其他活动融为一体。运用仓配管理系统的企业，业务流程中的技术含量增加，对人力的依赖减少，组织结构趋于扁平化。

2. 企业自动化管理组织

实施现代仓配管理模式前，大部分中小型企业都是聘请仓配管理人员管理仓库与配送。过去，仓配管理人员需要人工记录出入库产品的名称、数量以及规格等；现在，现代化仓配管理手段替代了人工的计数管理，实现了自动化统计与计数的智能管理模式，使仓配管理组织更加自动化。自动化的仓配管理组织人员更加精干，组织架构更加简洁，层次减少且宽度缩减。

3. 企业智能化管理组织

据统计研究发现，现在的仓配管理手段，已随着科技的快速革新而不断创新升级，在各大企业以及各个不同的应用领域实现了一体化、自动化以及智能化等逐渐升级的管理。它可以实现仓储订单管理、仓储订单发货、仓储订单入库、发货周期与批次、送货频率等多方面不同的智能化管理，这种管理模式极大地避免了人工操作可能带来的失误以及损耗，可为企业节省劳动成本，降低人力资源管理带来的政策风险。

随着企业的仓配发展需求，现代仓配管理理念帮助企业实现组织架构的革命性转型。可靠的仓配管理技术应用成为进行组织重构、降低组织管理成本的手段，借助仓储管理模式、企业管理功能帮助企业快速实现组织一体化、业务自动化以及流程智能化的全新管理模式。

3.1.2　仓配一体化组织的构建

与传统的仓储配送组织相比，仓配一体化组织设置的背景和条件不同，现代仓配一体化组织是在信息技术和互联网技术背景下建立起来的，这是现代仓配一体化构建的技术基础。

1. 仓配一体化组织构建的背景

伴随电商的迅速发展、互联网技术的普及及高端智能仓配设备的运用，仓配业务也不断扩大，不仅涉及物流公司原有的服务，而且拓展到其他业务边界，且都与降本增效紧密相关，只有科学认识仓配的基本内涵，才能确立现代仓配一体化组织建立的指导思想和经营目标。

（1）企业倾向实施业务外包。把仓配的部分业务外包托管给第三方，企业更专注于产品与通道及增值业务的拓展，同时也节省费用。传统的仓库可能是货物所有权归属明晰，现代仓配可能一个仓库内有多家的货品，实现弹性库位配比。再扩展一些就是通过委托第三方仓储服务商，实现多地分仓管理。尤其在电商背景下配送时，有些企业为了提升物流服务，缩短配送时间，进行多地的配仓，也是仓配一体化的一种延展。这些也成为未来仓配组织架构调整的外部动因。

图 3-1 就是京东基于云计算技术的全面仓配改革基本架构和思路，从中不难看出，仓配体系改革必须走智能化、信息化之路。

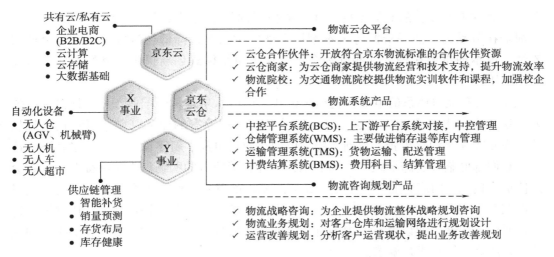

图 3-1　京东仓组织改革的战略思维

现代仓配服务基本上都是由第三方物流企业来负责客户的货品入库仓储、品检处理、贴标换标、发货上架、订单处理、拣货配货、打包发送、快递配送等全部的流程。各类活动的目的不同，也有相应的措施保证。这些活动都是由第三方来实施，组织架构属于外包模式。

（2）现代仓配设备使用。现代仓配不同于传统仓配，现代仓配物流由于其发货的特点是多批次、小批量，因此为了保证其整体的正确率，需要通过软件系统和硬件装备来共同完成，如软件方面的仓配管理系统以及 RFID 的条码信息化处理，硬件方面的自动分拣机、巷道堆垛起重机等一系列自动化定制现代仓配设备。这些都是传统仓配不完全具备的，也是主要的差异所在。设备组织成为现代仓配企业的关注重点。

（3）仓配物品类和配货方式。现代仓配利用大数据实现就近仓配下订单、拣选配送，节省物流费用，提高配送效率。但是传统仓配是货物品类单一存放，配送也是单一制集中配送式。传统仓配储存货物大多体现货物品类单一化，一般只有几种品类，而现代仓配则可以根据客户订单到不同仓库取货，也可以异地就近匹配，自动化、智能化设备提高货物拣选效率，进一步提高物流效率和服务的宽度。现代仓配改变了过去的仓配方式，使货品组织模式转化为集中式与跨地组配的相互结合。

总之，在网络经济背景下，仓配组织模式中的人员、设备、物品的组织形式发生了较大变化。

2. 仓配一体化组织模式创新

国务院办公厅 2017 年 8 月 17 日印发的《关于进一步推进物流降本增效促进实体经济发展的意见》从七个方面提出了 27 项具体措施。特别是其中第四大方面，就是"加快推进物流仓储信息化标准化智能化，提高运行效率"，部署推进物流降本增效有关工作。我国经济已经进入以转型升级为主线的发展阶段，经济发展也正在由规模速度型向质量效益型转变，企业和社会经济的效益源泉只有通过提高效率和降低物流成本来形成新的利润空间。而物流模式创新是提高经济运行效率的根本动力，特别是在劳动力、能源资源等成本刚性上涨的背景下，降低物流成本便成为降低实体经济成本的重要途径。这些都为仓配一体化组织模式创新提供了良好的政策赋能和环境压力。

（1）自有配送体系的电商快递组织模式。国内从事运营仓配业务更多的是拥有强大配送体系的电商企业、快递公司，这些公司运用原有的业务基础，以现代信息技术，率先实现集约化扩张。目前，跨境电商、农村电商、新零售细分领域也在不断迭代，它们都面临多仓跨层级平台的需求；另外，消费者的购物需求不断提升，必定会促使更多的仓（门店）围绕核心城市建立起来，前置仓、微仓等模式对现有的物流组织模式产生实质性冲击。随着互联网大数据时代的来临，仓储快速发展、用户体验苛求，所以，快递企业以及有实力的电商企业逐步实现仓配一体化，实施仓储组织的变革，以此满足终端用户要求。

（2）仓与配协同的组织模式。在尚未实现完全意义上的仓配一体化之前，仓配协同是实现规模化经营、降本增效的主要组织模式。从宏观经济角度看，物流的效就是实体经济的本，"降本增效"的直接体现在于降本，但关键在于增效。增效，一方面从仓储看，仓储管理系统为规范化的运营赋能，从而提高货物周转效率，降低库存积压，提升仓库作业效率；另一方面从配送看，通过信息化手段协同仓储，实现智能配载、可视化的在途管控。仓配一体化可以系统化降本，着眼于整个供应链乃至整个行业，而仓配协同形成实体或者虚拟社会化组织，在降本上形成共担机制。

仓与配高效协同的优点在于：全程线上管控，仓与配独立负责；可视化智能配载；科学合理路由规划；准确、高效实现装车交货；同时申诉率低、时效性高、客户体验高。

（3）开放、高效、经济的通路模式。2018 年京东新通路宣布将打造七大模块化通路解决方案，品牌商可基于自身在品类、品牌、区域和发展阶段的考量，按需选择更为开放、高效、经济的通路模式。

在传统销售模式中，人员、仓储、车辆、现金流是品牌商的四大成本要素，也是瓶颈所在。由于四大要素的限制，物流供应商难以做到成本、效率、体验的兼顾。例如，自身仓配能力或者区域经销商仓配能力非常成熟的商家，可分别选择厂商直接服务小店或者授权经销商服务小店，而自身仓配能力和经销商仓配能力尚未成熟的商家，则可选择京仓＋京配或者新通路联合仓配体系服务小店。

目前，在通路解决方案下，新通路将主推"代配""代理""代售"三种业务模式。在代配模式下，联合仓作为京东新通路末端配送站点，高频、高服务需求订单自售的同时代配新通路自营订单；代理模式下，联合仓成为京东新通路自营产品的三方代理商，同时新通路对商品价格和分销进行严格的监控和管理；代售模式下，高黏性联合仓将自有人员作为新通路自营商品的分销团队，同时使用京东新通路地勤 App 拜访终端门店。

京东新通路还将搭建由省仓、城市仓、城市群仓和联合仓组成的一体化 B 端仓配网络，强化 B 端汽车运输，进一步提升服务水平，降本增效。其中，作为一体化 B 端仓配网络的重要组成部分，联合仓有效提升配送效率，降低配送成本，以最小颗粒度服务终端门店，将在 2019 年继续发挥重要作用。

知识 3-1　菜鸟网络优势

2013 年 5 月成立的菜鸟网络，因经受京东发展的压力，故采用整合社会仓储及配送资源的方式，实现仓配一体化。经过 4 年多的发展，经历布局期的整合仓干配，到成长期的系统优化和大件仓配，到现在拥有 500 万平方米仓储，超过 9 000 条干线，网络覆盖 250 个城市，另加速期推出高时效产品，目前已实现 32 个城市当日达，122 个城市次日达。从 2016 年日均票数来看，阿里平台使用仓配模式的票件量已与京东相当（菜鸟 283 万票，京东 306 万票）。

菜鸟网络初创时股份分布为：天猫、银泰、复兴、5 个快递（顺丰、圆通、中通、申通、韵达），物流地产（银泰、复兴已拿地 2 万亩[⊖]，1 300 万平方米仓储），可以看出菜鸟的布局。

资料来源：亿欧网，https://www.iyiou.com/p/54592.html。作者有删改。

3.2　仓配一体化管理模式分析

以电商仓配运营模式为例，电商物流仓配运营模式可分为自建仓配、卖家仓储＋第三方配送、第三方仓配等。自建仓配，如京东，平台自建仓储和负责配送；第三方仓配，如天猫，天猫仅负责线上平台运营，主要由菜鸟物流负责仓储活动，由专业快递公司负责配送活动。而仓配一体化则是上述三种模式的升级版，在管理方面有明显的优势。

3.2.1　仓配一体化管理方面的优势分析

仓配一体化在成本上优于卖家"自选仓储＋第三方配送"，其优势在于节省仓储管理成本和运输管理成本，提高存货周转率，改善客户体验。

1. 管理方面的优势

管理方面的优势主要表现在：首先，通过卖家货物的集中存放，可以实现仓储成本的规模经济；其次，货物出仓后的统一配送成本低于卖家从单个仓库统一发货；然后，通过京东或菜鸟网络，可以统一运往京东或菜鸟部署的中心仓，减少揽件成本和运输费用；最后，通过京东或菜鸟的销售大数据库，商家在客户下单前就用算法预测了当地的出货量，并提前在相应的大区仓库铺货，节省了干路运输费，又大大缩短了整体快递时间，最终提高存货周转效率，改善客户体验程度。在电商方面，可以预

　⊖　1 亩 ≈ 666.67 平方米。

见，对于 B2C 商家乃至 C2C 商家，仓配一体化模式是未来电商物流的主要模式，是促使传统货品组织变革的动力因素。

2. 两种成熟管理模式

菜鸟网络成立的背景是阿里为与京东竞争而实施的物流体验升级的策略。在成立之后，菜鸟计划根据天猫、淘宝的交易与物流信息搭建起一个数据网络，称为"天网"，并在分布全国的几大重要物流区域搭建起数个巨大仓储中心，称为"地网"。最后，"天网"配合"地网"进行"天地联动"，根据其信息大数据的优势，布置仓储，调配物流，在多个方面提高物流快递转运的效率，对原有的仓配组织结构的颠覆效应十分明显。

（1）京东模式与菜鸟模式。京东和菜鸟的物流配送模式都是仓配一体化，区别是前者是自建，后者是通过平台整合物流资源。二者模式基本一致，即通过卖家销售大数据建立分布式仓配体系，缩短配送时间，提高配送效率，从而提供"当日达""次日达"等绝佳的物流体验。

菜鸟利用实体仓储网络与庞大的虚拟数据库，标准化物流服务或物流设施，提升商家或物流公司对用户特定需求的服务能力（分层产品）。例如，物流服务包括当日达、次日达、定时达；物流设施包括环保包装袋、统一的打包箱等。

菜鸟提供标准化仓管服务，从大数据、自动化仓管体系建立，到仓库选址，都可以通过系统标准化服务来解决。由于仓配网的建立使得菜鸟的货权从商家转移到菜鸟仓，直接与快递公司形成以物权为基础的合作。菜鸟的目标一旦实现，快递公司主动管理网络的能力会被削弱，货物的流动会变成依靠菜鸟的大数据系统来支配，系统组织变革的红利也会逐步显现。

目前菜鸟已在全国设立了八个大型仓储物流基地。这些仓储基地最主要的配送产品便是家用电器产品。考虑到目前天猫相对京东的唯一劣势领域是家电领域，再结合阿里建立菜鸟的内部动因——重新获取 B2C 市场份额，以及京东和阿里的仓储布局图，可以看出阿里对家电 3C 这一战略领域极高的重视程度与极强的行动力度。

专业快递公司与京东的竞争只是表面上的竞争，更加直接的竞争在于京东物流与菜鸟网络的竞争配送是仓配的重要一环，对于电商物流而言，仓储网络建设的意义要高于配送，因为仓储的分布决定了配送效率。竞争模式发生质的变化导致在组织架构设计上必须以柔性和虚拟化为主题。

（2）两种组织模式的优劣。在电商仓配物流领域中，竞争主要集中于三点——大数据运营能力、仓储和配送。京东和菜鸟两种组织模式对比，菜鸟在配送环节略有优势。

大数据运营能力：即通过数据安排铺货，合理配置存货和仓储资源。京东和天猫都有非常成功的运营经验和数据，这方面二者不存在太大差距。

仓储端：仓储分布基本一致，而且仓储铺货的核心在于销售数据，通过数据分析安排铺货，节省运输成本、提高运输效率，因此二者在仓储端差距不大。

配送端：第三方凭借规模经济使配送成本更低。虽然第三方专业快递公司拥有发达干线网络和转运中心，但是对于电商件，菜鸟对仓储的安排会弱化快递公司对网络的主动管理能力。

京东物流目前每日业务量为 450 万件，距离第一梯队还有一定的距离，即现有业务量翻倍。对比来看，菜鸟网络模式下的第三方配送略有成本优势，但平台业务接入的快递公司服务标准不一，体验和时效性上略逊色于京东。二者未来的服务对象会呈现一定差异化，各有存在空间。

通过图 3-2 我们可以发现，仓配一体化与原来的功能分离模式截然不同。仓配一体化客观上将各项分离的功能有机地整合到一起，形成系统化的流程，体现出整体价值。

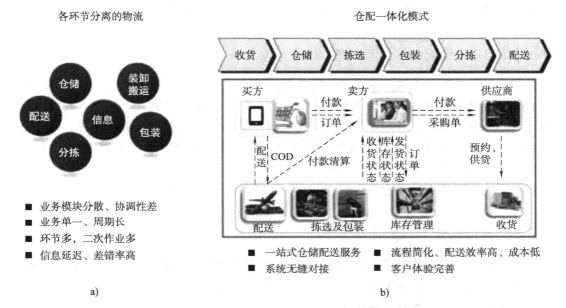

图 3-2　各环节分离的物流与仓配一体化模式的对比

3.2.2　现代仓配的竞争核心

现代物流的仓配一体化实质上是指在互联网下的仓储网络与配送网络的无缝结合，是一种战略性的组织架构的整合，旨在为客户提供一站式仓储配送服务，设计订单后阶段的一体化解决方案，为更多的客户提供优质的仓配体验。

现代仓配的竞争核心在于运营效率，随着物流社会化进程的加快，物流未来将会服务其他平台自营商品和卖家，如唯品会、聚美优品，甚至天猫也将会与专业快递公司，尤其是以平台销售商品为主要业务的公司，展开更加直接的竞争。而部分电商物流也将从成本部门变成利润部门，平台业务量的重要性将会降低。

1. 平台竞争

未来仓配业务主要由平台提供，业务量的大小决定竞争取胜的概率，平台竞争更加激烈。现阶段物流社会化水平较低时，电商物流的竞争直接体现为平台间的竞争。客户选择在天猫或淘宝购物，还是在京东购物，直接决定了物流由谁配送。因此，现阶段两者的竞争关系不是传统的物流企业的竞争，即运营成本和服务等要素的竞争，而是其所背靠电商平台，平台综合实力和服务的竞争。竞争的组织模块体量有所增加。

用户选择平台购物时，会考虑哪个平台有更低的商品价格、更快的物流速度、更多平台 SKU 种类、更好的售后服务，是否满足一站式购物需求等要素。

2. 供应链竞争

仓配一体化是供应链物流的衍生版，供应链竞争将成为下一个竞争焦点。仓是所有环节中离货最近的环节，也是最能反映库存的地方，因此仓储与供应链的关系非常密切。不同行业，其供应链管理包括仓储管理都面临巨大差异。

● 知识 3-2　仓配一体化怎么搞

近期物流界发生了两件事情：一是菜鸟网络和顺丰数据端口之争；二是近期闹得沸沸扬扬的京东拉黑天天、百世事件。天天起诉京东不正当竞争，表面看来无非平台与平台、平台与快递、快递与快递企业之间的利益纠葛，但从更深层次来讲，是整个市场的矛盾，是传统快递企业面对电商自建物流冲击所表现出的"不适应"，是网络型配送模式面对仓配模式的"不适应"。

资料来源：搜狐网，http://www.sohu.com/a/190323695_726993。作者有删改。

3.2.3　现代仓配管理的主要趋势

随着整个商业模式与架构的重构和物流行业的创新，仓储企业为了自身的发展，正在不断更新迭代，渐渐走上风口，目前管理组织呈现以下几个发展趋势。

1. 品类管理从多品类走向单品类

仓储的满仓率往往不是很高，为了充实仓储面积，提升库容和仓库使用率，往往仓储不分货物品类，差异接货，这使得仓储品类众多，给效率提升和专业化发展带来很大的困难。仓储一般都有从多品类的仓走向单品类仓的需求。而且仓储的行业属性很高，不同的货物品类对于仓储的管理有着完全不同的要求，同时对于企业的供应链布局有着显著影响，因此仓储具有走向单品类的内部动力和需求。

2. 仓储节点从单仓走向多仓网络

单仓主要提供点的服务，随着电商的发展，为了更好地服务全国化的货流，很多仓储企业都在从单仓走向多仓，形成点线面的辐射形式，而且数量将成为一种资源优势。随着技术的发展，多仓联网完全可以实现。另外，除有实力的电商仓储外，多数传统仓储总体上自动化和信息化水平不高，仓的面积和规模以及货物品类对于仓储信息化应用有很大的影响，有拆小仓、建大仓的需求，据此可以普遍提升集约化水平。

3. 宏观管理走向仓配一体化

目前，各大物流企业都在往综合性物流方向发展，各大物流商也纷纷开始建仓，实现仓配一体化。如菜鸟作为阿里系的天然优势，能够较好地控制货源和货流，一方面菜鸟针对自营的天猫商超自营仓储，具体仓储管理外包给供应商；另一方面与阿里系的仓储企业如百世物流合作。由于快递与电商接触最深，因此掌控了货物，也就掌控了快递配送的起点，对快递公司有很大的影响。顺丰打造电商产业园，靠近电商企业建设自身的仓储配套，打破了菜鸟与货和仓的控制。仓是最接近货的场地，对配送影响很大，这迫使各大物流商纷纷建仓，从而出现整合物流资源的趋势。

3.2.4　企业仓配管理的变革

仓储作为供应链上的重要环节和核心，通过仓储的布局能够看到供应链的布局。仓配变革基于仓储，始于企业，构建现代仓配管理模式变革首先要了解使用仓配业务的企业。

1. 有仓配业务企业的类型

（1）规模型流通企业，包括大型电商、连锁经营企业，大批发商，被称为流通领域的大 B，如京东、优衣库等。这种类型的企业，仓储多属于流通中转仓，即配送中心，都通过企业来管理，有自己的仓储管理系统，与其他企业管理系统相对接。

（2）中小流通企业，包括中小电商、小型零售店、小经销商，被称为流通领域的小 B，如五星淘宝店、专业市场店等。这种类型的企业，仓储也属于流通中转仓，一般都委托第三方专业仓储公司来管理。

（3）生产制造企业，包括 B2B 型的生产资料制造企业，如宝钢、万向等，与 B2C 型的生活资料企业，如蒙牛等。这种类型的企业，为了在生产基地之外的地方设置库存，也会委托第三方的仓储企业进行管理。

（4）物流企业，包括快递、快运等。总体上，靠近 C 端客户，流通速度快，距离市区较近。仓储企业的仓库主要是供给外部企业使用，而第三方物流企业的仓库主要是用来自身物流货物的存储和流转。

2. 企业仓配管理模式变革的方向

（1）流通领域的大 B 往往选择自建仓储。大型的电商和连锁零售企业一定会建立自己相对封闭的供应链体系，会投资建立自身的仓储和配送中心，在流程上强化管控，从而建立高效的供应链管理体系，形成卓越的客户服务体验。但投资额度很大，回收期很长，一旦建成就会形成巨大的壁垒门槛和效率优势，目前国外的零售企业以连锁模式为主，如日本便利店只有全家和 7-Eleven，流通领域都已经进行了高度整合，建立了非常高效的供应链体系，这种高效的供应链体系使得电商在实体商店面前并没有优势。

而国内流通企业（批发零售）的供应链效率相对较低，层层设置的经销分销体系，体现在终端是遍布各地的各种分散的小超市、服装店和便利店等。由于缺乏整合，供应链的链条过长，整个效率明显低下，尽管可以为电商发展提供较大的空间，但是由于合作企业之间实力相差悬殊，所以为供应链实现整合提升效率带来难度。

（2）流通领域的小B具有大量、分散、相对弱小的特征。本身供应链管理的能力不强，通过专业市场（零售商集中地）、马路边各种服装店、零售店等形式存在，由于中国国情特征难以有效整合，因此还会有大量的中小电商、经销商和零售商店长期存在，这些小B不可能建立自己的仓储，因为投资太大，所以必须借助外部的公共仓储，以及外部的公共供应链体系。

（3）制造企业。制造企业主要有原料仓、半成品仓和成品仓，仓储性质主要是存储型仓库。制造企业一般都是自建仓储，多和厂房在一起。其一般通过合同物流直接送至客户，不需要中转仓。但是有时候会优化供应链布局，如会在供应商密集的地方设置原料仓或半成品仓，在客户密集的地方设立成品仓，具有一定的库存，缩短了周期。所以有时候为了在生产基地之外的地方设置库存，也会委托第三方的仓储企业进行管理。

（4）专业物流企业。大量的仓储物流公司通过建仓为企业提供存储和配送服务，随着云仓的推进，也通过租用仓、加盟仓等多种形式轻资产化、网络化运行。同时随着仓配一体化的推进，大量原来主要从事运输的物流企业开始建仓，构建综合性物流。

图3-3为我国目前城市内三级零售体系。

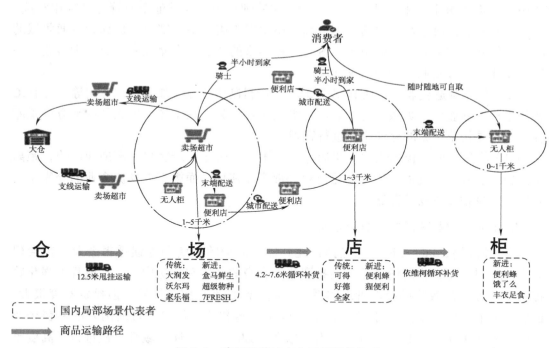

图3-3　我国目前城市内三级零售体系

目前，电商已经成为仓配一体化管理模式创新的主要引擎。自2013年以来，电商体系抓住了C2C（淘宝模式）转B2C（天猫超市、京东自营品类模式）的机遇，弯道超车传统网络型的快递公司（三通一达，即圆通速递、申通速递、中通速递），快速构建了自己的仓配物流体系。现在可以发现，京东物流、菜鸟物流、品骏物流等模式不断成熟。其中打造成熟的物流产品应属当时京东推出的 211 产品，211 产品背后不乏探索出各种库存前置的办法来支撑此产品，最终实现早上 11 点前下单下午到达，23 点前下单次晨到达。

3.3　供应链下的仓配创新

仓配一体化是基于市场的需求以及现代信息技术的支撑而产生的，在新零售、工业 4.0 的背景下，仓配一体化组织与管理的创新又会增加新的课题。如图 3-4 所示，城市内三级零售每个场景国内都有企业在运作，而且有许多优秀的运作模式成为范式，所以，在商业流通流域，从仓配的终端发力，场—店—柜—消费者的场景全部是打通的，而且是围绕两个关键点去打通，来创新仓配一体模式。

3.3.1　关键点一：快消品或生鲜食品

1. 产生背景

做过传统快消品的企业应该都清楚，快消品的销售价格已经是透明化状态，但是每一家销售渠道唯一的竞争力的体现，就是看哪家的供应链周转效率高（即资金少、业务优），同时损耗低（即效期管理得好），一般都有 20% 左右的货物到临期或过期状态，所以要么打折处理，要么回收后做饲料处理。

现在商业领域中各种无人柜盛行，而且资本相约而至，无人柜上面的货品效期管理是零售行业关注的问题。目前主要是盒马鲜生、超级物种、7FRESH 等入市，这些公司积极把餐饮融入超市，盒马鲜生主推的日日鲜最具代表。但是，这些暂时销售不了的商品，第二天都必须处理就会成为仓配一体化的管理技术所在。

2. 三级零售体系迭代升级

（1）周转率更高。通过品类区分管理，每一个大卖场覆盖附近 3 ～ 5 千米的便利店，然后补货到附近的便利店，响应时效为半个小时，既降低了便利店的库存又提升了便利店内面积利用率。同时，部分便利店由于覆盖附近 3 千米内终端店，因此可以通过无人柜满足补货需求。

（2）效期管理更加立体化精细化。首先通过包装规格区分，大卖场是更大包装规格、销售价格略低，便利店是散卖、价格略高，依据不同场景进行不同定量销售；其次更小批量补货半小时供应的策略，对于整体效期管理精确到小时（效期管理可精确到小时）；最后是兜底方案——卖场动态促销策略。

3.3.2　关键点二：物流综合成本的降低

1. 产生背景

在传统仓配体系构建的物流管理结构中，落地配体系就是一个下行货物网络体系，市场没有上行货物或平行货物的移动需求，所以这样的物流成本可优化空间是存在结构性问题的。

传统外卖即时配送构建的物流分单逻辑，依据消费者收货点、骑士的动态位置、餐馆的注册位置来判断最优分单逻辑给最近的骑士。在保障半个小时交付的背景下，这其中缺少判断商品库存及综合成本服务体验的最优策略。同时，传统外卖即时配送存在明显的波峰波谷难题。

2. 针对这个问题的三级零售体系的迭代升级

（1）线上库存与线下商品的融合。传统电商线上没有销售时展示的货物都是在仓库的库存，线下超市内的商品又无法透传到线上去，所以三级零售体系前提是将门店的库存搬到线上去实现商品等同于库存，现在电商仓配体系的前置库存模式，依然还是库存而非可见可买的商品。

（2）仓—场—店—消费者的货物流动路径疏通。为实现每一个局部的货物周转循环及城市物流最大集约化效应，解决同城物流面临的三个核心问题：① 车辆无法 24 小时同出租车一样连续运转；② 单车满载率不足；③ 无回头货导致空返。所以，目前三级零售体系下大仓到卖场可以实现 12.5 米的甩挂，通过在途库存方式（即大润发模式），实现卖场到便利店的单车循环不间断补货，同样也采取同样方式可以实现便利店及时补货到无人柜。（见图 3-4）

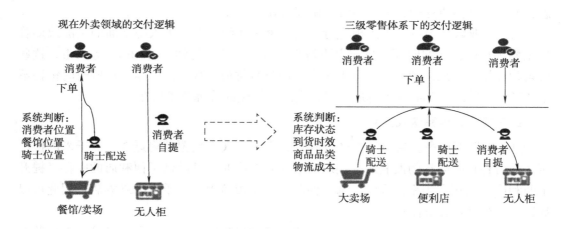

图 3-4 三级零售交付逻辑图

（3）解决送货行业快递波峰波谷问题。三级零售体系半小时的交付能力，势必会挤兑现在电商仓配体系的市场份额，这样卖场及门店到消费者或无人柜的交付需求量自然提升，送货员可以更好在送货的波谷期进行充分补充，进一步降低交付成本。

三级零售体系关注点主要是交付时效和交付成本问题，二者之间存在二律背反，图 3-5 是它们之间的对比图，可以帮助我们科学理解二者之间的关系。

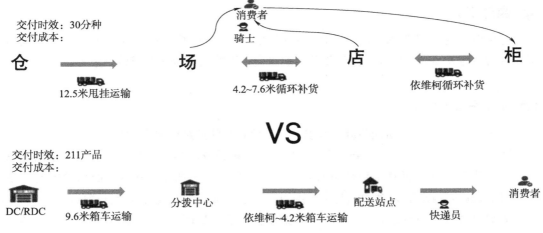

交付时效：30分种
交付成本：

仓　　　　　　　　场　　　　　　　　店　　　　　　　　柜

12.5米甩挂运输　　　4.2~7.6米循环补货　　　依维柯循环补货

VS

交付时效：211产品
交付成本：

DC/RDC　　9.6米箱车运输　　分拨中心　　依维柯~4.2米箱车运输　　配送站点　　快递员　　消费者

图 3-5　交付时效及交付成本对比图

在城市三级零售体系下，也会以裂变的模式冲击到现在仓配一体化，必须充分利用社会资源，整合资源构架，使城市三级零售体系用同城物流体系来支撑，公司需要的信息系统通过外部经济型公司的物流平台来获取。信息管理系统中对于智能算法、路径优化会有更高的需求。那么，服务这样场景的同城物流公司只有运用运力组织管理模式、经营管理体系来快速支撑，才能保证自身发展。

📌 本章小结

仓配一体化组织的主要形式：企业一体化管理组织、企业自动化管理组织、企业智能化管理组织。

仓配一体化组织模式创新：拥有强大配送体系的电商企业、快递公司组织模式；仓与配协同的组织模式；开放、高效、经济的通路模式。

现代仓配管理的主要趋势：品类管理从多品类走向单品类；仓储管理从拆小仓到建大仓；仓储节点从单仓走向多仓网络；宏观管理走向仓配一体化。

📌 复习思考题

简答题：

1. 仓配一体化组织模式创新的主要内容是什么？
2. 现代仓配管理的主要趋势是什么？
3. 结合菜鸟物流和京东物流，说明仓配一体化组织模式创新焦点在哪儿？

📌 课内实训

假如你被公司委以一项仓配任务，你力求将此项仓配活动做得圆满而完善，那么你选择何种具体仓配方式？仓配的主要程序包括哪些？

⚙ **课外实训**

利用业余时间登录相关网站，做一次模拟仓配，可以根据自己对网上商家了解的情况，自行拟定初步仓配方案，设计简单仓配流程，采购完后做出仓配调研报告。

⚙ **案例分析 3-1**

京东新通路创新推出"一体化开放的通路解决方案"

2019 年 3 月 18 日，京东新通路 2019 无界零售行业峰会在成都举行。京东集团副总裁、京东零售集团新通路事业部总裁郑宏彦宣布推出"一体化开放的通路解决方案"及"一体化 B 端仓配网络"，助力品牌商、渠道商打造更加高效、经济的业务模式。

继推出联合仓项目之后，"一体化开放的通路解决方案"是京东新通路在"不以牺牲厂商、渠道商的成本为代价"的原则下，重构零售"成本、效率、体验"的又一创举，品牌商、渠道商、零售商也将享受到更多利好。

对于品牌商来说，"一体化开放的通路解决方案"将辅助品牌商严格划定销售区域，管控分销渠道，并高效地下沉至低线市场，在扩大自身的市场覆盖范围和下沉深度基础上，弥补部分区域线下力量薄弱的现状。此外，广泛的分销渠道和全链路数据反馈，也能帮助品牌商更准确地掌握生意全貌，做出更有效的决策。

对于渠道商来说，新通路将助力渠道商在仓配资源上得到最大化利用，也为他们带来更广泛的生意来源。渠道商除了可以获得额外的配送收入外，还将实现经营商品的品类扩充，在增加了分销渠道的同时，通过共享进销存和分销数据，提升分销效率，实现人员效率最大化。

更加精准的分销渠道和全链路数据反馈，也会帮助零售商制订更积极高效的动销方案，助力门店运营能力的提升，让广大零售商充分享受新通路的开放势能。

"2019 年京东新通路将以更加开放的姿态来提升通路效率。"京东零售集团新通路事业部终端业务部总经理唐渤表示，解决人、仓、车、钱的痛点是基础也是起步，未来，被京东零售集团轮值 CEO 徐雷称为"无界零售实践成果标杆之一"的京东新通路，还将赋予通路更多的价值，和品牌商、渠道商伙伴一起精耕市场。

资料来源：慧聪网，http://info.homea.hc360.com/2019/03/2011031327106.shtml。作者有删改。

问题：本案例中，"一体化开放的通路解决方案"的主要内容是什么？一体化开放的通路的现实意义是什么？2019 年京东新通路的核心价值是什么？

⚙ **案例分析 3-2**

物流地产行业中资化，为仓配一体再添一把火

2003 年左右，美国普洛斯集团（ProLogis，以下简称"普洛斯"）将物流地产带入中国，中国的物流地产行业就此诞生。目前物流地产行业的 A、B、C 三类仓中，A 类仓最符合现代国际物流的设施，其在中国整个物流地产占比不到 10%（约 4 000 万平方米），

而美国等发达国家的 A 类仓占比可达 70% 左右（持有量约为 3 亿～ 4 亿平方米）。

参照中美两国 GDP 规模，预计我国 A 类仓未来占比可达 2 亿平方米。2015 年中国新增 A 类仓面积仅有 700 万平方米，2016 年增量不会超过 1 000 万平方米，因此，预计未来中国达到 2 亿平方米这一水平或需耗费十余年。目前中国物流地产的发展仍处于初级阶段且发展迅速，但仓储土地供应量不足导致中国 A 类仓的增量瓶颈难以突破。

普洛斯在新加坡上市后，中国一、二线城市中的大量物流节点的良性资产，并未完全体现其在中国市场中所应有的价值。万科联合普洛斯管理层、厚朴、高瓴资本、中银投资参与物流地产巨头普洛斯的潜在私有化，其关键驱动力在于普洛斯目前所拥有的中国土地资产价值远大于在新加坡市场的估值。

中国物流地产行业正处于价值回归阶段。中资财团私有化对市场的影响主要有两点：一是将大幅提升中国物流地产的估值水平；二是推升工业土地（特别是物流土地）价值，推升物流仓储租金。目前中国仓储土地供需缺口也将提升仓储租金和中国物流地产行业估值。未来五年，中国物流地产的估值将大幅提升，对未来中国物流行业发展也将起到积极作用。物流地产的估值透明且较简单，即经营净现金流除以市场的资本化率。中国物流地产的估值上升在于两方面：一方面，资金不断地增加，导致净现金流上升；另一方面，随着市场逐渐成熟以及供需关系改善使得资本化率降低，这就形成了一个正向的剪刀差，造成估值的大幅提升。

物流资产行业最大的进入壁垒不是资本，而是管理能力。物流地产是全生命周期管理，从拿地、开发、建设、运营到退出的每个环节都需要丰富的管理经验。物流地产行业看似粗放，但也需要精细化管理，只有这样企业价值才会被充分体现。

普洛斯股东变更为中资股东后，对国内物流地产竞争格局势必带来一定影响：一是预计将加速国内物流地产估值的合理化，会对业内项目的获得成本构成一定压力；二是推高国内仓储土地租金。目前尽管国内仓储租金相对合理，但若土地估值快速提升，也会带动租金上扬。

相比于物流行业，市场对物流地产熟识度较低，但实际市场空间极大。

按照国家发改委公布的 2016 年数据，全年物流总额为 230 万亿元，同比增长 6.1%，其中，单位与居民物流总额为 0.7 万亿元，同比增长 43%。受到工业品和农产品贸易的影响，物流总额总量增速不明显，但居民物流总额的增速很快。

从需求量来看，目前中国的人均物流面积大约为 0.7 平方米，美国大约为 5.7 平方米，考虑到中国人口密度更高，电商发展有望超过美国，对于物流地产的面积需求将大幅增加。

过去物流行业本土化、物流地产外资化，主要原因在于过去运营地产的利润率相比于开发地产的利润率较低，因此国内开发商并不重视。但物流规模逐步提升，使得物流地产的盈利能力得到增强且可持续，再考虑到土地出让制度，使地产商开始重新重视物流地产这一细分市场。

万科收购普洛斯成功，将以第一大股东的身份将其本土化，再加上被中投收购的嘉民集团、本来即为本土企业的宇培集团，物流地产领域 TOP3 未来将均为本土企业。

高速增长需要匹配高杠杆，高杠杆就是资金来源，最大地产开发商将受支持。

一方面，物流行业扩张速度很快，带来物流地产行业天花板的上移；另一方面，物流地产自身规模较小，即便行业空间不扩大也有快速发展的必要性，因此，这样的上行趋势当中就需要高杠杆来运作，类似于2013年以前的房地产开发行业。

高杠杆就依赖于资金来源，物流地产的普遍做法是通过基金的方式来运营，另外就是依靠其他行业的导流，目前现金流状况较好的住宅开发行业就是其中之一。

目前电商战争进入白热化后期，物流服务成为电商的竞争核心，而仓储作为物流流程前端，是所有电商升级物流服务的痛点。一方面作为大型电商的代表，阿里和京东纷纷开始建立自己的仓储物流，建立仓配网络布局；另一方面作为服务电商的快递企业，也开始进入仓储领域，推出"仓配一体化"等新产品。如今，快递龙头企业如圆通、申通等快递企业都展开了"仓配一体化"的服务，在原有运输能力之上建立仓储管理能力，以此来加强与电商的合作。

保守估计，到2020年，仓配一体化市场规模将达到2 250亿元左右，其中仓储收入达到750亿元左右。如果电商需求超出预期，那么到2020年仓配一体化市场规模将达到3 150亿元，其中仓储收入达到1 050亿元左右。基于电商对仓储的需求，未来快递发展仓配一体化的空间广阔，且对快递企业有较大弹性，对仓储公司和设备公司有较大的需求。

资料来源：亿欧网，https://www.iyiou.com/p/50461.html。作者有删改。

问题：本案例中，仓配一体化产生的背景是什么？仓配一体化是如何利用电商升级实现自身仓配活动转型的？未来物流资产行会再实现何种扩张模式？

仓配一体化服务

学习目标

1. 熟悉在互联网经济时代仓配一体化服务的含义、特点、属性、优势，掌握不同环境下仓配一体化服务的目标、模式及运作特点。
2. 熟悉仓配一体化服务基本工作流程，了解仓配一体化服务的支持系统和技术，了解仓配一体化服务系统的工作原理。
3. 了解仓配一体化服务的创新模式，了解我国仓配一体化服务流程优化以及改进的措施。

导引案例

高效物流轻卡福田时代 M3 亮相生鲜配送展

2017 年 5 月 17 日至 19 日，亚洲生鲜配送展和 2017 亚洲生鲜荟在上海新国际博览中心 N1 和 N2 馆新鲜来袭，福田时代汽车携搭载五十铃动力的福田时代 M3 冷藏运输产品亮相。福田时代 M3 以高品、高效新一代物流轻卡的形象闪耀本次展览，以"品质就是效益"的姿态引领城市生鲜运输发展潮流。

伴随着国民生活品质的不断提升，人们对生鲜产品需求日益旺盛。数据显示，2016 年国内生鲜电商的整体交易额约为 900 亿元，较 2015 年增长了 80%，预计 2017 年整体市场规模可达到 1 500 亿元，中国冷链物流得到快速发展。但现实情况是，中国冷链物流运输行业整体发展基础较为滞后，产品设备也较为陈旧，无法全方位满足对初级农产品、加工食品以及医药等产品的冷链物流运输需求。有数据指出，中国粮食产品冷链物流环节损耗率为 15%，果蔬产品的损耗更是高达 20% ~ 30%，而欧洲发达国家这些数字都维持在 5% 以下。由此可见，国内冷链物流行业运输设备还存在巨大的改善空间和发展潜力。

定位于城市物流中高端的福田时代 M3 在上海上市发布，即将开启席卷全国的品质体验风暴，其主要供应于城市中短途的生活、生产资料的配送、运输，致力于向城市客户、价值客户提供高效、高品质、优服务的城市物流运输解决方案。本次亮相展会的是特别受冷链物流高端客户期待的中国新一代高品、高效冷藏运输产品。在展会上，记者看到来自国内外的冷链运输需求客户纷至沓来，对即将上市的福田时代 M3产品产生了浓厚的兴趣。

生鲜运输行业客户最关心的是品质、效率以及服务的及时性，福田时代 M3产品充分满足了客户的这种诉求，为客户的需求而来。

（1）品质可靠。秉承德系卡车研发设计理念，应用福田汽车全新轻卡技术，可靠性提升 20%，故障率减低 10%。

（2）运营高效。国际技术优化动力及传动系统，针对城市中短途城市物流全面革新，速度提高 10%，运输效率提高 15%。

（3）强化服务。2 800多家服务网络，滤芯 20万公里免费赠送，国内最大汽车企业呼叫中心，全天候提供服务。

（4）福田时代 M3在产品的节油性、舒适性方面进行优化升级，大大提高了整车性能。

资料来源：58车网，http://news.58che.com/news/1736280.html。作者有删改。

4.1　仓配一体化服务概述

仓配一体化服务旨在为客户提供一站式、全程化服务，也就是提供订单后阶段的一体化服务的综合解决方案。原来传统简单的进、销、存管理服务已经满足不了现在现代仓配物流服务的需求，单点（店）、单仓模式也无法满足现代物流的下一步发展。因此，传统的仓储和传统的第三方物流公司都在向仓配一体化的物流服务运作模式快速转型。

传统意义上的仓储与配送，作为众多物流企业和电商企业的后端服务，主要是解决厂家商家货物配备，包括集货、加工、分货、拣选、配货、包装和组织对客户的送货。现代仓配服务的外延得到扩张，如在跨境电商的海外仓，仓配服务的内容包括通关、清关、报验、报关、订舱等服务内容。

4.1.1　仓配一体化服务特点

物流功能的二律背反在仓配服务提供与仓配成本支出方面表现得十分明显。由于仓储需要大面积的场地与专业化的操作，而配送又需要全面的网络覆盖与大量运输工具，所以造成了仓储与配送的成本居高不下的难题。以降低仓储及运输成本、减少销售机会的流失、提升客户购买体验为目的的服务，可以通过整合资源、优化仓储及配送流程、与合作伙伴强强联合、共同完善供应链等方式来解决提高服务水平所导致的成本提升问题。

目前，大企业仓配一体化可以依托于物流快速运达的资源优势，在国内各省市拥有仓储资源，配送网络覆盖全国大多数城市，与周边城市配送中心通过统一物流平台协调管理，形成高效的仓配一体化的服务网络。

4.1.2　仓配一体化服务标准

物流公司的优质服务是其核心能力的综合体现，也是获得仓储服务增值的关键所在。优秀的仓配公司不仅能提高消费者的成交率，对企业自身的品牌形象也有很大的影响。很多仓储公司在设计服务标准的时候，不知道如何创设。最主要的原因是除了价格标准外，忽视了其他标准，不仅可以提高优秀的仓配公司对消费者的成交率，也对企业自身的品牌形象有很大的正面影响。所以，如何确定仓储配送服务标准，是提高仓配服务的整体经济与社会效益的关键。仓配公司除在规模、资金、市场、技术、人才等方面增强实力外，公司的服务实力还主要体现在仓配网络体系、发货时效速度、仓配服务能力、物流服务体验等方面。

1. 仓配网络体系

一家仓配公司的重要的竞争力就体现在仓库管理和信息化程度这两个方面，它们是仓配公司竞争力的核心。如果仓库内设备不全，就可能会影响发货的效率和货物的安全。如果仓库信息化程度不足，就不能科学地、准确地对仓库进行统一管理和调配使用，仓配效率就很难提高。所以仓库网络体系是否合理科学就体现了仓配公司的实力。

（1）较高的仓库信息水平。专业的仓库才能提供专业的服务，专业化的仓库往往需要一套高水平的 WMS 来支撑起日常运作。此外，客户的 ERP 系统和仓库的 WMS 如何交互兼容也是非常重要的，否则即使仓库的服务和系统再专业，也会因为两套系统之间的交互问题而影响数据的及时性、有效性，从而大大影响仓配外包的效果。

（2）仓储设备齐全。仓储设备齐全是一个很重要的硬件标准。工欲善其事，必先利其器。仓储设备齐全，能在很大程度上提高物流效率和空间利用率。比如，流水线、叉车、高位货架、计算机等库内重要设备的齐全，能在库内操作和仓库系统的双重支持下，起到统一管理和调配使用以提高效率的作用。

（3）科学的仓储网络配送。仓储网络配送如何也是标准之一。物流配送体系首先要拥有大面积的仓库，网络将仓库集成在一起，在统一调配和协调管理之下，服务半径和货物集散空间都放大了。这样可以避免配送信息的处理不及时、货物流转的状态不清晰、问题环节的查找不到位、指令下达的速度迟缓等情况，保证货物配置的速度、规模和效率都大大提高，使得货物配送效率得以提高。

2. 发货时效速度

发货时效速度是一个重要标准。发货时效与仓库处理货单能力有关，这方面的能力可以影响与客户的成交量与成交额。如果客户选择仓储的发货时效慢，那么客户在一段能接收的时间内，发现自己的货品还没有发货，一般都会选择退货，所以发货时效速度是一个重要的标准。客户往往需要通过服务体验来感受发货速度场景表现，以决定是否持续购买物流服务。

3. 仓配服务能力

仓配服务能力除了包括仓配效率和成本控制外，还包括客服响应速度。外包仓配不同于企业自建物流运作模式，客户选择仓配外包后，客户自己和仓库的日常沟通便由内部沟通变为外部沟通。如果仓库的客服响应不及时，会给客户的业务带来极大的负面影响。

所以，作为外包仓配中的仓库需要有改进问题的动力和能力，不但要改进仓内出现的各类问题，还要改善和客户联动时出现的各类问题。

4. 物流服务体验

仓配物流是一种特殊的服务，同商品销售一样不能忽视它的服务体验，物流服务体验好坏直接决定客户是否选择企业物流服务，而围绕着物流服务标准来提高服务水准是物流企业完善业务的关键，所以不能忽视。目前，如在电商领域，许多仓配公司根据自身业务需要，对接 B2C 模式或 B2B 模式，成为该类公司的业务纽带，所以就需要处理好企业或是消费者之间的关系。高度重视物流服务体验，借鉴商品销售服务，提高客户场景化体验效果。可以先利用仓配试发一部分产品，观察消费者反馈，以及因物流方面产生的营业额是否有所增加，待检验效果真实可信后再提供更全面的服务。

仓配物流服务质量的提高需要资金支持和时间磨合，所以即使对一家大型的电商公司来说，建立起现代化仓库，在公司运营的现金流也是难以承受的，这也是企业选择第三方仓储配送服务的原因。

> **知识 4-1   电商模式**
>
> 电子商务＝网上信息传递＋网上交易＋网上结算＋物流配送＝鼠标＋车轮
>
> 电子商务的整个运作过程是信息流、商流、资金流和物流的流动过程，其优势体现在信息资源的充分共享和运作方式的高效率上。通过互联网进行商业交易，毕竟是"虚拟"的经济过程，最终的资源配置还需要通过商品实体的转移来实现。只有通过物流配送，将商品或服务真正转移到消费者手中，商务活动才能结束，物流实际上是以商流的后续者和服务者的姿态出现的，而物流配送效率也就成为客户评价电子商务满意程度的重要指标。
>
> 资料来源：中国物流与采购网，http://www.chinawuliu.com.cn/information/201110/10/169263.shtml。作者有删改。

4.2   仓配一体化服务的基本内容

仓配一体化服务的基本内容是仓储与配送服务内容的融合，即在这两种服务基础上的整合和提升。尽管部分服务内容有所重叠和交叉，但在互联网背景下，服务的技术要求和市场诉求发生了质的变化，服务内容也随之发生质的变化。

4.2.1   仓配一体化服务＝仓库＋仓内运营＋配送

仓配一体化就是当货物被消费者或是企业下了订单后，物流企业的相关部门或是第三方仓储公司，提供存储及一系列库内操作服务和打通干线配送全渠道系列化服务，最后到达客户手中完成交易。企业自选模式可以减少中间商的差价，降低有效交易成本。所以，企业可以根据自身的业务特点和客户的特定要求，有效地将不同服务内容加以整合，形成具体的具有可操作性的仓配运作模式。

知识 4-2　京东到家与山姆会员商店达成深度合作

达达-京东到家与山姆会员商店（以下简称"山姆"）共同宣布，双方深度合作的山姆云仓已落地上海，满足更多消费者对山姆高端商品，尤其是高品质生鲜一小时送达的需求。山姆云仓是达达-京东到家旗下的同城速递服务平台——达达和山姆共同打造的，具有仓储、分拣、集单、配送等功能，形成了一套完整的仓配一体化服务体系。山姆云仓已在深圳、上海两地全面铺开，覆盖了所在城市核心区域。未来，双方还会将合作延伸至更多全国重点城市，以服务更多追求高品质购物体验的消费者。在云仓的配送服务上，达达与山姆的系统进行了无缝对接，还安排有专门服务于山姆的达达骑士。在配送装备上，达达也进行了有针对性的安排：选用目前市面上性能最好的、EPP 材质的特制保温箱，充分保证生鲜品质；为冷冻食品单独包装，并提供可裁剪、可循环使用的冰板，最长可达 4 小时左右的制冷效果。试运营期间数据显示，达达的平均配送时长在 40 分钟以内。据了解，目前达达和山姆已经覆盖了上海人民广场区域，并会很快覆盖上海市区核心区域，服务山姆和京东到家的会员。

资料来源：腾讯财经，https://finance.qq.com/a/20180411/025036.htm。作者有删改。

菜鸟网络 3PL 仓缩减时降本成效显著

菜鸟网络 3PL 仓是阿里巴巴菜鸟网络大市场采用自建、共建、合作、改造等多种模式构建的物流仓储平台和物流信息平台，这两个平台共同构成一套开放、共享、社会化的基础设施平台，在全国范围内形成一套开放的社会化仓储设施网络。

温州是全国的童鞋之都，而童鞋这类产品种类多，在效率和用户体验方面对仓储物流的要求高，因此从仓储的角度来说，希望将这个行业问题解决。另外，电商行业在储存发货上存在很多痛点，比如发货不及时，遇到"双 11"或者行业大促销等发货高峰期时会出现发货难等问题，这势必会导致体验感差，对企业自身也是一种损害。而菜鸟网络 3PL 仓的设计，可以规避这些问题。

菜鸟网络 3PL 仓可以通过缩短供应链反应时间、降低供应库存成本、增加净资产周转率、订单完成提前等来提高物流效率，从而提升消费体验度。这对温州的物流发展是一个大大的帮助。温州为制造业大市，对物流的要求很高，"童库"成为菜鸟网络首批 3PL 仓配一体服务商，将仓储和客户连接起来，打造扁平快速化的供应链体系，实现物流行业成本、效率、体验的再升级，有效帮助温州童品行业的发展。

资料来源：百度百家号，https://baijiahao.baidu.com/s?id=1605776650872440253&wfr=spider&for=pc。作者有删改。

圆通速递仓配一体化服务

（1）服务内容。圆通速递仓配一体化服务内容如图4-1所示。

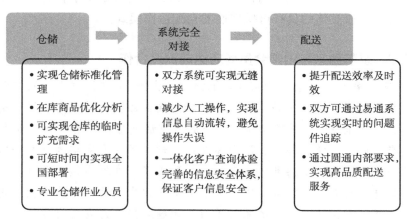

图4-1   圆通速递仓配一体化服务内容

1）仓储服务：提供电商标准化仓储服务，同时也可根据客户的需求进行定制；支持电商常规单和活动单发货；全国101个仓库可让客户就近入仓，也可支持多仓发货。

2）系统服务：自主研发的仓配一体系统，为客户提供仓配全生命周期监控；实现和各类电商平台的对接，可系统自动抓单并回传发运数据；提供各类仓配分析报表。

3）配送服务：服务覆盖国内2 300余个城市，航空运输覆盖200多个城市；支持电子面单；支持逆向物流，支持货到付款。

（2）服务特点。

（3）服务流程。圆通速递仓配一体化服务流程如图4-2所示。

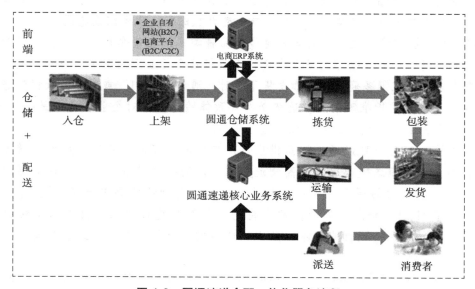

图4-2   圆通速递仓配一体化服务流程

（4）增值服务。圆通速递仓配一体化服务体系构架如图 4-3 所示。

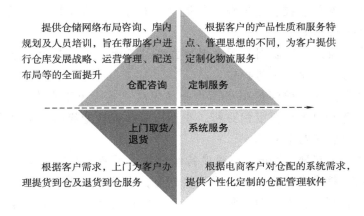

提供仓储网络布局咨询、库内规划及人员培训，旨在帮助客户进行仓库发展战略、运营管理、配送布局等的全面提升

仓配咨询

定制服务

根据客户的产品性质和服务特点、管理思想的不同，为客户提供定制化物流服务

上门取货/退货

系统服务

根据客户需求，上门为客户办理提货到仓及退货到仓服务

根据电商客户对仓配的系统需求，提供个性化定制的仓配管理软件

图 4-3　圆通速递仓配一体化服务体系构架

资料来源：中国物流与采购网，http://www.chinawuliu.com.cn/xsyj/201501/15/297585.shtml。

4.2.2　仓储运营服务 = 仓库 + 仓内运营

以易代储为例，其定位于满足中小微企业灵活仓储需求的互联网仓储运营服务平台，通过产品 + 服务模式，整合各类优质仓库资源，搭建全国区域广、库房多、服务优的管理平台，为客户提供仓储一站式解决方案。目前，易代储标准化园区已经覆盖北京、上海、天津、广州、深圳、重庆、成都、武汉等全国多个城市。

易代储成立的初衷是提升传统仓储行业的效率。我们发现：一方面，传统仓储行业将客户群体进行了划分，仓储巨头（高标仓）钟爱大客户，而市场是由 80% 的中小客户支撑的，资源与需求不匹配；另一方面，占据市场 80% 份额的普通仓仓主为了求稳，也不愿接纳零散的中小客户，导致供需出现问题。

正是在这样的背景下，易代储应运而生，易代储可以解决上游空仓、下游找仓的难题，打破上游求稳、下游求灵活的矛盾，近 5 年来易代储一直在努力，"灵活租仓"的概念也逐渐成为行业关注的焦点。

知识 4-3　易代储[⊖]的物流服务

作为仓储运营服务平台，既要对上游仓主负责，也要给下游客户带来极致的产品和服务体验，那易代储是怎样来发挥自己价值，如何保障客户体验，又是如何保证流程的标准和规范的？

1. 全流程互联网化

易代储自建互联网开发、运营团队，作为中枢大脑支撑业务全流程互联网化，提

⊖　"易代储"为北京易代储科技有限公司的简称。

升整体运行效率。易代储云仓系统主要以 SaaS（软件即服务）方式提供服务，为仓库管理、物业管理、智能监控、物流分发等提供强有力的技术支撑，实现仓储信息化升级，提升仓储运营管理效率。

易代储专业、强大的互联网基因主要建立在"三大平台"基础之上，其发挥着中流砥柱的作用，为公司业务保驾护航。

（1）数据平台：易代储深度剖析国内仓储现状，整合上下游资源，打通数据流，建立大数据库；通过对产业数据的分析，全面布局数据运营战略，完成仓储数据平台打造，全方位助力仓储业态发展。

（2）找仓平台：官网、App、小程序持续升级，不断满足客户需求；独创地理位置精细划分系统，精准定位仓库；在线快捷选仓，在线预约看仓，智能推荐引擎，精准匹配需求；优化视觉体验，360度全景展示；优化找仓体验、优化操作体验、独创竞价系统等等，为客户带来极致体验。

（3）支撑平台：专业空间建模 SMS、物业管理系统 PMS、智能仓储管理 WMS、仓库智能监管 ESW、自动订单管理 OMS、物流分发系统 TDS。

2. 标准业务流程

易代储依托线上强大的平台服务和线下高效的执行团队，找仓、成交周期均领先行业平均水准，同时依据客户特性，对客户进行精准分类，建立多种业务服务模式，优质的团队、定制化的服务，着力满足不同客户对仓储的不同需求。为了更好地满足客户找仓需求，易代储增加代招商服务，为业主匹配专属经纪人，一对一地服务，提供实地勘察仓源、客户带看与反馈、维护更新仓源信息等一系列服务，专业高效的服务让业主更放心、更满意。

3. 设计标准

同时，易代储通过自建仓库评级标准整理调研项目报告（市场定位分析报告、项目规划定位报告、升级改造规划报告），输出使用手册（解决方案手册、产品服务手册），最大限度地提升项目价值和空间利用率。

为满足客户多元的需求，经过调研分析，易代储还将针对客户需求布局供应链金融服务、集运配服务、集采租赁服务、云系统服务、产品升级改造服务、合同法律咨询服务。

资料来源：百度百家号，https://baijiahao.baidu.com/s?id=1634105011260096453&wfr=spider&for=pc。作者有删改。

4.2.3 仓库租赁服务

仓库租赁就是为有需求的用户提供一个暂时存放货物的地方，作为库房出租方帮用户提供管理服务。仓库租赁与传统意义上的库房出租差别在何处？现代仓库租赁公司给出了答案。公司除了为用户提供一个库房以外，还有一些增值服务，比如仓储配送、同城配送、市场拓展等。现代新型的仓库租赁应当满足以下几个条件：从事多种物流服务业务，可以为客户提供运输、货运代理、仓储、配送等多种物流服务，具备一定规模；根据客户的需求，为客户制订整合物流资源的运作方案，为客户提供契约性的综合物流服务；按照仓配一体化方案要求，库房租赁方应自有或租用必要的运输设备、仓储配送设施及设备；优秀的仓库租赁方还应该具有一定运营范围的货物集散、分拨网络；仓库租赁方还应配置专业的工作人员，建立完备的客户服务体系，能及时、有效地提供客户服务；库房出租向着仓配一体化服务逐步靠拢，力造仓配一体化服务。

知识 4-4　智易（北京）供应链第三方仓储服务

智易（北京）供应链管理有限公司是一家综合性仓储公司，服务网络覆盖全国各大、中型城市，与国内多家航空公司及公路干线承运人精诚合作，主要服务于外企、广告公司、医药等行业；为了满足客户不同的需求，为客户提供更完善周到的服务，历经数载，积累了丰富的仓储方面的操作经验，拥有一批从业 10 年以上高素质人员队伍，在国内行业中更具实力及独到优势；依靠高素质的人员、现代化的运作设备、成熟的管理模式以及丰富的实践经验，为国内外客户提供快捷、准确、诚信经济的第三方仓储服务。

（1）贴心服务。公司设有大型设备库，并为客户配备服务专员，做客户贴心的好"管家"。在这里客户可以取得"物美价廉"的服务：公司可以为客户保管一个图片、一份资料、一个礼品，也可以按照客户的要求保管几年的账簿、文件、办公桌椅、贸易商品、大型设备等。

（2）拓展内容。公司通过 1+N 模式，为客户提供包括仓储、配送、包装、分拨、代发货等相关服务。其致力于推动供应链上各资源的协同发展，强身健体苦练内功，加快信息化建设，帮助客户进行成本控制和风险防范，提高流程控制及创新能力，智慧运营。

（3）外包服务。公司通过电子商务配套资源的整合，提供专业仓配一体化外包服务包括收货入库、分拣上架、复核打包、包装加工、发货盘点等。

智易（北京）供应链管理有限公司为广大电商微商提供仓储服务，构建了集货物检验入仓存储、订单分拣、打包发货一站式服务模式，由此满足了各行业微商电商的货物仓储需求。

资料来源：智易仓储官网，http://zhi-e.cn/about.esp。作者有删改。

4.2.4　仓内运营及配送服务

1. 永辉生活卫星仓的仓内运营

2018 年 9 月 4 日，腾讯与永辉宣布联手推出到家业务新模式"永辉生活卫星仓"，这是继永辉超市、超级物种智慧零售标杆店及智慧零售工具之后，两家公司在合作进程中的又一新尝试，成为仓内运营及配送服务的模板和典范。

永辉生活卫星仓目前已在福州落地运营，用户可通过永辉生活 App 和小程序下单，由永辉生活卫星仓履单，为周边半径 3 公里内的用户提供配送到家服务，最快仅需 30 分钟。

永辉生活卫星仓为全温度带智能仓，面积为 300～600 平方米，拥有约 3 000 个 SKU，生鲜占比超过 50%。卫星仓实行一日两配的物流补货，以保障商品的新鲜度及充足供应。

2018 年 5 月，永辉生活到家首个卫星仓落地福州。据永辉方面数据，到家业务 6 月单日峰值订单突破 6 000 单，订单量呈持续稳定增长态势。目前，永辉已在福州开设 6 家卫星仓，同时 2019 年在福州重点布局。

自腾讯战略入股永辉以来，双方在智慧零售业务中展开多重合作。永辉方面表示，目前已接入腾讯智慧零售各项工具，包括永辉生活小程序、扫码购、微信支付、腾讯社交广告、泛娱乐 IP 等。同时，腾讯与永辉先后落地了永辉超市、超级物种、永辉生活等不同业态的智慧零售标杆店。据了解，双方智慧零售的团队也进行了融合。

此外，双方还在线上线下用户导流、小程序产品能力搭建提升、微信社群运营、公众号运营、效果广告投放等方面进行了合作。

在线上，永辉通过腾讯系服务，将社交广告推送至线下会员及周边商圈人群；在线下，永辉和腾讯合作，在各业态门店内共同布设微信小程序、扫码购标识等，用腾讯用户大数据指导地推。

在产品方面，腾讯针对永辉生活小程序的用户体验和服务能力提供支持；在运营部分，双方则在探索用户社群运营策略、公众号运营及粉丝转化和社交广告的投放效果优化方面展开合作。

2017 年 12 月，腾讯斥资人民币 42.15 亿元入股永辉超市，取得 5% 股权，并入股永辉云创。永辉云创是永辉旗下打造线下连锁的生鲜类门店"超级物种"的公司，腾讯的这一举措也被视为正式加入与阿里在新零售业务方面的竞争。2018 年 1 月，腾讯又对永辉云创进行增资。同月，腾讯与永辉联手与家乐福签署潜在投资意向条款，并宣布将在智慧零售方面展开合作。

永辉于 2015 年推出永辉生活 App。截至 2018 年 6 月，永辉生活 App 注册用户同比增长 188%，线上会员复购率达 40%；截至 8 月底，永辉生活 App 已落地约 800 家门店，数字化会员超过 850 万人。

2. 快准车服配送服务模式

2018 年 12 月 4 日，快准车服宣布广东仓正式开仓。据悉，这是继快准四川仓、湖北仓之后，快准车服的又一省级分仓。

快准车服广东仓位于东莞市东城区，仓储面积为 3 500 平方米，业务辐射范围为广东省 34 家已建的服务站及当天新签约的 20 家"准服务站"。快准车服计划于 2019 年年底在广东省内建立服务站共 119 家，服务于区域内的修理门店。

自 2018 年下半年以来，快准车服就加快战略布局步伐，在全国拥有 500 多家服务门店的基础上，南北仓储中心同步运营逐步完善物流配送体系，提高了区域配货效率，初步形成了快准车服一体化物流配送体系。

此次快准广东仓的落成并运营，有效降低了华南区快准服务站的物流成本，使快准车服的区域仓储运营能力和整体的仓储运营能力都得到了提升。

未来，快准车服将继续优化供应链体系，增加开仓密度，完善仓储配送网络，就近扶持各区域快准车服加盟服务站。同时，快准车服预计还将开设河南仓、江西仓及湖南仓，就近服务各区域服务站门店。

4.2.5　仓内托管服务

仓内托管本质上是一种外包行为，是借助第三方仓储托管公司的效率将企业非核心业务转包出去。目前选择仓储配送公司作为专业仓配服务商比较普遍。如何选择优秀仓配服务商成为服务需求客户关注的重点。

1. 开展仓配托管前准备工作

（1）考察是否有电商大促经验。优秀的第三方仓储托管公司，有丰富的电商大促的经验，比如车队的运输管理水平、仓库临时人力资源管理、人多货多情况下的管理方式。这些超常情况的管理能够体现出公司的管理效率。

（2）考察仓库的错漏发情况是否达到了行业标准。如果一个仓库的错漏发率太高，会影响到客户和消费者的物流体验，这一点也涉及电商公司的竞争力，所以不容忽视。

（3）考察逆反物流的处理是否快速。其考察的就是货物反向流通处理情况，比如在第三方仓储公司发货之后，也会出现消费者或客户要退货的处理情况，整个过程需要仓储托管公司与物流公司双方 ERP 对接系统支持，所以应考察双方对接程度是否满足逆向物流的需要。

（4）考察仓储自动化水平。这主要是考察仓库效率和准确率指标，因为选择第三方仓储公司服务，关键看仓储托管公司的发货效率和物流效率，其次才是价格。但目前我国仓储自动化水平都不高。不过，仓库设备在自动化智能化方面已经开始布局，只是自动化普及程度有限，导致仓储托管公司维护费用普遍较高。

（5）考察仓库处理数据的准确性和系统的稳定性。这主要是看仓库管理系统是否具有操作性和稳定性，如果在大促期间出现系统崩溃或运行缓慢，就可能会影响业务活动开展。所以及时性、准确性和系统的稳定性，是衡量仓库管理效率的重要指标。

（6）考察仓库规划布局是否合理。在选择外包仓储前，一定要对仓库的交通情况、仓库规模大小、地理位置和仓库设施、道路等各要素进行科学的考察。这个活动需要专业 IE 设计人员进行分析。其目的是考量仓库产出率，便于自己的管理人员进行仓库作业管理，提高仓库内存储物资流动速度，得到最低仓库成本费用，接受运输、保管、装卸物资等方面的高水平服务。合理的仓库规划布局能提高仓库的空间，产生最大化的经济效益。

（7）重点考察仓库服务外包的运营能力。这主要是调研第三方仓储托管公司以往的服务业绩和服务优势、仓库服务外包手续办理的正规程度、SKU 处理及库存数据的管理能力，以免出现库存过载或缺货的情况。

2. 第三方仓储托管公司种类

（1）传统物流类型转电商仓储配送。其中比较典型的有中外运、中远、嘉里大通、科捷物流等。

（2）电商平台类型转电商仓储配送。其中比较典型的有京东物流、苏宁物流、菜鸟物流等。

（3）第三方仓储配送公司类型。其中比较有代表性的有发网、网仓、标杆、快仓、Geek+、牧星智能等。

（4）快递体系类型做仓储配送服务。其中比较典型的有圆通、韵达、申通、百世等，也包括其他小型的地方性的仓储公司。

3. 全面了解第三方仓储配送公司的托管服务内容

（1）收货管理，包括收货物流、货物暂存、卸货、限时上架等。
（2）库存管理，包括货位优化、补货管理、库存盘点、退仓等。
（3）发货管理，包括拣货、包装、称重、出库扫描、装车等。
（4）额外服务，包括条码打印、大宗运输、货运代理等。
（5）信息交互，包括数据统计、系统对接、订单管理等。

4.3   仓配一体化服务流程优化

仓配一体化的优势在于通过仓和配的结合，整合两者的功能，形成整体价值、整体流程的优化，这也是实现仓配整合优势的前提。只有将订单预处理、执行计划、库内作业、发运配送、拒收返回以及上下游的账务清分等全部统一起来，高效完成客户作业需求，才能实现现代物流的一站式服务。

知识 4-5   管理系统问题

曾有个做医药企业的工作人员咨询二期采用 TMS（运输管理系统）的问题，说企业现在最头痛的就是仓储和运输的数据对接，一期做了 WMS（仓储管理系统）后发现运输管理衔接不上，频繁出状况，发货数据对不上，后悔前期规划没采用仓配一体化平台，现在二期还是要采用 TMS。一步到位的事情分两次完成，客户在两次系统化的过程中，一共花费了半年的时间，耗费了大量的资金与人力。如果一开始他采用的系统是仓配一体化平台，只需要 3 个月的时间就能一次搞定客户所有的问题。

另一个物流园区企业的工作人员说他们业务发展挺快，早期采用了 WMS，但现在对外配送增多，为了免去后续数据对接的麻烦以及对外系统对接复杂度高的情况，他们准备放弃过去的 WMS，替换蜂巢的仓配一体化平台。

资料来源：思路网，http://www.siilu.com/20170105/209574.shtml。作者有删改。

4.3.1　仓配三大服务模式

随着客户需求的变化，有必要将企业的仓储与配送进行有效结合，从单一仓配逐步发展到统一设计系统的集成，客户需求已经转变，仓配一体化平台发展是趋势和前景。

1. 单仓-集中操作

单仓-集中操作就是按照客户需求，设计服务内容。该操作可以提供的服务包括仓储规划与库区规划；方案设计即功能设计、作业设计、流程设计；信息系统包括信息策略、WMS 服务；运营管理含有操作管理、货物盘点；增值服务，即库内加工、数据分析；库房规划，可以根据商家发货形式及产品属性，提供库房规划、储位规划及设备集采等工作；储位管理，即对仓库进行合理的划分，根据商品周转率原则、商品特性原则等对储位进行划分，提高仓储作业效率。

2. 作业设计的策略驱动

策略驱动的仓库管理模式有利于简化仓库作业、确保管理规范确切执行、优化作业、提高效率、易于和 AS/RS 自动设备集成、实现智能化仓库管理。

3. 货物仓储服务

（1）为货物提供堆存、管理、保养、维护等服务，同时进行拣选、检验、分类等库内加工，加工包括包装（分工业包装、商品包装和定期木箱包装等）、贴标签、挑选、混装、刷标记等。

（2）为客户提供高位货架、标准化的托盘存储，叉车、托盘车装卸，先进的第三方物流系统管理，为客户提供准确、高效、及时、安全的仓储服务，包括不同规格的拖板车、堆高机、叉车、装卸货台及属具等物流及其他仓储设备。

（3）为客户提供详尽的数据分析，包括库存品种、入出库频率、订单数量、发货特点等信息，帮助客户更清晰地掌握货物及产品特点。

4.3.2　仓配一体化服务流程优化目标

从单一配送到仓配一体，企业既要有仓储网络，还要构建配送网络，仓配一体化服务流程优化的终极目标就是通过仓储网络和配送网络的紧密结合，实现一站式服务，为更多的客户提供优质的仓配体验。

1. 实现企业管理的标准化和规范化

以标准化为基准实现统一化——统一内部子系统之间的运作协同机制和过程流程管理。比如，仓配的出库发运环节，可以根据订单的统一执行计划进行有效任务切换。

2. 节省企业资源，方便企业管理

在节省资源的同时实现资源集约化——整合企业的仓储和配送的资源，对这些资源进行集约化配置和协作，比如，仓储出库的优先级需要与配送的派车计划协作。

3. 优化企业运营模式，降低经营成本

运营模式从集成到一体化的转型——平台对内实现子系统之间无缝共享和交换数据的需要，对外提供统一的 EDI 中心与外部系统互联。比如，与电商平台对接，通过 EDI 中心统一对接电商订单即可，后续执行内部一站式处理并统一由订单中心对外反馈。

● 知识 4-6　单仓还是云仓

真正的第三方仓配服务是连接厂家和消费者之间的纽带，是可以调节成本和客户体验的杠杆。现有市面上的服务有单仓服务和多仓服务（又称云仓）。

首先，不管是单仓还是云仓，都是解决库内精益化管理的问题，提高仓库使用价值，提高操作效率，降低边际成本，规避多发、少发、错发等损失，同时能够标准化地进行客户服务。

其次，云仓可以解决两大问题：成本优先的话，可以采用厂家就近原则，降低厂家到仓的成本，也可以半成品进仓，仓担任二次封装的使命，然后单点发全国；效率优先的话，可以采用消费者就近原则，消费者下单云仓多仓就近发货，客户体验最佳且效率最优。

最后，无论何种类型的仓配服务，都是解决成本和效率杠杆问题的，每种方案根据资源的不同和产品类型的不同，都有不同的方案，关键是企业想用仓配来解决什么问题。

4.3.3　仓配一体化流程再设计

按照 2017 年全国邮政管理工作会议上提出的"打通上下游、拓展产业链、画大同心圆、构建生态圈"的思路，通过流程再设计，全面提升仓配一体化服务供应商的核心能力，实现全程业务优化增值。

（1）前端设计，包括运营流程设计、运营指标设定、系统对接、订单运行、节点设定、包材定制、异常流程设计。

（2）收货清点，包括调拨管理、货位匹配、盘点管理、实时上架、异常处理、库存管理、信息反馈、补货管理、效率管理、订单管理、时效控制、批次管理、项目整改、拣货管理、越库作业、出库复核、承运商管理。

（3）配送服务，包括快件揽收、COD 服务、信息录入、干线运输、快件派送、异常处理、电子面单、逆向物流、签收录入管理。

（4）管理平台，包括智能查件服务、问题快件分析、订单签收进度、配送时效监控、电子对账服务、配送短信提醒、打印面单服务、超区件自动筛选。

（5）后续服务，包括投诉处理、加急订单、异常换货、错漏发核实。

（6）报表与数据，包括畅销品排行、7 天销售预计、销售趋势统计、未销售商品统计、发货包裹数分析、库存销售天数分析、商品销售排行分析、商品出入库明细分析、售罄率、采购销售比分析。

4.4 仓配一体化服务的发展趋势

随着仓配一体化服务模式的价值被逐步发现，各类型物流企业、市场的新进入者纷纷发力进军仓配服务领域，形成了多方竞争、交叉竞争的新行业竞争格局。不同类型的企业在市场发力过程中面临着不同的困难和挑战。仓配一体化服务未来发展的趋势体现在以下几个方面。

4.4.1 仓配一体化服务更加专业化

在传统仓储配送模式里，仓储主要有三个环节——打包、称重、速递的交接，配送的环节主要是揽收、称重、发运，整个链条比较复杂。而在仓配一体化模式下，可以实现在保证货品安全的同时提高效率，让整个业务流程实现无缝对接。仓配一体化无疑成为包括快递企业在内的物流企业提供高品质服务的一大法宝。专业的事让专业的人来做，也逐渐成为各方的共识。

●✐ 知识 4-7 易坤仓储的仓储服务

"2011 年，我接手合肥公司的时候，就已经与南极人建立了合作关系，几乎 60% 的南极人快递都通过中通发出。"中通安徽片区经理、合肥公司总经理徐敏晔毫不讳言地表示，自己做仓配的初衷，正是因为看到南极人等大型电商在仓配方面的迫切需要。2016 年 1 月，合肥易坤仓储（中通快递合肥仓储中心）正式成立；2016 年 1 月 18 日，南极人率先入驻易坤仓储。

在宁波 EMS 罗蒙仓，一名菜鸟级的拣货员只要经过 10 分钟的培训，就能成为一个专业的标准拣货员。"我们的仓库是按照标准化设计的，可以说是一个非常标准化的仓库。"在采访中，宁波 EMS 罗蒙项目部经理徐斌不止一次地提到这句话。标准化管理，是"罗蒙模式"的最大亮点之一。

标准化的背后，更重要的是信息化所提供的巨大支撑。仓配管理的开门第一件事就是搭建信息系统，要管好数十万件库存服装和上万个 SKU 的仓配，全靠一套运转自如的信息系统居中运筹帷幄。宁波 EMS 罗蒙仓"仓储 + 配送 + 信息化 + 标准化"的服务模式，打造出了快递服务制造业企业的新样板。

云仓也成为各企业追逐的热点。截至目前，包括中邮速递、顺丰、百世、宅急送、天天、德邦等，均明确推出了自己的云仓产品。据中邮速递相关负责人介绍，2014 年推出的中邮云仓服务，包含两个解决方案，满足客户发货和产品布局：一是单体总仓，即"仓储服务＋快递产品"，商品入仓后由单体一点向全国送达；二是总分仓，即"订单分配服务＋仓储服务＋快递产品"，实现就近发货。

宅急送所推出的"宅·云仓"，其特别之处在于仓储中 80% 的客户为大型企业，主要集中于服装、3C 数码、食品、直销、医药五大领域。天天快递则把"能容云仓"作为其"五网合一"发展战略的一部分。天恺咨询首席咨询师、天天快递顾问孙文有介绍，"能容云仓是云仓体系在快递和物流行业的生态下形成的架构体系，以信息技术为核心支撑，协同快递和物流网络提供更高效的一体化服务产品，并通过提供供应链金融和大数据服务产品创造平台价值。"

百世集团旗下百世供应链的云仓项目启动得更早。2010 年，百世供应链正式启动百世云仓（Cloud OFC）产品计划，运用物流数据分析和网络化分仓，管理运输、快递资源，为品牌企业提供仓配一体化的物流外包服务。百世云仓走过的三个阶段，正是中国电子商务发展的三个时期：B2C 主导时代、O2O 主导时代和跨境电商时代。

在电商平台开放式建仓方面，菜鸟有意建成一张开放的社会化仓配网络，这也是作为巨大流量入口的平台型企业有能力为客户提供的一项服务。菜鸟在成立之初就定位于"社会化物流协同、以数据为驱动力的平台"。未来，菜鸟有望整合现有存货相对单一的仓库，组建一张覆盖全国乃至全球的网络。

资料来源：商道，http://www.3-dao.com.cn/News_kuaidi_1132463/。作者有删改。

4.4.2　把服务作为仓配企业业务的最终落脚点

物流企业属于服务行业，应该把提供高质量服务作为企业努力方向。互联网时代的新物流体系包含"天网"和"地网"，即由互联网信息系统组成的数据传输和处理网络，以及遍布全国的仓配一体门到门运营服务网络。把两张网有机结合起来的是供应链产品和物流解决方案，这是百世给出的云仓服务承诺。

与所有的仓配一体化一样，这最终离不开强大的信息系统以及完善的仓、配网络的支撑。以网络的完善为例，截至 2017 年，百世云仓已经覆盖全球 90 多个中心城市，拥有 160 多个云仓、200 多万平方米的仓储运作面积。仅在 2016 年，能容云仓也加紧布局，在全国范围内 7 个大区持续建设分仓，完成覆盖华东、华南、华北、华中、西南、西北、东北的互联仓储网络建设。

创新是仓配一体化增值的重要环节。2016 年"双 11"在百世云仓内，库内拣货环节首次使用的基于人工智能技术应用的智能化仓储机器人，颠覆了传统仓库"人找货、人找货架"的陈旧模式，实现了"货找人、货架找人"的新模式。具体来讲，就是机器人在接收到订单后，通过百世智能系统选取的最优路线把货品从货架所在仓储区搬运至员工配货区。配货员只要等货架被搬到面前，从计算机提示的货位上取下所需商品即可配货。这在有效降低人工劳力强度的同时也大幅缩短了配货时间。

知识 4-8　百世云仓的服务模式创新

仓配一体化未来的发展一是创新，二是服务。"通过这么多年的磨合，我们之间的合作已经很成熟了，但同时我们也要在磨合中不断创新，为罗蒙提供更好的服务。"宁波 EMS 罗蒙项目部经理徐斌说。这一句话，也道出了提供仓配一体化解决方案的快递企业的心声。

当然，各方加紧布局的同时，最终的重点依旧要落在服务上。在标准化的仓配服务下，客户可根据自身的需求定制服务。"2017 年，百世也将大力推广智能化仓储机器人在百世云仓的应用，实现为更多客户定制最适合的仓储智能模式的目标。"百世方面表示。

此外，天天能容云仓方面表示，经过 2016 年的快速发展，能容对"云仓"也有了更为深刻的理解，提出了"新云仓·能容＋"的战略。"2017 年，苏宁与天天展开战略合作，为能容提供了更为广阔的平台。能容云仓将整合仓储、干线、分拨网络、末端配送等方面全供应链资源，编织一张覆盖'最后一公里'的高效网络，重磅推出时效产品。"

资料来源：中国行业研究网，http://www.chinairn.com/hyzx/20170215/090142915.shtml。作者有删改。

4.4.3　第三方物流整体发力

仓配一体化服务的最大瓶颈是仓库网点和配送能力的局限，许多公司无法覆盖到地市一级，更难进入县市级，尤其在电商领域，要进入目前市场份额最大的 B2C 仓配业务领域障碍重重。

比如，快递企业网点资源丰富，配送团队人员满足业务要求，顺丰、"四通一达"等企业均具有 90% 以上的县级配送覆盖能力，但从擅长的揽件、转运、配送业务转向仓配一体、库存管理，首先面临的便是缺乏优质高效的仓库资源。其大部分库房层高低，仓储作业自动化程度低，人效、坪效和拣配差错率与专业物流公司相比还有较大差距。其次，WMS 缺乏对商品、库存、作业调度等功能，无法满足客户对仓库运营管理的综合要求，大部分网点与客户信息系统的 OMS 也局限于面单对接，达不到平台化，所以，第三方物流整体发力的机会十分明显。

知识 4-9　2019 年仓储配送服务收费标准

2019 年仓储配送服务收费标准有什么变化吗？先说说仓储公司的仓储配送服务费用，再告诉您具体费用标准是如何计算的？

仓储费用主要包含管理费用、仓库租金和装卸费用。

仓库管理费用包含库内操作费（入库打单，拣货复核，打包称重，贴面单出库）、保管费（防火防盗防潮），主要收费方式是按物料保管时间收费、按操作单量收费、按存货空间收费，具体价格与产品类型和发货模式有关。参考价格：每天或每吨或每平方米 2.8 元以上。

仓库租金费用与租仓库面积和仓库位置、仓库内设备（流水线，PDA，叉车，仓储货架等）有关。参考价格：每天或每吨或每平方米 0.5 元以上。

装卸费用主要是按吨位收费、按装卸时间收费或是按用工个数收费。参考价格：每天或每吨或每平方米 0.15 元以上。

配送费用主要与货物的种类、物料的重量和物料运输的远近有关。参考价格：每天或每吨或每平方米 3.5 元以上。其实还有其他的费用，比如材料包装费、订单打印费、仓库管理水电费等，这里就不细说了。

综上所述，仓储公司的仓储配送费用一般在 3.5 ～ 10 元，主要与产品类型和需要服务质量以及仓储公司在成本控制方面是否做到合理有关。

资料来源：搜狐科技，http://m.sohu.com/a/298014741_100213307。作者有删改。

总之，仓配一体化的出现是新零售市场渠道重组、互联（物联）网技术发展的结果，未来发展规模、速度也与其有必然的关系，服务内容也会因其变化发生新的调整，特别是由终端新零售引发的新一轮竞争，虽然电商增速和包裹增速有所放缓，但百分之几十的增速对一个规模巨大的行业来讲也是相当可观的。如果这种趋势能延续多年，那么还是会有更多的从业者进入，仓配服务市场将进入群雄并起、激烈角逐的发展阶段。

🌀 本章小结

仓配一体化服务是指物流配送企业采用网络化的计算机技术和现代化的硬件设备、软件系统及先进的管理手段，针对客户的需求，根据用户的订货要求，进行一系列分类、编码、整理、配货等理货工作，按照约定的时间和地点将确定数量和规格要求的商品传递到用户的活动及过程。

现代仓配管理的主要趋势：品类管理从多品类走向单品类、仓储节点从单仓走向多仓网络、宏观管理走向仓配一体化。

仓配一体化服务标准：仓配网络体系、发货时效速度、仓配服务能力、物流服务体验等。

🌀 复习思考题

简答题：

1. 仓配一体化组织模式创新的主要内容是什么？
2. 仓配一体化服务的基本内容有哪些？
3. 仓配一体化服务的流程优化的主要内容有哪些？

🌀 课内实训

结合本校实训条件，对现有的仓配一体化服务做一次模拟摸底，根据企业仓配一体化服务功能实际，为实训室提供一个新的仓配一体化服务改进方案。

课外实训

以小组为单位，选择本地区仓配一体化服务企业进行参观，将仓配一体化服务企业的主要流程以图描述出来，指出流程中存在的不足或需要完善的部分，并说明道理。

案例分析 4-1

"一键发货"服务！一线快递网点玩起"仓配一体"

随着电商的发展，仓储和配送的有效结合成为提升物流效率的关键因素。当下不少快递网点正大力推行"仓储 + 配送"一体化模式，得到越来越多商家的认可。高效率、低成本、综合性的"仓配一体化"服务不仅能提升客户体验，更可帮助快递网点打开市场竞争的突破口。

然而，市场需求促使越来越多的企业进入仓配领域，逐渐形成了多方争霸、交叉竞争的局面。业内人士指出，快递企业要想提升仓配服务能力，还需补强供应链设计、物流设施和技术应用、综合 IT 等多种能力。

2019 年 3 月，记者来到天天快递北京密云区网点库房，看到数千平方米的仓库内整齐地摆放着酒水、饮料、快消品等多个品类的商品，现场一派紧张忙碌的景象。工作人员正加紧处理当天的订单，将商品打包、扫描、装车发往全国各地。

有着多年快递从业经验的网点负责人李强告诉记者，近两年，越来越多的客户有了仓储需求，公司多番寻找终于在密云郊区找到一处库房，随后推出"一键发货"服务。

对于入驻客户的发货流程，李强告诉记者，客户把货品送到仓库，工作人员将商品信息录入管理系统进行分仓，然后盘点货品、上架。订单产生后，数据会通过与电商平台共享的数据端口传送至仓储系统中，系统会自动匹配货物，随后分拣员根据系统提示在最短的时间内完成打包装车作业。

近年来，电商平台的促销越来越频繁，这在提升流量、成交量的同时，也给平台商、品牌商、服务商带来了巨大的挑战，其中及时准确的末端配送就是最重要的环。正是看到了这样的机遇，在价格战愈打愈激烈的当下，很多快递网点开拓上游业务，在仓配的差异化服务中寻找利润。

此前是"通达系"加盟商的刘立刚在卖掉自己的网点后，也做起了仓配一体的生意。记者在他位于大兴区长子营镇的仓库内看到，6 000 平方米的仓内，除了快消品，还有一些家电产品，包括热水器与小家电。刘立刚介绍，由于北京疏解非首都功能，此前他租下的一个库已经被拆除，现正在帮助客户寻找一个冷库，为生鲜电商服务。

随着新零售的深入发展，仓配一体化业务成为越来越多快递企业转型升级的新方向。刘立刚说："仓配一体化服务可以让客户就近入仓、就近配送，降低货物破损率、配送成本及配送时间，是未来电商配送的主流模式。"

资料来源：搜狐科技，http://m.sohu.com/a/304001462_165430。作者有删改。

问题：本案例中，"一键发货"服务的内容是什么？随着电商模式的到来，新零售发展将促进仓配一体化呈现何种形态？未来的仓配一体化的主要竞争优势是什么？

🌐 案例分析 4-2

电子商务：打开物流新天地

　　"电子商务物流分为三大部分：仓储、干线运输和配送。目前中国的干线运输尚能满足电子商务需求，但配送环节和仓储环节的建设远远滞后。"卓越亚马逊北京运营中心总经理周涛如是说。

　　因此，在仓储环节，电子商务网站展开了"跑马圈地"般的竞争，特别是广大的 B2C（企业对个人电子商务）网站。它们就像一个个大型超市，仓库则是它们的店面。在北京，亚马逊 4 万平方米的百货仓库中存放着 100 多万种商品，货架已经从平地增加到三层还不够使用；凡客诚品有 3 万多平方米的仓库，又刚刚签下 6 万平方米的租约；乐淘网则实现了"三级跳"，从 2016 年的 300 平方米仓库到 2017 年的 1 700 平方米，很快就又要搬去 1 万平方米的新仓库。

　　仓库租金也因此节节攀升。"新仓库的租金上涨了 30% ～ 40%。"球类电子商务网站乐淘网物流总监徐梦周表示，这和电子商务网站对仓储的特别要求有关。"网站经营的品种越来越多，为了方便拣货打包，仓库单体面积必须要足够大，至少上万平方米。"因为商品要直接送到消费者手中，所以还要注意防尘、防冻、防晒。仓库的位置也很重要，一方面要便于城市内配送，另一方面我国的 B2C 网站习惯于在中心城市布仓，一个仓库要负责几个省的订单，因此还必须选择便于省际配送的位置。"这样的仓库并不好找。"凡客诚品助理总裁贾加表示，电子商务网站也因此开始"扎堆儿"。在北京，亚马逊、当当和京东商城集中在通州，凡客、乐淘、好乐买则在大兴成了邻居。电子商务网站也在为仓储环节积累技术。"优化区域分配"成了每个仓库管理者必须解决的技术问题，在亚马逊，系统计算出的最热销商品被堆放在离打包工作台最近的"绿色通道"里，比如一本曾在一分钟内接到过 6 000 多个订单的畅销书。在凡客诚品，通过优化区域分配，拣货员的效率大大提高，上海仓库中的"效率王"一小时的拣货数量从 500 件提高到了 600 件。而这样的技术问题，还存在于收货、验货、上架、扫描、打包、装车等各个环节中。

　　资料来源：网经社，http://www.100ec.cn/detail--5711903.html。作者有删改。

　　问题：本案例中行业人士为什么说配送环节和仓储环节的建设远远滞后？主要表现是什么？电子商务网站为仓储环节所做的贡献是什么？ B2C 网站习惯于在中心城市布仓的弊端是什么？

仓配中心规划与管理

学习目标

1. 熟悉仓配中心规划设计特点、原则、流程、软硬件技术要求，了解仓配中心规划设计的各种不同模式。
2. 熟悉我国仓配中心规划基本内容，了解仓配中心规划设计技术及运用。
3. 掌握 EIQ 分析的基本内容，了解 EIQ 分析的过程和要求。

导引案例

百果园东莞加"仓"：计划用三年时间在东莞新建大型智能加工中心

"每天，这里都会有 40 多个货柜拉着全球各地的水果进来，在此加工后，不到 24 小时又经 110 多台货车配送到全国各个城市。"广东百果园农产品初加工有限公司（以下简称"百果园初加工公司"）总经理邹峰对记者说，该基地日均加工水果 320 吨，高峰期甚至可达 600 吨。

记者采访了解到，该公司是百果园集团在东莞成立的全国最大的仓储配送中心，是该集团的"CPU"，让水果最快 15 小时到达消费者手上成为现实。随着业务的升级，该公司 2017 年销售额超 60 亿元。2018 年该公司预计加"仓"，用三年时间在东莞新建大型智能加工中心。供应链是百果园的核心竞争力。为了保障消费与体验的一致性，近年来，百果园在供应链建设与优化方面花费大量精力，深度参与整个供应链的管理，打造果业供应链生态体系。而这些功能的探索，便落在了百果园全国最大的仓储配送中心——位于东莞的百果园初加工公司身上。

基于这一点，百果园初加工公司在定位上进一步升级，不仅仅局限于简单的初加工和配送功能。"首先，我们深度参与种植基地各流程环节，优化乃至买断良种，标准输出，指导管控。"邹峰说。

据了解，该公司在东莞已经建立了行业内首个果品质量安全控制检测中心，所有出仓的水果将经过八大环节检验筛选：商品到货，品控监测，入库商品取样编号，果品安全指标检测，检测报告出具、存档，检测数据记录，果品标准等级评定，品控检测报告（口感、风味、脆嫩等检测）。

在仓配中心中，百果园通过精细化、多温区的管理系统，针对不同果品进行标准化运营，根据销售预测个性化分解果品包装量，进一步降低货损率。采购来的果品经各仓配中心初加工后中转，配送至门店。

"2017年东莞厂（百果园初加工公司）销售额突破了60亿元，而前年才40亿元，2018年预计80亿元。但目前厂区的产能已近饱和，200多位工人夜间加班，24小时产线不停工。"邹峰说。

尽管公司落子东莞以来发展迅速，但目前整个供应链管理仍然面临几个挑战，分别为上下游协同能力不足、一线城市仓库资源越来越稀缺以及夜间作业导致用工困难。

基于这三点，百果园探索出了未来的供应链模式，即将智能仓配中心作为整个供应链的核心，构成多温度带高密度存储、储拣合一、最小包装存发、自动化存储和分拣以及物流、信息流高度同步的供应链体系。

邹峰提出，这样的智能仓配中心将在近三年内建成。"公司已经在凤岗拿了一块地，预计今年将动工。"邹峰说，"我们希望成为水果生鲜行业的生态铸造者，真正能把渠道与下游消费者和上游的生产种植端对接，实现水果的规模化、标准化，应用先进技术，并且形成品类品牌。"

资料来源：东莞新闻网，http://news.timedg.com/2019-03/04/20815981.shtml。作者有删改。

5.1　仓配中心规划概述

仓配中心规划是指在进行仓配活动之前，对于仓配中心模式、仓配中心设施、储存空间、信息管理系统等进行决策及设计，包括总体规划、尺寸规划、通道规划、储存规划等。

5.1.1　仓配中心规划的目标及布局原则

1. 仓配中心规划的目标

仓配中心规划总的目标是使人力、财力、物力和人流、物流、信息流得到最合理、最经济、最有效的配置和安排，即要确保进行仓配中心规划的企业能够以最小的投入获取最大的效益。

2. 仓配中心规划总体布局的原则

（1）尽可能采用单层设备，这样做造价低，资产的平均利用效率高。

（2）使货物在出入库时单向和直线运动，避免逆向操作和大幅度改变方向的低效率运作。

（3）采用高效率的物料搬运设备及操作流程。

（4）在仓库里采用有效的存储计划。

（5）在物料搬运设备大小、类型、转弯半径的限制下，尽量减少通道所占用的空间。

（6）尽量利用仓库的高度，也就是说有效地利用仓库的容积。

（7）为增值服务和拓展智能化服务预留一定的空间。

3. 仓配中心总体布局的功能要求

（1）仓配中心中仓库位置应便于货物的入库、装卸和提取，库内区域划分明确、布局合理。

（2）集装箱货物仓库和零担仓库尽可能分开设置，库内货物应按发送、中转、到达货物分区存放，并分线设置货位，以防事故的发生。

（3）要尽量减少货物在仓库的搬运距离，避免任何迂回运输，并要最大程度地利用空间。

（4）仓库位置的设置应有利于提高装卸机械的装卸效率，满足装卸工艺和设备的作业要求。

（5）仓库应配置必要的安全、消防设施，以保证安全生产。

（6）仓库货门的设置既要考虑集装箱和货车集中到达时的同时装卸作业要求，又要考虑增设货门而造成堆存面积的损失。

表 5-1 为几个主要快递公司仓配中心布局的内容。

表 5-1　主要快递公司仓配中心布局的内容

快递公司	仓配中心布局的具体内容
顺丰	进行中转场建设项目
申通	在上海、西安、长春、温州、武汉、义乌等业务核心区域新设转运中心或物流中转平台，并配套设立仓储基地，为电商类客户提供仓库租赁、运营、配送等仓配一体化服务
韵达	重点建设 7 处转运中心（集快递、快运和仓配一体化多种功能）
中通	加强配套设施建设和设备购置
圆通	在原有转运中心基础上，改造融入快运、仓储等功能，建设多功能转运及仓储一体化

4. 仓配中心总体布局的模式

（1）辐射型布局。辐射型布局是与"聚集型布局"相对的格局。仓配中心的仓库设在分散客户的中心位置，产品由此中心向各个方向运送，形成以仓库为中心向四周客户辐射的形态。该布局适用于客户相对集中的经济区域，或以仓库为主干输送线路中转运站的情况。

（2）聚集型布局。聚集型布局与"辐射型布局"相对。其以生产企业或用户为中心，四周分散的仓库集中向这个用户密集的经济区域运送货物及服务，形成四周仓库聚集的形态。该布局适用于生产企业十分庞大，或用户十分密集的情况。

（3）吸收型布局。吸收型布局是指将仓配中心的仓库设在分散生产设施的中心位置，形成对生产设施所生产产品的吸收存储形状。仓储大多处于集货中心所处的位置，距各货主距离较近。

（4）扇形布局。扇形布局是指将仓配中心的仓库设在用户的一侧而不是中心，使产品从仓库向一个方向运送，仓库的辐射方向与干线上的运动方向一致。该布局适用于在运输干线上仓库距离较近，下一个仓库的上风向区域恰好是其合理运送区域时的形态。

5. 影响仓配中心总体布局的因素

仓配中心通常以仓库为核心设立，所以仓库的布局对整个仓配中心规划影响最大。

（1）区域性工农业生产布局。流通部门的产品仓库受产业布局的制约，因此，仓库的布局，必须以我国资源的分布情况、产业不同生产部门的配置、不同地区的生产发展水平以及发展规划为依据。也就是说，在进行仓库的布局时要充分研究产业布局，注意各地区生产和产品的特点，以及这些物质产品进入流通过程的规律，以适应工农业产品收购、储存和调运的需要。

（2）货物需求量的分布。由于我国各地区经济发展很不平衡，人民生产消费水平也各不相同，因此各地区对各种货物需求量的多少也有所不同，尤其对生活消费品的需求更是千差万别。研究不同地区的消费特征，考虑各种货物的销售市场的分布及销售规律，是仓库布局的另一个重要依据。也就是说，仓库的分布与商品市场的分布应保持一致。

（3）经济区域。所谓经济区域，是结合了生产力布局、产销联系、地理环境、交通运输条件等所自然形成的经济活动区域的简称。按照经济区域组织流通规律，合理分布仓库，对于加速物流速度、缩短运输路线、降低物流费用都有着重要的意义。

（4）交通运输条件。交通运输条件是组织物流活动的基本条件之一，交通不便，势必造成货物储存和交通运输的困难。因此，在仓库的布局上，特别要重视交通运输条件，仓库地址应尽量选择有铁路、公路、水路等运输方便和可靠的地方，这是合理组织物流的基础。

（5）还应根据组织流通的需要，以及我国现有仓库设施和批发、零售网点的分布状况，合理布局仓库。

总之，仓配中心的合理布局是在综合考虑上述因素的基础上，根据有利于生产、加快物流速度、方便消费和提高物流效益的原则，统筹规划，合理安排的，这对于提高物流系统的整体功能有重要的意义。

5.1.2　仓配中心规划内容

仓库是仓配中心的主体，是实现仓配功能的主要场所。仓配中心规划在一定程度上就是仓库的规划，主要内容包括空间规划、尺寸规划、货位管理、通道作业动线规划。

1. 空间规划

储存物品的空间又称储存空间，储存是仓配中心设施的核心功能和关键环节，储存区域规划合理与否直接影响到仓配作业效率和储存能力。

（1）储存空间的构成。

$$储存空间 = 物理空间 + 潜在利用空间 + 作业空间 + 无用空间$$

式中，物理空间为物品实际上占用的空间；潜在利用空间为储存空间中没有被充分利用的空间；作业空间为作业活动顺序进行所必备的空间。

（2）储存空间规划的影响因素。

从作业方面来看，包括作业方法、作业环境。

从存储或配送物品来看，包括物品特性、物品存储量、出入库量。

从设备角度来看，包括储存设备、出入库设备。

如果空间太大就会增加行走距离，而空间太小就会显得拥挤，降低作业效率。

2. 尺寸规划

（1）库容量的确定。

1）库容量：仓库除去必要的通道和间隙后能堆放物品的最大数量。

2）公式：

$$库容量 = 总周转量 / 周转次数 × 放宽比（通常取 1.1 ～ 1.25）$$

（2）库容量的利用。

1）蜂窝损失。如果在一列货堆上取走一层或几层，只要不被取尽，所产生的空缺不能被别的货物填补，留下的空位如蜂窝一般，故名蜂窝形空缺。蜂窝损失是用空缺系数 H 来衡量的，但在实际中，货物堆码中蜂窝空缺究竟会出现几个是一个动态变化的数据，只能假设一列货物中蜂窝空缺数出现的概率是相同的，则空缺系数 H 的期望值为：

$$E(H) = \frac{1}{n} \sum_{i=0}^{n-1} \frac{i}{n} = \frac{n-1}{2n}$$

$$蜂窝损失 = E(H) \times (1 - L_a)$$

式中，n 为一列货位堆码货物件数；$i = 0, 1, 2, 3, \cdots$。

2）通道损失。存储空间中，留下通道空间会占据有效的存储面积。即由于通道占据了有效的堆放面积，所以无论如何规划，货架储存都存在通道损失。其计算公式为：

$$L_a = W_a / (W_a + 2d)$$

式中，W_a 为通道宽度；d 为货堆深度。

（3）仓库面积计算。

仓库面积是企业用以储存和保管商品的场所或建筑物的面积。反映仓库面积的主要指标有总面积、实际面积和可用面积。总面积，即仓库的基地面积。实际面积，即仓库实际能够存放商品的面积，为可利用的仓库总面积减去障碍物、建筑物所占面积及其与商品之间不能堆放商品的空地面积后剩余的面积。可用面积，即仓库在储存商品中可发挥存放效用的面积，可以用仓库的实际面积减去货垛与四壁的墙距和固定走道的面积来计算。图 5-1 就是快速拣货区与地托存储区所在面积情况的示意图。

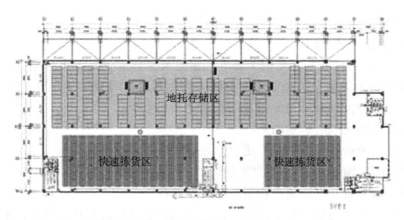

图 5-1　快速拣货区与地托存储区所在面积情况示意图

3. 货位管理

货位管理是指对仓库存货物品的货位进行的规划、分配、使用、调整等工作。货位管理的基本原则就是货位明确化、精细化（在仓库中所储存的物料应有明确的存放位置），存放物料合理化（每一物料的存放都要遵循一定的规则进行精细管理），货位上物料存放状况明确化（当物料存放于货位后，对于物料的数量、品种、位置、拣取等变化情况，仓库管理人员都必须正确记录，仓库管理系统对物料的存放情况明确清晰，保证信息的精细化）。

（1）自由货位。自由货位也称"自由料位"或"随机货位"，即每一个货位均可以存放任何一种物资（相互有不良影响者除外）。只要有货位空闲，入库各种货品均可存入。其主要优点是能充分利用每一个货位，充分发挥每一个货位的作用，提高物流中心的储存能力。其缺点是每个货位的货品经常变动，每种物资没有固定的位置，管理人员在收发查点时寻找货品比较困难，影响工作效率并容易造成收发差错。如利用计算机进行货位管理，一般均采取自由货位。

（2）固定货位。固定货位亦称"固定料位"，即对某一货位严格规定只能存放某一规格品种的货品，而不能存放其他货品。其主要优点是每一种货品存放的位置固定不变，管理人员容易熟悉并记住各种货品的不同货位，便于收发查点，此种方式能提高收发货效率并减少差错。工作中可以绘制货位分布图，非本库管理人员也能比较容易地找到所需货位。其缺点是不能充分利用每一个货位，造成储存能力的浪费。为了利用其优点，克服其缺点，存入货架的小件货品可不用固定货位，就地堆垛的大宗货品可采用自由货位。

4. 通道作业动线规划

合理规划与优化库内各操作的人员及设备动线是作业规划的重点。仓配中心动线设计主要有三种类型，即 I 形、L 形以及 U 形。由于现有大部分仓配中心与物流中心功能重叠，所以在选型上可以参照物流中心规划模型进行。以下简单介绍各不同类型物流中心的特点。

（1）I 形物流中心。I 形物流中心拥有独立的出入货台，分别分布在物流中心的两旁。由于 I 形物流中心的运作流向是呈直线形的，各运作动线平行性进行，因此无论是人流还是物流，相互的碰撞交叉点相对来说是最少的，可降低操作人员和物流搬运车相撞的可能性。

I 形物流中心特别适合一些快速流转的货物，进行集装箱或是货物转运业务。目前，中国香港地区 I 形物流中心并不多，较典型的是采用 I 形概念设计出来的香港国际货运中心（HIDC）。香港国际货运中心的日通、华记、新兴物流，香港机场货运中心（AFFC）内智傲物流，以及深圳盐田港美集物流等的物流中心都属于此类型。

（2）L 形物流中心。需要处理快速货物的物流中心通常会采用 L 形的概念设计，把货物出入物流中心的途径缩至最短，货物流向呈 L 形。L 形物流中心与 I 形物流中心有些类似，同样拥有两个独立货台，碰撞交叉点较少，适合处理快速流转的货物。

这种类型的物流中心特别适合进行交叉式作业（cross-docking），处理一些"即来即走"或是只会在物流中心停留很短时间的货物。中国香港地区 L 形的物流中心较少，在内地就比较常见，如深圳嘉里盐田港物流中心。

（3）U 形物流中心。U 形物流中心的设计概念主要来自高速公路的循环运输线，该类型物流中心的出入货台会集中在同一边。U 形物流中心各功能区的运作范围经常重叠，交叉点也比较多，降低了运作效率。

U 形物流中心的出入货台集中在同一边，只需在物流中心其中一边预留货车停泊及装卸货车道，一方面，可以更有效利用物流中心外围空间；另一方面，也可以集中货台管理，减少货台监管人员数目。对于地少、人工费高的香港来说，这一类型的物流中心是最常见的，如亚洲货柜物流中心内的佐川急便（Sagawa）、近铁国际（KWE）、泛亚班拿（Panalpina）、捷迅（Soonest）等。

影响通道位置及宽度的因素包括：① 流量经济（所有通道内的人、物形成的路径）；② 空间经济（合理的空间利用）；③ 设计顺序（主要通道配合出入库，其次辅助通道）；④ 安全条件（是否有利于逃生）。

5.2　仓配中心平面布局设计

仓配中心布局设计需要考虑的因素有：结构类型的选择、设施设备配置、仓配中心面积及参数的确定、确定仓库主体构造、仓库附属设施设备等。

5.2.1　仓配中心面积及参数的确定

1. 仓库建筑系数

仓库建筑系数 = 仓库建筑占地面积 / 库区总面积 × 100%

2. 确定仓库面积的主要因素

（1）物资储备量，决定了所需仓库的规模。

（2）平均库存量，主要决定所需仓库的面积。

（3）仓库吞吐量，反映了仓库实际出入库的物品量，与仓库面积成正比。

（4）物品品种数。

（5）仓库作业方式。

（6）仓库经营方式。

3. 其他技术参数

其他技术参数包括库房高度利用率、仓容、仓库有效容积、仓库周转次数。

4. 确定仓库主体构造

仓库主体构造内容包括仓库框架、防火安全问题、出入口尺寸、站台。

5. 仓库附属设施设备的选择

仓库附属设施设备包括保管设备、分拣装置、装卸搬运设备。

5.2.2　仓配中心平面布局

仓配中心平面布局是指对仓配中心的各个部分——存货区、入库检验区、理货区、流通加工区、配送备货区、通道以及辅助作业区在规定范围内进行全面合理的安排。

仓配中心布局设计是否合理，将对仓储作业的效率、储存质量、储存成本和仓库盈利目标的实现产生实质的影响。

1. 影响仓库平面布局的因素

（1）仓库的专业化程度。仓库的专业化程度主要与库存物品的种类有关，库存物品种类越多，仓库的专业化程度越低，仓库平面布局的难度越大；反之难度越小。由于储存物品种类多，各种物品的理化性质就会有所不同，所要求的储存保管保养方法及装卸搬运方法也将有所不同，因此，在进行平面布局时，必须考虑不同的作业要求。

（2）仓库的规模和功能。仓储的规模越大、功能越多，则需要的设施设备就越多，设施设备之间的配套衔接便成了平面布局中的重要问题，增加了布置的难度；反之则简单易行。

2. 仓库平面布局的要求

一个仓库通常由生产作业区、辅助生产区和行政生活区三大部分组成。

（1）生产作业区。它是仓库的主体部分，是商品储运活动的场所，主要包括储货区、铁路专运线、道路、装卸台等。

（2）辅助生产区。它是为商品储运保管工作服务的辅助车间或服务站，包括车库、变电室、油库、维修车间等。

（3）行政生活区。它是仓库行政管理机构办公场所和员工休憩生活区域。一般设在仓库入口附近，便于业务接洽和管理。行政生活区与生产作业区应分开，并保持一定距离，以保证仓库的安全及行政办公和居民生活的安静。

3. 仓库总体平面布局应考虑的因素

（1）仓库平面布局要适应仓配作业过程的要求，有利于仓配作业的顺利进行。

（2）仓库平面布局要有利于提高仓配经济效益，要因地制宜。

（3）仓库平面布局要有利于保证安全和职工健康。

（4）每个仓库都应根据效率最大化和生产最大化的原则进行布局和设计。

4. 仓配中心布局合理化应考虑的因素

（1）提高储存密度，提高仓容利用率。

（2）采用有效的存储定位系统。

（3）采用有效的检测清点方式。

（4）采用现代存储保养技术，利用现代化技术是存储合理化的重要方式。

（5）采用集装箱、集装袋、托盘等运储装备一体化的方式。

5.2.3　仓配中心内部布局

仓配中心内部布局主要是仓库的平面（单层）布局和空间布局。仓配中心内部布局是对保管场所内的货垛（架）、通道、垛（架）间距、收发货区等进行合理规划，并正确处理它们的相对位置。

1. 平面（单层）仓库平面布局的原则

重、大件物品，周转量大和出入库频繁的物品，要靠近出入口布置，以缩短搬运距离，提高出入库效率；易燃的物品，应尽量靠外面布置，以便管理；要考虑充分利用面积和空间，使布置紧凑；有吊车的仓库，汽车入库的运输通道最好布置在仓库的横向方向，以减少辅助面积，提高面积利用率；仓库内部主要运输通道，一般采用双行道；仓库出入口附近，一般应留有收发服务业用的面积；仓库内设置管理室及生活间时，应该用墙或隔离板将其与库房隔开，其位置应靠近道路一侧的入口处。

2. 空间多层仓库内部布局的原则

多层仓库平面布置除必须符合单层仓库布置原则要求外，还必须满足下列要求。

（1）多层仓库占地面积、防火隔间面积、层数，根据储存物品类别和建筑耐火等级遵照现行建筑设计防火规范来确定。

（2）多层库房占地面积小于 300 平方米时，可设一个疏散楼梯；面积大于 100 平方米的可设置一个防火隔间。

（3）多层仓库建筑高度超过 24 米时，应按高层库房处理。

（4）多层仓库存放物品时应遵守上轻下重原则，周转快的物品分布在低层。

（5）当设地下室时，地下室净空高度不宜小于 2.2 米。

（6）楼板载荷控制在 2 吨/平方米左右为宜。

5.2.4　仓配中心仓库内部货位布置

货位布置的基本思路是，根据货物特性分区分类储存，将特性相近的货物集中存放；注意将单位体积大、单位重量大的货物存放在货架底层，并且靠近出库区和通道；要将周转率高的货物存放在进出库装卸搬运较便捷的位置；将同一供应商或者同一客户的货物集中存放，以便于进行分拣配货作业。当仓库作业过程中出现了某种货物物流量大、搬运距离又远的情况时，则说明仓库的货位布局有错误。

1. 货位布置的目的

货位布置的目的包括提高仓库内部平面和空间利用率，提高物品保管质量，方便进出库作业，从而降低物品的仓储处置成本。

2. 编制货位图

（1）按照库场可用于堆放货物的位置划分货位，货位布置紧凑，充分利用容积。

（2）根据仓库和堆场的地面形状、建筑结构和库场规划中预计堆存的货物的性质，大小合理地划分货位。

（3）货位编号要有规律性，要对货位进行标注和画线标明、设置标志。

（4）设计合理并留出通道位置，货垛之间按要求留出间隙，留出墙距等各种间距。

（5）进出货方便，便于机械操作，场内搬运距离最短。

（6）由于堆场货位大多数都建成平台货位，要考虑到作业机械的作业位置和作业能力，确定货位的形状和尺度。

5.3　仓配中心的分类与设备

《中华人民共和国国家标准物流术语》（GB/T 18354—2006）中规定：配送中心是从事配送业务且具有完善信息网络的场所或组织，应基本符合下列要求：①主要为特定客户或末端客户提供服务；②配送功能健全；③辐射范围小；④多品种、小批量、多批次、短周期。仓配中心设置标准也要按照配送中心标准执行，并针对服务对象、外围环境、功能预留等做相应调整。

知识 5-1　顺丰速运青岛仓配中心入驻华骏物流园

继顺丰速运青岛分拨中心 2016 年 10 月入驻华骏物流园，2016 年 11 月，顺丰速运青岛仓配中心入驻华骏物流园，使用 S4 仓库，为华为、联想等客户提供综合物流服务。据悉，顺丰仓配板块"依托自身强大的仓储和运输网络资源，为客户提供一站式的供应链物流服务"。目前顺丰在全国有 83 个仓配中心，在服装、通信、食品冷链等多个行业为 100 余家大客户提供服务。此次与华骏物流园合作，将依托园区良好的区位优势、完善的配套设施，打造可持续发展的综合物流基地，为更多的客户提供更好的服务。

资料来源：南方网，http://it.southcn.com/9/2016-12/12/content_161503275.htm。作者有删改。

5.3.1　仓配中心的分类

仓配中心是一种新兴的经营管理形态，在服务内容上与传统配送相互区别，但在形式上具有趋同性，具有满足多量少样多频的市场需求及降低流通成本的作用。根据不同的划分标准，仓配中心的分类如图 5-2 所示。

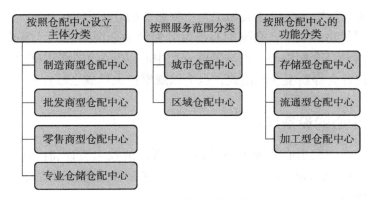

图 5-2　仓配中心的分类

1. 按照仓配中心设立主体分类

根据仓配中心设立主体的不同，仓配中心可以分为制造商型仓配中心、批发商型仓配中心、零售商型仓配中心与专业仓配中心。

（1）制造商型仓配中心以制造商为主体，存储的所有商品全部由自己生产制造，不具备社会化的要求。

（2）批发商型仓配中心是以批发商和代理商为主体，存储的货物来自各个制造商，它所进行的一项重要活动就是对货物进行汇总和再销售，社会化程度较高。

（3）零售商型仓配中心以零售业为主体，当零售商发展到一定规模后，就可以考虑建立自己的配送中心，其社会化程度介于前两者之间。

（4）专业仓配中心是以第三方物流企业为主体的仓配中心，存储的货物仍属于制造商或供应商，只是负责提供仓储管理和配送服务，配送运输能力强，地理位置优越，现代化程度也往往较高。

2. 按照服务范围分类

根据仓配中心的服务范围不同，配送中心可以分为城市仓配中心与区域仓配中心。

（1）城市仓配中心以城市中心点周边 60 公里半径为配送范围，由于运输距离短，反应能力强，因而从事多品种、少批量、多用户的配送较有优势。

（2）区域仓配中心是以较强的辐射能力和库存准备，向省际、全国乃至国际范围的用户配送的配送中心，虽然也从事零星的配送，但不是主要形式。

3. 按照仓配中心的功能分类

根据仓配中心的功能不同，配送中心可以分为存储型仓配中心、流通型仓配中心与加工型仓配中心。

（1）存储型仓配中心是以存储为主要业务，有很强的储存功能。我国目前建设的仓配中心，大多为存储型仓配中心，库存量较大。

（2）流通型仓配中心是仅以暂存或随进随出的方式进行配货和送货的仓配中心，没有长期的存储功能。

（3）加工型仓配中心是以流通加工为主要业务的仓配中心。

另外，根据货物的属性，仓配中心还可分为食品仓配中心、日用品仓配中心、家电仓配中心、医药品仓配中心、汽车零件仓配中心以及生鲜处理中心等。

海外仓、前置仓等新型仓配模式，也会因规模扩大形成区域性仓配中心。

5.3.2　仓配中心的设备规划

设备规划是指仓配中心业务中使用和管理所需的技术装置和机具，主要分为装卸搬运设备、包装机械、仓储设备、分拣设备、配送运输设备、智能设备。

1. 装卸搬运设备

装卸搬运设备是用来搬移、升降和短距离输送货物或物料的设备。它是物流系统中使用频度最大、数量最多的一类设备，是仓配中心设备的重要组成部分，对提高仓配中心自动化水平、减轻劳动强度、提高工作效率具有重要作用。目前，仓配中心中常用的装卸搬运设备主要有叉车、堆高机、笼车、各种输送机和智能化装卸搬运设备等。

2. 包装机械

包装机械包括主要包装机械和辅助包装机械。完成裹包、充填等包装工序的包装机械称为主要包装机械；完成洗涤、烘干、检测、盖印、计量和堆垛工作的包装机械称为辅助包装机械。

3. 仓储设备

仓储设备是用来保护并存放货物的设备，主要包括货架、托盘等。货架是由支架、隔板或托架组成的立体储存货物的设施。一般来讲，货架分为托盘货架、阁楼式货架、悬挂式货架、后推式货架、重力式货架、驶入驶出式货架、旋转式货架以及智能化货架。

目前，货架编码一般采用7位编码方式。第1位为英文字母，表示存储区域的顺序号，如A表示立体货架区；第2、3位为阿拉伯数字，表示货架排顺序号；第4、5

位为阿拉伯数字，表示货架列顺序号；第 6、7 位为阿拉伯数字，表示货架层顺序号。货架编码规则示例如图 5-3 所示。

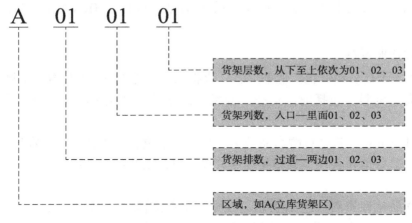

图 5-3 货架编码规则

4. 分拣设备

分拣是指将货物按品种、出入库先后顺序进行分门别类堆放的作业。按分拣的手段不同，分拣可以分为人工分拣、机械分拣和自动分拣。在分拣系统中，分拣机是最主要的设备，由于分拣对象在外形、尺寸、重量等方面差别很大，因此分拣机种类很多，主要有横向推动式分拣机、升降推出式分拣机、倾斜式分拣机、直落式分拣机、悬吊式分拣机和滑块式分拣机。

5. 配送运输设备

配送运输设备是用来短距离运送货物的设备。目前，配送运输设备主要包括厢式汽车、集装箱牵引车与挂车、半挂牵引车与半挂车，也包括无人驾驶的区内外运输设备等。

6. 智能设备

智能设备主要包括虚拟技术设备、无线网络技术设备、电子网络技术设备、商业智能技术设备。

5.4 EIQ 规划分析

EIQ 规划分析就是利用"E""I""Q"这三个物流关键要素，针对仓配中心的需求特性，为仓配中心提供规划依据。该理论由日本铃木震先生提出并积极推广。其中，E 是指"Entry"（客户订单），I 是指"Item"（商品的品项），Q 是指"Quantity"（商品的出货量）。该分析是从客户订单、商品的品项、商品的出货量等方面出发，进行配送特性和出货特性的分析。

5.4.1　EIQ 规划分析的基础资料

EIQ 规划分析的分析项目主要有 EN（每张订单的订货品项数量分析）、EQ（每张订单的订货数量分析）、IQ（每个单品的订货数量分析）、IK（每个单品的订货次数分析）。

1. 现行作业资料

（1）基本营运资料，包括业务形态、营业范围、营业额、人员数、车辆数等。

（2）商品资料，包括商品形态、分类、品项数、供应来源、保管形态（自有/他人）等。

（3）订单资料，包括订购商品种类、数量、单位、订货日期、交货日期、订货厂商等资料，最好能包含一个完整年度的订单资料，以及历年订单以月别或年别分类的统计资料。

（4）物品特性资料，包括物态、气味、温湿度需求、腐蚀变质特性、装填性质等包装特性资料，物品重量、体积、尺寸等包装规格资料，商品储存特性、有效期限等资料。包装规格部分另需区分单品、内包装、外包装单位等可能的包装规格。

（5）销售资料，可依据地区类别、商品类别、渠道通路类别、客户类别及时间类别分别统计销售额资料，并可依据相关产品单位换算为同一计算单位的销货量资料（体积、重量等）。

（6）物流作业流程，包括一般物流作业（进货、储存、拣货、补货、流通加工、出货、运输、配送等）、退货作业、盘点作业、仓储配合作业（移仓调拨、容器回收流通、废弃物回收处理）等作业流程现况。

（7）业务流程与使用单据，包括接单、订单处理、采购、拣货、出货、配派车等作业及相关单据流程，以及其他进销库存管理、应收与应付账款系统等作业。

（8）厂房设施资料，包括厂房仓库使用来源、厂房大小与布置形式、地理环境与交通状况、使用设备主要规格、产能与数量等资料。

（9）人力与作业工时资料，包括人力组织构架、各作业区使用人数、工作时数、作业时间与时间顺序分布。

（10）物料搬运资料，包括进出货及在库的搬运单位，车辆进出货频率与数量，进出货车辆类型与时段等。

（11）供货厂商资料，包括供货厂商类型、供货厂商规模及特性、供货家数及分布、送货时段、接货地需求等。

（12）配送据点与分布，包括配送通路类型，配送据点的规模、特性及分布，卸货地状况，交通状况，收货时段，特殊配送需求等。

2. 未来需求资料

（1）企业战略与中长期发展规划，即考虑所服务企业的历史背景、文化、未来发展战略与中长期发展规划、外部环境变化及政府政策调整变化等因素的影响。

（2）商品未来需求预测，即根据目前所服务企业的商品市场成长率及所服务企业的未来商品发展战略，预估未来物流配送市场发展趋势。

（3）品项数量的变动趋势，即分析所服务企业在商品种类上可能发生的变化及未来的变化趋势。

（4）可使用的场址与面积，即分析是否可利用现有场地或有无发展的空间。

（5）业务范围的发展，即分析物流配送中心服务范围，是否需包含服务企业的经营项目范围，有无新的经营项目或新的企业单位加入。

（6）物流作业功能的发展，即分析物流配送中心是否需考虑未来物流功能的增加，如流通加工、包装、储位出租等，以及是否需配合商流与物流通路拓展等目标。

（7）预算的可行性与物流模式的变化，即预先估计可行的资金预算额度范围及可能的资金来源，必要时必须考虑独资、合资、部分出租或与其他经营者合作的可能性，也可考虑建立物流联盟或开展共同配送等物流营运模式。

（8）时程限制，即预计物流配送中心营运年度，并考虑是否以分年、分阶段方式落实计划的可行性。

（9）估计未来的工作时数与人力需求，即估计未来的工作时数、作业班次及人力组成，包括正式、临时及外包等不同性质的人力编制。

（10）未来扩充的需求，即根据格局市场需求的变化，及时调整规划的内容，以保证适应业务发展的客观需要。

5.4.2 EIQ 分析的作用

EIQ 分析可以应用于物流（仓配）中心的布置规划、物流设备的选择、批量拣货、商品贩卖情报、商品的营销预测及拣货作业人力的安排。EIQ 分析对物流（仓配）中心规划的作用可以概括为以下几点。

1. 可以了解物流特性

利用 EIQ 加以分析之后，可归纳出以下特征。

（1）订单内容。订单上的内容，即客户订购何种物品、多少数量，这些"种类"及"数量"为物流系统的基本要素。

（2）订货特性。从客户处接收的订单，依客户的不同而具有不同的特性。统计分析这些特性，可得出客户的订货特性。

（3）接单特性。从各个具有"订货特性"的客户而来的订单，加以搜集累积后，即成为一天的接单，长久分析后可看出配送中心的"接单特性"。

（4）物流配送中心特性。除了接单特性外，再加上入库特性、保管特性，即构成物流配送中心特性。

（5）EIQ 特性。将客户订单（E）中的品项（I）、出货量（Q）加以收集，得到一日、一个月、一年中的接单特性，当业务状态稳定时即形成一定的特性，此特性为 EIQ 特性。

2. 得出配合物流系统特性的物流系统模块

尽管物流仓配中心的形态有许多变化，但由于它由许多子系统和模块组成，并按照一定规则运行，因此可以根据以往的数据，使设计更科学合理。物流配送中心的子系统有自动仓储系统、自动拣货系统、自动分货系统；子模块有流动货架、旋转货架、输送机等；系统要素有台车、叉车等。

从 EIQ 分析资料可以得到选择子系统、模块、要素的条件，再依据这些条件，即可选出候选的各个子系统、模块、要素，这样可以节省许多设计时间。

3. 选择物流设备

可以事先建立物流设备选择时所需的条件，只要 EIQ 分析结果符合这些条件，即可得出所需的物流设备。

4. 仿真分析

EIQ 资料为日常物流资料，可用以仿真分析系统所需作业人员数、作业时间。

5. 进行物流系统的基础规划

在规划物流系统时有些重要的事必须先加以确定，如物流仓配中心规模应多大，有多少出货量，有多少入货量。由 EIQ 分析可得出过去（历史）的需求状况，这些数据可以当作假定的需求，将这些数据与阶层式的系统设备条件加以对应，即可得到概略性的系统规格（系统轮廓）。这些方案可能有好几个可供选择，若将入库条件、库存条件、预算金额、建筑法规等约束条件列入考虑因素，即可进一步将系统的轮廓细致化，最后确定的物流系统的设备规格也可依据实际的情况加以展开。整个系统的规划概念如图 5-4 所示。

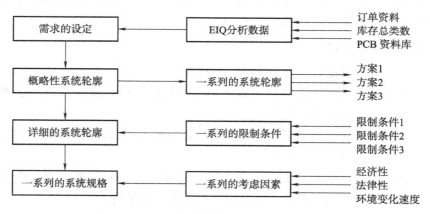

图 5-4　由 EIQ 分析进行物流系统的基础规划

5.4.3　EIQ 分析步骤

EIQ 分析步骤是从资料收集、取样，资料分解与整理到进行统计分析并制作分析图表，以及规划改善应用，整个 EIQ 分析过程如图 5-5 所示。

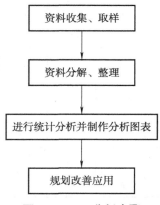

图 5-5　EIQ 分析步骤

1. 资料收集、取样

进行分析之前需先取得 EIQ 资料，以一日、一月或一年的 EIQ 资料进行分析。

要了解物流配送中心实际运作的物流特性，单从一天的资料分析无法进行有效判断并得出结论，但是若需分析一年以上的资料，往往因资料量庞大，分析过程费时费力。如能找出可能的作业周期，则使分析较易进行，因此可将分析资料范围缩至某一月、一年中每月月初第一周或一年中每周的周末等。

但是，一般物流配送中心一天的订单可能有上百张，订货品项可能有上千项，要集中处理这么多资料不是一件容易的事，因此这就需要资料的取样分类。若 EIQ 的资料量过大，不易处理，通常可依据物流配送中心的作业周期性，先取一个周期内的资料加以分析（若物流配送中心作业量有周期性的波动），或取一个星期的资料加以分析。若有必要，再进行更详细的资料分析。

同时也可根据商品特性或客户特性将订单资料分成数个群组，针对不同的群组分别进行 EIQ 分析；或是以某群组为代表，进行分析后再将结果乘上倍数，以求得全体资料；或是采取抽样方式，分析后再将结果乘上倍数，以求得全体资料。不管采用何种分类和抽样方式进行资料取样，都必须注意所取样的资料是否能反映和代表全体的状态。

2. 资料分解与整理

EIQ 分析就是利用订单 "E"、品项 "I"、数量 "Q" 这三个物流关键要素来研究物流配送中心的需求特性，为物流配送中心提供规划依据。因此物流配送中心规划者获取原始资料以后，应对资料做进一步分解、整理，以作为规划设计之参考依据。同时还应注意考虑 EIQ 资料的时间范围与单位。表 5-2 是以某一工作日为单位的主要订单出货资料分解格式。

表 5-2　EIQ 资料分解格式（单日）

出（订）货订单	出（订）货品项						订单出（订）货数量	订单出（订）货品项数
	I_1	I_2	I_3	I_4	I_5	…		
E_1	Q_{11}	Q_{12}	Q_{13}	Q_{14}	Q_{15}	…	Q_1	N_1
E_2	Q_{21}	Q_{22}	Q_{23}	Q_{24}	Q_{25}	…	Q_2	N_2
E_3	Q_{31}	Q_{32}	Q_{33}	Q_{34}	Q_{35}	…	Q_3	N_3
…								
…								
单品出（订）货量	Q_1	Q_2	Q_3	Q_4	Q_5	…	Q	N
单品出（订）货次数	K_1	K_2	K_3	K_4	K_5	…	—	K

注：（1）Q_1（订单 E_1 的出货量）$= Q_{11} + Q_{12} + Q_{13} + Q_{14} + Q_{15} + \cdots$

（2）Q_1（品项 I_1 的出货量）$= Q_{11} + Q_{21} + Q_{31} + Q_{41} + Q_{51} + \cdots$

（3）N_1（订单 E_1 的出货品项数）＝计数（$Q_{11}, Q_{12}, Q_{13}, Q_{14}, Q_{15}, \cdots$）$> 0$ 者

（4）K_1（品项 I_1 的出货次数）＝计数（$Q_{11}, Q_{21}, Q_{31}, Q_{41}, Q_{51}, \cdots$）$> 0$ 者

（5）N（所有订单的出货总品项数）＝计数（$N_1, N_2, N_3, N_4, N_5, \cdots$）$> 0$ 者

（6）K（所有产品的总出货次数）$= K_1 + K_2 + K_3 + K_4 + K_5 + \cdots$

订单出货资料的分解目的是由此展开 EQ、EN、IQ、IK 四个类别的分析。

在资料整理过程中，要注意数量单位的一致性，必须将所有订单品项的出货数量转换成相同的计算单位，否则分析将失去意义，如体积、重量、箱、个或金额等单位。金额的单位与价值功能分析有关，常用于按货物价值进行分区管理的场合。体积与重量等单位则与物流作业有直接密切的关系，影响到整个物流仓配中心的系统规划，因此在资料整理过程中，需再将物品特性资料加入，才可进行单位转换。

上述 EIQ 格式乃针对某一工作日的出货资料进行分析，若分析资料范围为一时间周期内（如一周、一月或一年等），则另需加入时间的参数，即 EIQT 的分析（见表 5-3）。

表 5-3　EIQT 资料分析格式（加入时间范围）

日期	出货订单	出货品项						订单出货数量	订单出货品项数
		I_1	I_2	I_3	I_4	I_5	…		
	E_1	Q_{111}	Q_{121}	Q_{131}	Q_{141}	Q_{151}	…	Q_{11}	N_{11}
	E_2	Q_{211}	Q_{221}	Q_{231}	Q_{241}	Q_{251}	…	Q_{21}	N_{21}
T_1	…								
	单品出货量	Q_{11}	Q_{21}	Q_{31}	Q_{41}	Q_{51}	…	Q_1	N_1
	单品出货次数	K_{11}	K_{21}	K_{31}	K_{41}	K_{51}	…	—	K_1

（续）

日期	出货订单	出货品项						订单出货数量	订单出货品项数
		I_1	I_2	I_3	I_4	I_5	...		
T_2	E_1	Q_{112}	Q_{122}	Q_{132}	Q_{142}	Q_{152}	...	Q_{12}	N_{12}
	E_2	Q_{212}	Q_{222}	Q_{232}	Q_{242}	Q_{252}	...	Q_{22}	N_{22}
	...								
	单品出货量	Q_{12}	Q_{22}	Q_{32}	Q_{42}	Q_{52}	...	Q_2	N_2
	单品出货次数	K_{12}	K_{22}	K_{32}	K_{42}	K_{52}	...	—	K_2
...	...								
合计	单品总出货量	Q_1	Q_2	Q_3	Q_4	Q_5	...	Q	N
	单品出货次数	K_1	K_2	K_3	K_4	K_5	...	—	K

注：（1）Q_1（品项 I_1 的出货量）$= Q_{11} + Q_{12} + Q_{13} + Q_{14} + Q_{15} + \cdots$

（2）Q（所有品项的总出货量）$= Q_1 + Q_2 + Q_3 + Q_4 + Q_5 + \cdots$

（3）K_1（品项 I_1 的出货次数）$= K_{11} + K_{12} + K_{13} + K_{14} + K_{15} + \cdots$

（4）K（所有产品的总出货次数）$= K_1 + K_2 + K_3 + K_4 + K_5 + \cdots$

3. 进行统计分析并制作分析图表

将得到的 EIQ 数据，经分类统计整理后，则可利用统计方法进行 EQ、EN、IQ 及 IK 等分析，EQ、EN、IQ、IK 的主要分析项目及目的如表 5-4 所示。

表 5-4　EQ、EN、IQ、IK 主要分析项目及目的

分析项目	说　明	目　的
订单量（EQ）分析	单张订单出货数量的分析	研究订单对货物搬运作业能力的要求
订货品项数（EN）分析	单张订单出货品项的分析	研究订单对拣选设备及作业能力的要求
品项数量（IQ）分析	每单一品项（SKU）出货总数量的分析	研究出货的拆零比例
品项受订次数（IK）分析	每单一品项（SKU）出货次数的分析	对拣选作业频率的统计，主要决定拣选作业方式和拣选作业区的规划

在进行 EQ、EN、IQ、IK 等分析后，还应将所得出的分析数据加以图表化，这些数据、图表即 EIQ 的资料分析结果。

5.4.4　EIQ 分析使用的统计方法

EIQ 分析以量化分析为主，常用的统计手法包括平均值、最大最小值、总数、柏拉图分析、次数分布、ABC 分析及交叉分析等，以下就柏拉图分析、次数分布、ABC 分析及交叉分析进行说明。

1. 柏拉图分析

在一般物流仓配中心的作业中，如将订单或单品品项出货量经排序后绘图（EQ、IQ

分布图），并将其累计量以曲线表示出来，即为柏拉图分析。此为数量分析时最基本的绘图分析工具，如图5-6所示。只要可表示成项与量关系的资料，均可用柏拉图方式描述。

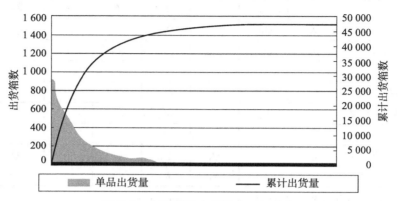

图 5-6　产品类别出货量（EQ）分布

2. 次数分布

若想进一步了解产品类别出货量的分布情形，可将出货量范围做适当的分组，并计算各产品出货量出现于各分组范围内的次数，如图5-7所示。

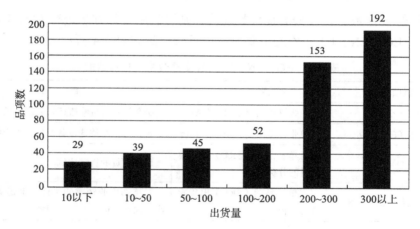

图 5-7　出货量的品项次数（IQ）分布

由图5-7可知，次数分布图的分布趋势与资料分组的范围有密切关系，在适当的分组之下，可得到进一步有用的信息，并可找出数量分布的趋势及主要分布范围。但是在资料分组的过程中，仍有赖于规划分析者的专业素养与对资料认知的敏感性，以快速找出分组的范围。

3. ABC 分析

在制作 EQ、IQ、EN、IK 等统计分布图时，除由次数分布图找出分布趋势外，还可进一步由 ABC 分析法将一特定百分比内的主要订单或产品找出，以做进一步的分析及重点管理（见图5-8）。通常先以出货量排序，以占前 20% 及 50% 的订单件数（或品项数），计算所占出货量的百分比，并作为重点分类的依据。如果出货量集中在少数订单（或产品），则可针对此产品组（少数的品项数但占有重要出货比例）做进一步的分析及规划，以达事半功倍之效。相对的出货量很少而产品种类很多的产品组群，在规划过程中可先不考虑或以分类分区规划方式处理，以简化系统的复杂度，并提高规划的可行性及设备的利用率。

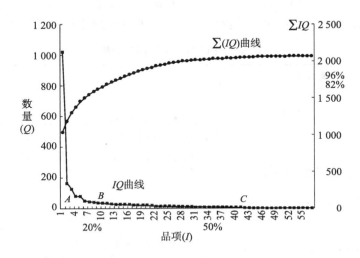

图 5-8　品项数量（IQ）分析

4. 交叉分析

在进行 EQ、IQ、EN、IK 等 ABC 分析后，除可就订单资料个别分析外，亦可以就其 ABC 的分类进行组合式的交叉分析，以找出有用的分析信息（见图 5-9）。其分析过程先将两组分析资料经 ABC 分类后分为 3 个等级，经由交叉汇编后，产生 3×3 的 9 组资料分类，再逐一就各资料分类进行分析探讨，找出分组资料中的意义及其代表的产品族群。

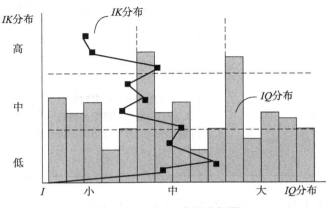

图 5-9　IQ 及 IK 交叉分析图

5.4.5　EIQ 图表数据判读与分析

EIQ 图表分析是订单资料分析过程中最重要的步骤，通常需对各个分析图表进行认真分析，并配合交叉分析及其他相关资料做出综合判断的结论。

1. 订单数量（EQ）分析

EQ 分析主要是了解单张订单订购量的分布情形，决定订单处理的原则，以对拣货系统进行规划。EQ 分析通常以单一营业日为主，各种 EQ 分布图的类型分析如表 5-5 所示。

表 5-5　EQ 分布图的类型分析

EQ 分布图类型	分　析	应　用
	为一般配送中心常见模式，由于订单数量分布呈两极化，可利用 ABC 分析做进一步分类	规划时可将订单进行分类，少数而量大的订单可作为重点管理，相关拣货设备的使用也可分级
	大部分订单量相近，仅少部分有特大量及特小量	可以就主要量分布范围进行规划，少数差异较大者可以特例处理，但需注意规范特例处理模式
	订单量分布呈逐次递减趋势，无特别集中于某些订单或范围	系统较难规划，宜采用泛用型的设备，以增加运用的弹性，货位也以容易调者为宜
	订单量分布相近，仅少数订单量较少	可区分成两种类型，部分少量订单可以采用批处理方式或零星拣货方式进行规划
	订单量集中于特定数量而无连续性递减，可能为整数（箱）出货或大型货物的少量出货	可采用较大单元负载单位规划，不考虑零星出货

订单数量（EQ）分析小结：EQ 图形分布，可作为决定储区规划及拣货方式的参考。当订单量分布趋势越明显时，分区规划的原则越易运用，否则应以弹性化较高的

设备为主。当 EQ 量很小的订单数所占比例很高（＞50%）时，应将该类订单另行分类，以提高拣货效率。如果以订单类别拣取则需设立零星拣货区；如果采取批量拣取则需视单日订单数及物性是否具有相似性，综合考虑物品分类的可行性，以决定是否于拣取时分类或于物品拣出后在分货区进行分类。

2. 品项数量（IQ）分析

IQ 分析主要是了解各类产品出货量的分布状况，分析产品的重要程度与运量规模。IQ 分析可用于仓储系统的规划选用、储位空间的估算，并将影响拣货方式及拣货区的规划。各种 IQ 分布图的类型分析如表 5-6 所示。

表 5-6　IQ 分布图的类型分析

IQ 分布图类型	分　　析	应　　用
	为一般配送中心常见模式，由于量分布趋两极化，可利用 ABC 分析做进一步分类	规划时可将产品分类以划分储区方式储存，各类产品储存单位、存货水平可设定不同水平
	大部分产品出货量相近，仅少部分有特大量及特小量	可以同一规格的储存系统及寻址型储位进行规划，少数差异较大者可以特例处理
	各产品出货量分布呈逐次递减趋势，无特别集中于某些订单或范围	系统较难规划，宜规划泛用型的设备，以增加运用的弹性，货位也以容易调者为宜
	各产品出货量相近，仅部分品项出货量较少	可区分成两种类型，部分少量产品可以轻量型储存设备存放
	产品出货量集中于特定数量而无连续递减，可能为整数（箱）出货或为大型对象但出货量较小	可以较大单元负载单位规划，或以重量型储存设备规划，但仍需配合物性加以考虑

3. 订单品项数（EN）分析

EN 分析主要是分析订单类别及订购品项数的分布，对于订单处理的原则及拣货系统的规划有很大的影响，并将影响出货方式及出货区的规划。通常需配合总出货品项数、订单出货品项累计数及总品项数三项指针综合参考。各种 EN 分布图的类型分析如表 5-7 所示。

表 5-7　EN 分布图的类型分布

EN 分布图类型	分　　析	应　　用
	单一订单的出货项数较小，$EN=1$ 的比例很高，总品项数不大，与总出货品项数差距不大	订单出货品项重复率不高，可考虑订单拣取方式作业，或采批量拣取配合边拣边分类作业
	单一订单的出货项数较大，$EN \geqslant 10$，总出货品项数及出货品项累计数均仅占总品项数的小部分，通常为经营品项数很多的物流中心	可以订单别拣取方式作业，但由于拣货区路线可能很长，可以订单分割方式分区拣货再集中，或以接力方式拣取
	单一订单的出货项数较小，$EN=1$ 的比例较高，由于总品项数很多，总出货品项数及出货品项累计数均仅占总品项数的小部分	可以订单别拣取方式作业，并将拣货区分区规划，由于各订单品项少，可将订单以区域类别排序并以分区拣货

（续）

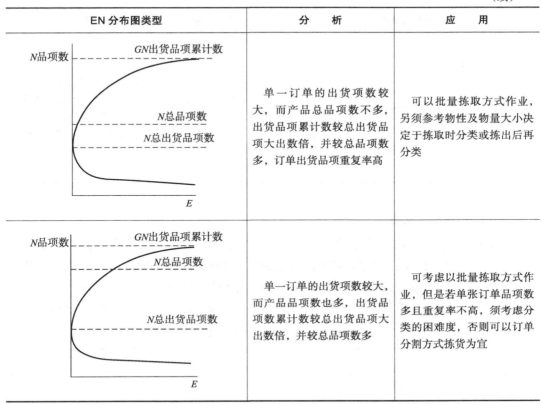

EN 分布图类型	分 析	应 用
	单一订单的出货项数较大，而产品总品项数不多，出货品项累计数较总出货品项大出数倍，并较总品项数多，订单出货品项重复率高	可以批量拣取方式作业，另须参考物性及物量大小决定于拣取时分类或拣出后再分类
	单一订单的出货项数较大，而产品品项数也多，出货品项数累计数较总出货品项大出数倍，并较总品项数多	可考虑以批量拣取方式作业，但是若单张订单品项数多且重复率不高，须考虑分类的困难度，否则可以订单分割方式拣货为宜

4. 品项受订次数（IK）分析

IK 分析主要是分析产品类别出货次数的分布，对于了解产品类别的出货频率有很大的帮助，主要功能可配合 IQ 分析决定仓储与拣货系统的选择。另外，当储存、拣货方式已决定后，有关储区的划分及储位配置，均可利用 IK 分析的结果作为规划参考的依据。基本上仍以 ABC 分析为主，从而决定储位配置的原则，IK 分布图的类型分析如表 5-8 所示。

表 5-8 IK 分布图的类型分布

IK 分布图类型	分 析	应 用
	为一般物流中心常见模式，由于量分布趋两极化，可利用 ABC 分析做进一步分类	规划时可依产品分类划分储区及储位配置，A 类可接近入、出口或便于作业之位置及楼层，以缩短行走距离，若品项多时可考虑作为订单分割的依据来分别拣货

（续）

IK 分布图类型	分　析	应　用
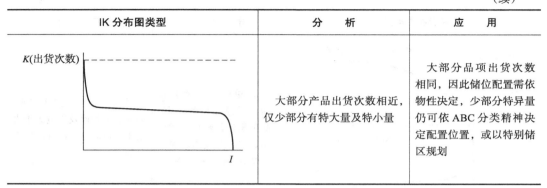	大部分产品出货次数相近，仅少部分有特大量及特小量	大部分品项出货次数相同，因此储位配置需依物性决定，少部分特异量仍可依 ABC 分类精神决定配置位置，或以特别储区规划

5. IQ 及 IK 交叉分析

将 IQ 及 IK 以 ABC 分析分类后，可对拣货策略的决定提供参考的依据。根据交叉分析的分类整理情况，依其品项分布的特性，可将物流中心规划为以订单别拣取或批量拣取的作业形态，或者以分区混合处理方式运作。实际上，拣货策略的决定仍须视品项数与出货量的相对量来作为判断的依据。IQ 及 IK 交叉分析如表 5-9 所示。

表 5-9　IQ 及 IK 交叉分析

IK	IQ		
	高	中	低
高	可采用批量拣货方式，再配合分类作业处理	可采用批量拣货方式，视出货量及品项数是否便于拣取时分类来决定	可采用批量拣货方式，并以拣取时分类方式处理
中	以订单别拣取为宜	以订单类别拣取为宜	以订单类别拣取为宜
低	以订单别拣取为宜，并集中于接近出、入口位置处	以订单类别拣取为宜	以订单类别拣取为宜，可考虑分割为零星拣货区

🌀 本章小结

仓配中心规划是指在进行仓配活动之前，对于仓配中心模式、仓配中心设施、储存空间、信息管理系统等进行决策及设计。

仓配中心规划的主要内容包括：空间规划、尺寸规划、货位管理、通道规划。

仓配中心布局设计需要考虑的因素有：结构类型的选择、设施设备配置、仓配中心面积及参数的确定、确定仓库主体构造、仓库附属设施设备等。

设备规划是指仓配中心业务中使用和管理所需的技术装置和机具，主要分为装卸搬运设备、包装机械、仓储设备、分拣设备、配送运输设备、智能设备。

复习思考题

简答题：

1. 仓配中心总体布局的模式有哪些？
2. 仓库（仓配中心）总体平面布局应考虑的因素有哪些？
3. EIQ 分析的主要内容有哪些？

课内实训

到本校周边的仓配中心体验其模式与特点，并对其业务运营情况做一个总结，画出仓配中心业务流程图。同时，构建一个创新小组，模拟设计一个仓配中心业务架构图。

课外实训

以小组为单位，利用业余时间到周围物流企业做一次调查，对当地的仓配中心情况做市场需求了解，并组织项目小组设计完善仓配中心的解决方案。同时，了解政府在仓配中心方面的相关政策。做出调研 PPT，有照片和文字说明。

案例分析 5-1

中邮云仓发挥仓配一体化优势　成"双 11"邮件"加速器"

截至 2018 年 11 月 15 日，中邮云仓共接收订单 2 000 余万单，同比增长 63%，其中近一半的订单是由枢纽仓发区域内的订单。

为确保广大消费者在"双 11"期间快速收到包裹，中国邮政集团公司寄递事业部依托中邮云仓覆盖全国 356 个城市的 510 万平方米的仓储网络，将重点客户的货品提前布局到全国各分仓。将一点发全国的寄递模式改为枢纽仓发区域内模式，使入仓客户平均仓储配送时限缩短 2 ～ 5 天。2018 年"双 11"，已经有华为、戴尔、惠普等多家世界 500 强企业以及小米、老板电器、三只松鼠、良品铺子、百草味等中国一流品牌商入驻中邮云仓，共计超过 800 个。

"双 11"期间，枢纽仓集合了多家规模客户的订单操作，处理压力较传统单点仓更大，其中，规模最大的华北廊坊枢纽仓接单量达 127 万单，同比增长 26%。面对如此大规模的发单量，早在 3 个月前，中邮云仓就集结团队，精心制订了仓储生产组织预案，以确保"双 11"订单能够及时出库。中邮云仓将团队、资源、培训、后勤当作四大战役，凭借丰富的仓储运营管理经验，充分考虑各方面影响因素，将旺季作业涉及的各项资源保障到位。"双 11"期间，各仓保持 24 小时不间断生产，华为等仓保持了"双 11"订单 24 小时内发运的业内领先运作能力。

中邮云仓极大地发挥了仓配一体化服务的优势，在仓端处理环节就将邮件按照路向集合处理，并跟进运输网络运行情况及时调整邮件的生产计划；仓端直发干线到达目的地进行配送，最大限度地减少中转处理环节。2018 年"双 11"活动开始 3 分钟内，各仓首单就完成出库，当日上午就有大批量邮件送达消费者手中，获得了广泛好评。

资料来源：中国物流与采购网，http://www.chinawuliu.com.cn/zixun/201811/23/336552.shtml。作者有删改。

问题：本案例中，中邮云仓对解决"双 11"期间包裹爆仓有何创新意义？未来在枢纽仓开发方面采取何种举措可以更加有效地完善服务，使中邮云仓极大地发挥仓配一体化服务的优势？

🌀 案例分析 5-2

安徽省邮政局建立仓配一体化综合仓储网络体系

近年来，中国邮政集团公司安徽省分公司坚持科技赋能，加快建立完善全省仓配一体化综合仓储网络体系，积极适应快递物流、农村电商等业务快速发展的需求。安徽邮政智能仓储中心可对接电商 ERP 平台、客户自有系统、邮政业务系统、合肥智能仓控系统等综合信息化平台，主要服务大型电商客户、邮政公司内部物资调拨及其他网络型企业等，打造集系统对接、流程设计、仓储管理、分拣发货、全程跟踪以及异地分仓为一体的邮政智能仓储物流服务体系。

该公司坚持科技赋能，积极把握智能化、信息化、自动化、集中化发展趋势，不断加强企业的精细管理、精确管理、精益管理。2017 年上线省内快递业首套智能分拣系统，该套系统由 1 000 余平方米的钢构平台、10 个供包台、300 个移动机器人（小黄人）及 130 个集包收纳格口组成，设计分拣率达 1.2 万件/小时，主要用于处理 5 千克以下的轻小件包裹，大幅提升了作业效率和分拣质量。

该公司建设以"家邮站"为核心的城市社区服务生态圈，着力构建紧密型客户关系。"家邮站"改投递段为投递圈，延伸投递网络"触角"和"毛细血管"，破解投递"最后一公里"问题。同时，"家邮站"积极配合政府"放管服"，打造社区一体化服务平台，将便民、利民、惠民服务送到家门口，助力政府治理体系和治理能力现代化建设，目前全省已建设运营"家邮站"1 088 处。

资料来源：中国物流与采购网，http://www.chinawuliu.com.cn/zixun/201812/29/337567.shtml。作者有删改。

问题：安徽邮政智能仓储中心的主要功能是什么？科技赋能给智能仓储中心带来哪些全新的变化？以"家邮站"为核心的城市社区服务生态圈对物流相关业务开展有何启示？

Chapter6 · 第 6 章

仓配一体化业务流程

学习目标

1. 熟悉仓配一体化的主要业务功能，掌握仓配一体化业务的流程。
2. 熟悉仓配一体化业务工作环境与条件，熟悉仓配一体化业务的信息系统及软硬件技术，了解仓配一体化业务创新模式。
3. 了解我国仓配一体化业务流程再造的现状、改进的方向和措施以及发展趋势。

导引案例

顺丰试点"迷你仓"业务 将发力同城物流市场

2018 年，顺丰上线"迷你仓"业务，该业务属于顺丰即可达业务，主要是为了进一步提升同城物流配送速度。据了解，目前迷你仓业务只能在公众号上进行下单，且只在北京地区进行小范围测试。

迷你仓公众号的认证主体是顺丰医药供应链管理（北京）有限公司，其经营范围包括货物专用运输（冷藏保鲜）、航空国际货物运输代理、仓储服务等。顺丰一直致力于多元化布局，无论是大型物件还是生鲜、餐饮外卖等都进行全方位配送。同时顺丰也打算在此基础上不断提升配送速度，给用户提供更好的服务。

事实上，目前物流业的竞争归根到底是服务范围和配送速度的竞争。此次顺丰上线迷你仓亦是如此，除了可以通过微信下单，实时查看交易记录，且租仓费用远低于租房成本外，还可以通过依托强大的物流、科技、网店覆盖优势，启动顺丰智能化高时效配送网，为客户提供仓配一体化、高时效的优质服务。

据悉，由于迷你仓颇具优势，近三年迷你仓市场规模扩大了 3 倍，年复合增长率超过 70%。而近两年，顺丰也一直致力于尝试各种跟同城配送相关的信息业务。2018 年 7 月，顺丰上线了同城急送，到 9 月还和搬运帮合作了同城货运业务，看来势必要在同城物流方面分一杯羹。

说到同城货运业务，目前在物流行业最具竞争力的当属京东同城快递配送业务。在京东下单基本上能够保证次日送达，配送时间非常快，这主要归功于京东的物流运输与仓储体系。

2018年5月，京东与西安国家民用航天产业基地签订京东全球物流总部、京东无人系统产业中心、京东云运营中心合作协议，将在五年内打造该集团全国最大的综合性智慧物流产业基地。

作为快递领域的老大哥，顺丰的物流体系自然不容忽视，无论是大型物流无人机的不断研发，还是如今上线的迷你仓，都是顺丰在物流方面的进一步探索与发力。

资料来源：非常在线，https://www.veryol.com/article/220903.html。作者有删改。

6.1　仓配一体化功能概述

仓配一体化解决方案是专门为提供仓储与配送一体化服务的物流企业制订的全面信息化解决方案，利用互联网和物联网技术，对仓储与配送实现协同管控，有效提高物流的规范化、透明化、安全化运营效率。

仓配一体化本质上就是仓储服务＋配送服务＋技术支持＋售后服务＋增值服务组合在一起的一站式物流服务。随着越来越多的企业布局仓配一体化，在提高客户体验方面考虑较多，尤其是第三方仓配企业要充分了解客户体验的感知，通过快速准确的发货服务，提升仓库作业效率，满足客户的仓储服务需求。

6.1.1　仓配中心的功能

仓配中心与传统的配送中心相比，可以减少交易次数和流通环节，产生规模效益，减少客户库存，提高库存保障水平，有利于与供应链上下游企业建立紧密的合作关系，通过快速有效的信息反馈，控制货物质量。

仓配中心一方面集成了物流和商流活动，是商物合一；另一方面由于仓配中心集成了物流活动的所有功能，所以可以看作物流活动的缩影。仓配中心具体有以下几个功能。

1. 备货功能

备货是配送的准备工作和基础工作，包括筹集货源、订货或购货、集货、进货及有关的质量、数量检查、结算、交接等。

2. 储存功能

仓配中的储存有储备及暂存两种形态。配送储备，储备数量较大，储存更有计划性。暂存，是具体执行日配送时，按分拣配货要求，在理货场地所做的少量储存准备。

3. 分拣和拣选功能

分拣是将货物按品种、出入库先后顺序进行分门别类堆放的作业。拣选是按订单或出库单的要求，从储存场所选出货物，并放置在指定地点的作业。

4. 配货功能

配货是使用各种拣选设备和传输装置，将存放的货物按客户要求分拣出来，配备齐全，并送入指定发货地点。

5. 配装功能

在单个客户订单配送数量不能达到车辆的有效载重量时，就存在如何集中不同客户的配送货物，进行搭配装载以充分利用运能的问题，此时就需要配装。

6. 配送运输功能

配送运输是较短距离、较小规模、额度较高的运输形式。由于配送客户多，城市交通路网又较复杂，所以如何组合成最佳路线，以及如何使配装和路线有效搭配，就成为难度较大的工作。

7. 送达服务

将货物准时、高效地送达到客户指定地点时要处理好货物的移交，办理好相关手续并完成结算，同时还需讲究卸货地点、卸货方式等。送达服务也是配送独具的特殊业务。

8. 配送加工

在配送中，配送加工这一功能要素不具有普遍性，却是具有重要作用的功能要素。通过配送加工，可以提高客户的满意程度。

9. 技术支持

技术支持分售前技术支持和售后技术支持。售前技术支持是指在销售遇到无法解答的产品问题时，售前技术支持给予帮助；售后技术支持是指产品公司为其产品用户提供的售后服务的一种形式，帮助用户诊断并解决其在使用产品过程中出现的有明显症状的，可能由产品导致的技术问题。

10. 售后服务

售后服务，就是在商品出售以后所提供的各种服务活动。从推销工作来看，售后服务本身同时也是一种促销手段。在追踪跟进阶段，推销人员要采取各种形式的配合步骤，通过售后服务来提高企业的信誉，扩大产品的市场占有率，提高推销工作的效率及收益。

11. 增值服务

增值服务是指根据客户需要，为客户提供的超出常规服务范围的服务，或者采用超出常规的服务方法提供的服务。我国物流协会对增值物流的定义为"在完成物流基本功能基础上，根据客户需求提供的各种延伸业务活动"。在新零售行业以及跨境电商行业，前置仓和海外仓的第三方物流提供商提供的服务内容已经突破传统物流服务内容，其外延在逐渐扩大，与国际贸易、市场营销等领域相互重叠、相互融合。

知识 6-1　京东"冷链城配"上线，已覆盖北上广等 10 城

继 2017 年 12 月底冷链卡班产品上线后，京东冷链于 2018 年 3 月 1 日再度上线 B2B 又一重磅产品——冷链城配。这标志着京东冷链正式入局冷链城配市场，也意味着京东冷链 F2B2C 核心骨干网络搭建完成。

冷链城配是京东冷链为商家提供一体化、多场景的同城冷链运输服务，以拼车共配或整车专送的模式，满足客户点到点、点到多点的冷链运输需求。产品一期覆盖北京、上海、广州、成都、武汉、西安、沈阳、郑州、杭州、南京共 10 个城市，后续将随着业务开展逐步拓展更多城市。据相关数据显示，2018 年我国冷链物流需求总量达到 1.8 亿吨，冷链物流市场规模为 3 035 亿元。京东冷链推出的冷链城配产品，最大特点就是网络化、一体化、个性化与可视化。借助京东冷链仓储网络及冷链卡班构成的 B2B 核心骨干网络，冷链城配一方面可以支持多城入仓，解决商家全国业务需求，并可以通过智能补货、仓间调拨，实现多城库存共享；另一方面还可以整合供应链上下游资源，打造基于共配的标准服务产品，实现最少 1 件可送货。

在运营模式上，京东冷链为商家提供同城仓配或纯配的运输服务，同时提供保价、签单返还、专属包装、分选加工、上门提货等多种增值服务，满足客户点到点、点到多点等个性化冷链运输需求。此外，冷链城配产品还依托京东冷链行业领先的订单管理系统与智能温度监控平台，实现订单全流程在线可视，确保全程温度可控、品质可控。

资料来源：快科技新闻中心，http://news.mydrivers.com/1/617/617706.htm。作者有删改。

6.1.2　仓配一体化流程优势

仓配企业中目前比较成熟的大多数以电商自建物流为主，以服务自身电商平台为根本，而向网络快递拓展市场空间有限，其余第三方仓配企业市场较为分散。目前仓配物流企业规模较大的是京东物流、唯品会自营的品骏物流、天猫超市合作伙伴心怡科技等，这部分仓配企业依托自身电商平台，迅速做大规模，虽然京东与唯品会均已将物流板块独立，向社会开放，但是由于传统快递企业深耕市场多年，网络快递市场相对集中，因此后进入者的市场空间有限。第三方落地配市场行业门槛相对不高，已经初步形成社会化外包格局，小规模的仓储企业进入门槛不高，但规模增大后复杂度增加，目前市场格局较为分散。仓配一体化公司一般都有专业的管理团队、健全的管理体系和管理制度，一对一制定完善的仓储作业流程，同时可以为客户提供专业的物流解决方案，流程设计伴随商业模式创新与电商物流融合程度产生诸多变化。仓配一体化流程为以电商为代表的企业带来的价值如下：

（1）物流仓配一体化节省电商仓储成本以及运输的成本，有效提高存货周转率，改善客户体验。

（2）统一运往中心仓配，能减少揽件成本以及运输费用。

（3）实现仓储成本的规模经济，达到资源统一整合，管理高度一致，实现资源的

集中控制。

（4）有利于加速电商企业的商品周转，减少自身店铺的库存，从而降低经营风险。

（5）仓储公司的整体规划水平，仓库行业标准以及仓库设备齐全度，货运物流优秀人才能够有效解决爆仓问题。

6.2　仓配一体化业务流程

流程是功能的具体体现，也是功能的进一步细化。仓配一体化流程是建立在仓配功能的基础上的，在流程运作中，应当时刻关注其功能实现的程度和价值呈现程度。

物流仓配一体化流程主要包括集装出库作业、入库作业、拣货包装、配送、售后处理等环节。

6.2.1　集装出库作业

集装出库作业包括备货功能、常规的入库、出库、库内移动、定期盘点等。这些功能实现，可以满足客户对货物收发和保管的要求，客户只要每天可以看到入库多少、出库多少，还有多少库存，库存准确率是多少，就是达到服务标准。

1. 货物出库的依据

货物出库首先要根据货主开的"货物调拨通知单"进行，无论在何种情况下，配送中心都不得擅自动用、变相动用或外借货主的库存货物。"货物调拨通知单"的格式不尽相同，不论采用何种形式，都必须是符合财务制度要求的有法律效力的凭证，杜绝凭信誉或无正式手续的发货。

2. 货物出库的要求

货物出库要求做到"三不、三核、五检查"。"三不"，即未接单据不翻账，未经审核不备货，未经复核不出库；"三核"，即发货时要核实凭证、核对账卡、核对实物；"五检查"，即对单据和实物要进行品名检查、规格检查、包装检查、件数检查、重量检查。具体来说，货物出库要严格执行各项规章制度，杜绝差错事故，以提高服务质量，让客户满意。

3. 货物出库的方式

（1）送货。仓库根据货主单位的出库通知或出库请求，通过发货作业把应发物品交由运输部门送达收货单位或使用仓库自有车辆把物品运送到收货地点的发货形式，就是通常所称的送货制。

仓库实行送货具有多方面的好处：仓库可预先安排作业，缩短发货时间；收货单位可避免由人力、车辆等不便而造成的取货困难；在运输上，可合理使用运输工具，减少运费。

（2）收货人自提。这种发货形式是由收货人或其代理持取货凭证直接到库取货，仓库凭单发货。仓库发货人与提货人可以在仓库现场划清交接责任，当面交接并办理签收手续。

（3）过户。过户是一种就地物权划拨的形式，物品实物并未出库，但是所有权已从原货主转移到新货主的账户中。仓库必须根据原货主开出的正式过户凭证，才予办理过户手续。

（4）取样。货主由于商检或样品陈列等需要，到仓库提取货样，通常要开箱拆包、分割抽取样本。仓库必须根据正式取样凭证发出样品，并做好账务记载。

（5）转仓。转仓是指货主为了业务方便或改变储存条件，将某批库存自甲库转移到乙库。仓库也必须根据货主单位开出的正式转仓单办理转仓手续。

4. 货物出库的流程

出库作业需要遵循"先进先出、推陈储新"的原则，使得仓储活动的管理实现良性循环。根据货物在库内的流向，或出库单的流转构成各业务环节的衔接，不论采用哪种出库方式，都应按照如图 6-1 所示的流程做好管理工作。

图 6-1　货物出库流程

（1）拣货。拣货员必须认真核对出库单和拣货单，首先要审核单据的真实性，然后核对货物的品名、型号、规格、单价数量、收货单位等，再次审核出库单的有效期等。审核单据之后，按照单证所列项目开始拣货工作，拣货时应本着"先进先出、易霉易坏先出、接近有效期先出"原则，拣货完毕后要及时变动物料卡余额数量，填写实发数量和日期。

（2）打包。拣货的货物如果是单件货物，就需要复核员将周转箱里的单件货物放到包装箱进行打包。

（3）复核。为防止差错，备货后应立即进行复核。

（4）集货。将复核后的货物交接给配送员，办理交接手续时，当面将货物点交清楚。交清后，提货人员应在出库凭证上签章。

（5）配送。配送人员将出库客户的货物按照规定的时间送到指定的地点。

5. 货物复核作业

（1）复核作业的方式。出库货物在出库过程中应反复核对，以保证出库货物的数量准确、质量完好，从而避免出库差错。复核的方式主要有以下几种。

1）个人复核。个人复核即由同一个拣货员完成拣货、复核工作，并对所拣货物的数量、质量负全部责任。

2）相互复核。相互复核又称交叉复核，即两名拣货员对对方所拣货物进行照单复核，复核后应在对方出库单上签名，与对方共同承担责任。

3）专职复核。专职复核即按照责任落实的要求，由仓库设置的专职复核员进行复核。

4）环环复核。环环复核即发货过程的各环节，如查账、交货、检斤、开出门证、出库验放、销账等各环节，对所拣货物的反复核对。

整个出库过程要进行三次检查，分别是拣货、拣完货后可以进行二次清点及复核员在出库前用不同的人、不同的方法再次清点。三次检查基本保证了出库的准确性，可能会影响出库的效率，但降低了差错率，提高了配送中心的信誉。

（2）复核作业的内容。按出库凭证上的内容逐项核对，主要包括：品名、规格、数量、文件资料、证件及包装是否符合运输安全要求。经复核不符合要求的货物应停止发货，对不符的情况应及时查明原因。

（3）复核过程中出现的问题及应对措施。

1）出库凭证（提货单）上的问题。若发现出库凭证（提货单）超过提货期限，出库凭证发现有假冒、复制、涂改等情况，客户因各种原因将出库凭证遗失等情况时，应及时与仓库部门联系，妥善处理，缓期发货。

2）提货数与实存数不符。若出现提货数量与货物实存数不符的情况，无论是何种原因造成的，都需要和仓库主管部门取得联系，核对后再做处理。

3）串发货和错发货。若出现串发货和错发货的情况，应该立即组织人力，重新发货。

4）包装破漏。在发货过程中，遇到货物外包装破损引起的渗漏等问题，都应该经过整理或更换包装，方可出库，否则造成的损失应由仓储部门承担。

6.2.2　货物入库作业

货物入库作业是配送中心仓储作业管理的第一步，也是关键环节，它直接关系到后面的库内、出库作业管理能否顺畅进行。货物入库一般经过入库前的准备、接货、卸货、货物验收、堆码组托、储位分配、上架等环节，仓储部门根据入库计划及时做好入库前的准备，确保货物准确迅速地完成入库作业。

1. 影响入库作业的因素

在进行入库作业组织时，必须搞清楚影响入库作业的主要因素，并对这些因素进行分析。这些因素主要包括以下几个方面。

（1）货品供应商及货物运输方式。仓储企业所涉及的供应商数量、供应商的送货方式、送货时间等因素直接影响到入库作业的组织和计划，因此，在设计进货作业时，主要应掌握五方面的数据：①每天的供货商数量，包括平均数量及高峰数量；②送货的车型及车辆台数；③每台车的平均卸货时间；④货物到达的高峰时间；⑤中转运输接运方式。

（2）货物种类、特性与数量。不同种类的货物具有不同的特性，因此需要不同的作业方式与之配合，另外，到货数量的大小也对组织入库作业产生直接影响，在进行具体分析时，应重点掌握以下数据：①每天平均的到货品种数和最多的到货品种数；②货物单元的尺寸及重量；③货物的包装形态；④货物的保存期限；⑤明确货物的特性是一般性货物还是危险性货物；⑥装卸搬运方式选择。

（3）入库作业的组织管理情况。根据入库作业要求，合理设计作业岗位，确定各岗位所需的设备器材种类及数量，根据作业量大小合理确定各岗位的人员数量。另外，各岗位必须安排合适的人选。整个组织管理活动应以作业内容为中心，充分考虑各环节的衔接与配套问题，合理设计基本作业流程，与此同时要考虑与后续作业的配合方式。

2. 入库的基本作业流程

货物入库基本作业流程如图 6-2 所示。

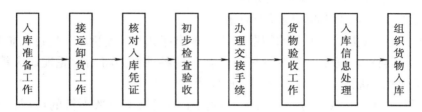

图 6-2　货物入库基本作业流程

（1）入库准备工作。做好入库准备工作是保证货物准确、迅速入库的重要环节，也是防止出现差错、缩短入库时间的有效措施。入库准备工作主要包括以下几项内容：编制货物入库作业计划、安排仓容、组织人力、准备机械设备及计量检验器具、准备苫垫用品等。

（2）接运卸货工作。接运即与托运货主或承运者办理所运到的货物交接手续，为货物的入库检验做准备，主要形式如下。

1）接收到货通知单，到车站、码头提货。

2）接受托运方的委托，直接到供货单位提货。

3）接收托运方直接送到的货物。

4）接收仓库自有铁路专用线的到货。

（3）核对入库凭证。货物到库后，仓库收货人员首先要检查货物入库凭证，然后根据入库凭证开列的收货单位和货物名称同送交的货物内容和标记进行核对。如核对无误，再进入下一道工序。

（4）初步检查验收。初步检查验收主要是对到货情况进行粗略的检查，其工作内容主要包括数量检查和包装检查。数量检查的方法有两种：一是逐件点数计总，二是集中堆码点数。无论采用何种方法，都必须做到精确无误。在数量检查的同时，对每件货物的包装要进行仔细查看，查看包装有无破损、水湿、渗漏、污染等异常情况。出现异常情况时，可打开包装进行详细检查，查看内部货物有无短缺、破损或变质等情况，及时反馈检查及处理情况。

（5）办理交接手续。入库货物经过以上几道工序之后，就可以与送货人员办理交接手续。如果在以上工序中无异常情况出现，收货人员在送货回单上盖章表示货物收讫。如发现有异常情况，必须在送货单上详细注明并由送货人员签字，或由送货人员出具差错、异常情况记录等书面材料，作为事后处理的依据。

（6）货物验收工作。在办完货物交接手续之后，仓库管理员对入库的货物还要进一步验收。对货物验收工作的基本要求是"及时、准确"，即要求在规定的时间内，准确地对货物的数量、质量、包装进行详细验收，这是做到储存货物准确无误和确保货物质量的重要措施。

如果仓库或业务检验部门在规定的时间内没有提出货物残损、短少以及质量不合格等问题，存货方则可认为所供应的货物数量、质量均符合合同要求，双方责任已清，不再负责赔偿损失。

仓储企业必须在规定的时间内，准确无误地完成验收工作，对入库货物数量、质量等详细情况进行确认。

（7）入库信息处理。经验收确认后的货物，应及时填写验收记录表，并将有关入库信息及时准确地录入入库管理信息系统，更新库存货物的有关数据。货物信息处理的目的在于为后续作业提供管理和控制的依据。因此，入库信息的处理必须及时、准确、全面。货物的入库信息通常包括：①货物名称、规格、型号；②包装单位、包装尺寸、包装容器及单位重量等；③货物的原始条码、内部编码、进货入库单据号码；④货物的储位指派；⑤货物入库数量、入库时间、生产日期、质量状况、货物单价等；⑥供货商信息，包括供货商名称、编号、合同号等；⑦入库单据的生成与打印。

（8）组织货物入库。入库信息处理完毕，按照打印出的入库单据根据入库程序办理入库的具体业务。与此同时，将货物入库单据的其余各联，迅速反馈到业务部门，作为正式的库存凭证。到此为止，入库业务告一段落，进入储存保管阶段。

3. 储位管理与分配

由于不同客户的经营特点和货物的物流方式不同，在订货或进货时，对货物的种类、规格、数量等会提出不同的要求，为了缩短拣货时的提取路程，方便拣货，需要使用一定的存储策略和货位指派原则进行存储和货位分配。

由于仓库中要存储的货物不仅数量多，种类也复杂，因此存在如何将货物分配到储位中的问题。此问题的解决可以先从宏观角度考虑，对货物按类别划分来确定存储区域的划分与分配，称为存储策略；也可以看成一个微观布置问题，不但要考虑具体的储位存放，还要考虑方便拣货取出，即储位管理。

仓库存储策略主要包括以下几种方式：随机存储策略、定位存储策略、分级存储策略和混合存储策略。随机存储策略虽然占用空间少，但当货物量大时，拣货查找就会浪费时间；定位存储策略给每类货物分配存储空间，便于货物的存取，但空间浪费大；分级存储策略分为 A、B、C 三级，为了缩短存取货时间，A 级应放到离出入口最近的地方，B 级次之，C 级则应放在最远处，每种货物可以在同级别指定的区域内随机放置；混合存储策略是指对仓库不同的存储区分别采用不同的策略。

（1）储位分配原则。合理地分配和使用货位可以减少货物搬运的成本，降低货物在存储过程及搬运过程中的损耗，从而降低物流业务本身的成本、提高收益。储位分配时应考虑以下原则。

1）货架受力均匀，上轻下重。重的货物存放在下面的货位，较轻的货物存放在高处的位置，使货架受力稳定。

2）加快周转，先进先出。同种货物出库时，先提取入库早的货物，加快货物周转，避免长期积压产生变形、变质及其他损坏造成的损失。

3）提高可靠性，分巷道存放。同种货物分散在不同的巷道进行存放，防止因某巷道堵塞影响某种货物的出库。

4）提高效率，就近进出库。一般将货物就近放置在出库口附近。

（2）储位分配方法。目前常用的货位分配方法有人工分配、计算机辅助分配和计算机全自动分配三种方式。

1）人工分配。人工分配就是管理者根据经验分配货位，因凭借的是管理者的知识和经验，所以其效率会因人而异。

2）计算机辅助分配。计算机辅助分配是利用图形监控系统，收集货位信息，并显示货位的使用情况，提供给货位分配者实时查询，为货位分配提供参考，最终还是由人工下达货位分配指示。

3）计算机全自动分配。利用图形监控储位管理系统和各种现代化信息技术，条形码扫描器网络技术、计算机系统等，收集货位有关信息，通过计算机分析后直接完成货位分配工作，整个作业过程不需要人工分配作业。

（3）储位分配流程。首先根据货物的属性确定存储库区，然后根据 ABC 分类的结果确定具体的库位，制定好库存管理方式后通过计算机辅助确定上架货位，最后完成货物上架作业过程。

4.货物条码编制

（1）货物条码的结构组成。一个完整的条码结构组成次序依次为：静空区（前）、起始符、数据符（中间分割符，主要用于 EAN 码）、校验符、终止符、静空区（后）。

静空区位于条码符号的两侧，是无任何符号及信息的白色区域，它能使阅读器进入准备阅读的状态。起始符是条码符号的第一位字符，标志一个条码符号的开始。数据符是位于起始字符后面的字符，它由许多“条空”组成，包含条码所表达的特定信息，可允许进行双向扫描。校验符代表一种算术运算的结果（把条形码从右往左依次编序号为“1，2，3，4…”，从序号 2 开始把所有偶数序号位上的数相加求和，用求出的和乘 3，再从序号 3 开始把所有奇数序号上的数相加求和，用求出的和加上刚才偶数序号上的数，然后求和，再用 10 减去这个和的个位数，就得出校验码）。终止符是条码符号的最后一位字符，表示一个条码符号的结束。

（2）货物编码方法。货物编码方法，又称顺序码和延伸式编码，指的是将阿拉伯数字或英文字母按顺序往下编排，主要分为以下五种。

1）分组编号法。分组编号法是按货物特性分成多个数字组，每个数组代表货物的一种特性。

2）数字分段法。数字分段法是把数字分段，每一段代表一共同特性的一类货物。

3）后数位编码法。后数位编码法是利用编号末尾数字，对同类货物进一步分类编码。

4）实际意义编码法。实际意义编码法是根据货物的名称、重量、尺寸、分区、储位、保存期限等其他实际情况来对货物进行编码。

5）暗示编码法。暗示编码法是用数字与文字组合编码，编码暗示货物的内容和有关信息。

（3）条码编码规则。货物条码是按一定的规则编制的。条码编制的规则主要有唯一性、永久性与无含义。唯一性是指同种规格同种产品对应同一个产品代码，同种产品不同规格应对应不同的产品代码。根据产品的不同性质，如重量、包装、规格、气味、颜色、形状等，赋予不同的货物代码。

永久性是指产品代码一经分配，就不再更改，并且是终身的。当此种产品不再生产时，其对应的产品代码只能搁置起来，不得重复起用再分配给其他货物。

无含义是指为了保证代码有足够的容量以适应产品频繁的更新换代的需要，最好采用无含义的顺序码。

5. 货物验收

验收工作是一项技术要求高、组织严密的工作，关系到整个仓储业务能否顺利进行，所以，必须做到准确、及时、严格、经济。

（1）货物验收的内容。货物的验收是仓储业务中的一个重要环节，包括检验数量、检验外观质量和检验包装三方面的内容，即核对货物数量是否与入库凭证相符，货物质量是否符合规定的要求，货物包装能否保证在储存和运输过程中的安全。

（2）货物验收的原则。

1）在货物入库凭证未到或未齐之前不得正式验收，仓库有权拒收或暂时存放。

2）发现货物数量与质量不符合规定，有关人员要当场做出详细记录，交接双方在记录上签字。如果是交货方的问题，仓库应该拒绝验收，如果是运输部门的问题应该提出索赔。

3）在数量验收中，计件货应及时验收，发现问题要按规定的手续在规定的期限内向有关部门提出索赔。一旦超过索赔期限，责任部门对形成的损失将不予责任。

（3）货物验收的方式。货物验收方式分为全验、抽验和不验。在进行数量和外观验收时一般要求全验。进行质量验收时，批量小、规格复杂、包装不整齐或要求严格验收时采用全验的方式；批量大、规格和包装整齐、存货单位的信誉较高，人工验收条件有限的情况下通常采用抽验的方式。货物验收方式和有关程序应该由存货方和保留方共同协商，并通过协议在合同中加以明确规定。

（4）货物验收的程序。验收作业的程序为：验收准备、核对凭证、实物检验。

1）验收准备。仓库接到到货通知后，应根据货物的性质和批量提前做好验收前的准备工作，大致包括人员准备、资料准备、器具准备、货位准备和设备准备。此外，对于有些特殊货物的验收，还要准备相应的防护用品，对进口货物或存货单位指定需要进行质量检验的，应通知有关检验部门会同验收。

2）核对凭证。入库货物必须具备下列凭证：业务主管部门或货主提供的入库通知单和订货合同副本，是仓库接收货物的凭证；供货单位提供的材质证明书、装箱单、磅码单、发货明细表等；货物承运单位提供的运单；若货物在入库前发现残损情况的，还要有承运部门提供的货运记录或普通记录，作为向责任方交涉的依据。

3）实物检验。根据入库单和有关技术资料对实物进行数量和质量检验，在数量验收之前，还应根据货物来源、包装好坏或有关部门规定，确定对到库货物是采取抽验还是全验方式。

一般情况下，或者合同没有约定检验事项时，仓库仅对货物的品种、规格、数量、外包装状况，以及无须开箱、拆捆而可以直观可见可辨的外观质量情况进行检验。但是在进行分拣、配装作业的仓库里，通常需要检验货物的品质和状态。

4）货物验收中发现问题的处理。在货物验收过程中，严格遵从验收原则，如果发现货物数量或质量有问题，应该严格按照有关制度进行处理。这有利于分清各方的责任，并促使有关责任部门吸取教训，改进今后的工作（见表6-1）。

表 6-1　货物验收中的问题及处理对策一览表

序号	问　题	对　策
1	数量不准	1. 货物的数量短缺在允差范围内可按原数入账，超过允差范围的，应查对核实，做好验收记录，交主管部门会同货主向供货单位办理交涉 2. 货物的实际数量多于原发数量，由主管部门向供货单位退回多发数，或补发货款
2	不符合质量要求	对于不符合质量要求的货物，一定要求退换，绝不能入库，做到入库商品无任何质量问题
3	证件不齐全	证件不齐全的到库物料应作为待检商品处理，堆放在待验区，待证件到齐后再进行验收。证件未到之前，不能验收，不能入库，更不能发料
4	单证不符	供货单位提供的质量证书与进库单、合同不符时，商品待处理，不得动用
5	商品未按时到库	有关证件已到库，但在规定的时间商品尚未到库，应及时向货主查询
6	价格不符	应按合同规定价格承付，对多收部分应予拒付。如是总额计算错误，应及时通知货主及时更改
7	商品在入库前已有残损短缺	1. 有商务记录或普通记录等证件者，可按照实际情况查对证件记录是否准确，在记录范围内者，按实际验收情况填写验收记录；在记录范围以外或无运输部门记录时，应查明责任 2. 其残损情况可以从外观上发现，但在接运时尚未发现而造成无法追赔损失时，应由仓库接运部门负责 3. 货物包装外观良好，内部残缺时，应做出验收记录，与供货方交涉处理

（续）

序号	问　题	对　策
8	发错货	若发现无进货合同、无任何进货依据，但运输单据上却标明本库为收货人的商品，仓库收货后应及时查找该货的产权部门，并主动与发货人联系，询问情况，并作为待处理商品，不得动用
9	对外索赔	对需要对外索赔的商品，应由商检局检验出证，对经检验提出退货、换货出片的商品应妥善保管，并保留好商品原包装，供商检局复验

6.货物堆码

货物堆码是指将货物整齐、规则地摆放成货垛的作业，根据货物的包装、性质、形状、重量、特点和数量等因素，结合季节和气候情况及仓库储存条件，将货物按一定的规律码成各种形状的货垛。

（1）货物堆码的原则。

1）整齐原则。堆码整齐，货物不超过托盘边缘。

2）堆码原则。托盘利用最大化，货位承重不做要求。

3）牢固原则。奇数层与偶数层尽量交叉摆放。

4）方便原则。每层个数尽量相同，便于盘点。

（2）货物堆码方式。货物堆码方式主要取决于货物本身的包装、性质、形状、重量、特点和数量等因素。利用货物或其包装外形进行堆码，这种堆码方式能够增加货垛高度，提高仓容利用率，能够根据货物的形状和特性的需要和货位的实际情况堆码成各种形式，有利于保护货物的质量。

常见的堆码方式有重叠式堆码、纵横交错式堆码、仰伏相间式堆码、旋转交错式堆码和压缝交错式堆码等。其中重叠式堆码适用于板形货物和箱形货物，货垛整齐牢固；旋转交错式用于所有箱装、桶装及裸装货物堆码，起到通风防潮、散湿散热的作用；压缝交错式堆码适用于长形材料的堆码，可以增强货垛的稳定性。

（3）货物堆码示意图绘制方法。

1）计算堆码方式。计算堆码方式包括所需托盘总数，整托每托货物数量，散托货物数量以及每层货物摆放方式。

2）用文档工具或专业绘图工具绘制示意图。托盘尺寸和货物尺寸按一定比例（如1∶30）绘制，并在图中标识货物对应的尺寸及堆码层数。

3）示意图上配上合适的文字说明。例如，厨师红烧牛肉米饭规格440mm×270mm×250mm，最高放4层，每层放9箱，现入库36箱，共需一个托盘，放4层，奇数层放9箱，偶数层放9箱，共36箱。

4）货物组托示意图示例。根据以上绘制方法，绘制出三种典型规格的堆码方式示意图。已知托盘的规格为1 200mm×1 000mm×150mm，货格高度为1 500mm，堆放重量不做要求，三种典型的货物规格分别为600mm×400mm×500mm、430mm×320mm×300mm和300mm×240mm×230mm，对应的货物堆码示意图如图6-3～图6-5所示。

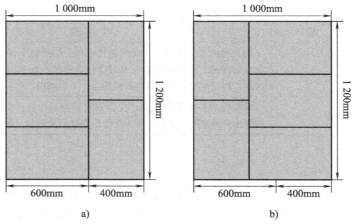

图 6-3　600mm×400mm×500mm 堆码示意图

a）奇数层　b）偶数层

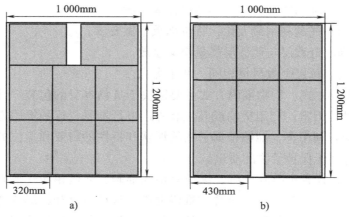

图 6-4　430mm×320mm×300mm 堆码示意图

a）奇数层　b）偶数层

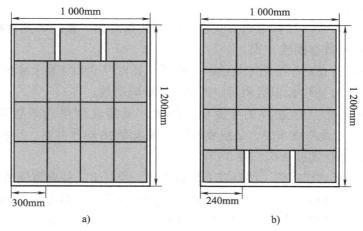

图 6-5　300mm×240mm×230mm 堆码示意图

a）奇数层　b）偶数层

6.2.3　拣货作业

根据《中华人民共和国国家标准物流术语》（GB/T 18354—2006），拣货是按订单或出库单的要求，从储存场所拣出物品，并码放在指定场所的作业。

拣货作业是依据顾客的订货要求或配送中心的送货计划，尽可能迅速、准确地将货物从其储位或其他区域拣货出来，并按一定的方式进行分类、集中、等待配装送货的作业流程。

1. 拣货单位

拣货单位 SKU 分成单品、箱及托盘三种。拣货单位是根据订单分析结果而决定的。

（1）单品。单品为拣货的最小单位，单品可由箱中取出，由人工单手进行拣货。

（2）箱。箱由单品组成，可由托盘上取出，通常需要双手拣货。

（3）托盘。托盘由箱叠放而成，无法由人工直接搬运，需借助堆垛机、叉车或搬运车等机械设备。

2. 拣货方式

按照拣货过程自动化程度的不同，拣货方式分为人工拣货、机械拣货、半自动拣货和自动拣货四种方式。

（1）人工拣货。人工拣货主要依靠人的体力来进行，有两种形式：一是拣货人员到货物存放地点把货物拣选出来；二是采用移动货架，通过移动货架的回转运动将货物移动到某一固定位置，再由拣货人员将货物拣选出来。其适用于数量少、品种少、质量轻的单件货物。

（2）机械拣货。机械拣货指由拣货人员操纵机械设备将货物拣选出来。其适用于集装单元货物或体积、质量较大的单件货物。

（3）半自动拣货。半自动拣货指人和机械有机结合，将货物拣选出来。

（4）自动拣货。自动拣货指人通过控制计算机自动分拣系统将货物拣选出来。其适用于箱装货物、袋装货物或体积小、质量轻的单件货物。

3. 拣货策略

拣货策略是影响拣货作业效率的关键，主要包括分区、订单分割、订单分批、订单分类四个因素，这四个因素相互作用可产生多个拣货策略。在整体规划时，要考虑到这四者之间存在互动关系，必须按照一定的决定顺序才能将其复杂程度降低到最低。

（1）分区。分区是指将拣货作业场地进行区域划分，主要的分区原则有三种：按拣货单位分区、按物流量分区与按工作分区。

1）按拣货单位分区是将拣货区分为箱装拣货区、单品拣货区等，基本上这一分区与存储单位分区是相对应的，其目的在于将存储与拣货单位分类统一，以便拣货与搬运单元化。

2）按物流量分区是按各种货物出货量的大小以及拣货次数的多少进行分类，再根据各组的特征，决定合适的拣货设备及拣货方式。

3）按工作分区是将拣货场地分为几个区域，由专人负责各个区域的货物拣货。

拣货作业流程优化过程中的分区优化设计之前，需要先对储存分区进行了解、规划，才能使系统整体的配合完善。分区设计的程序图如图6-6所示。

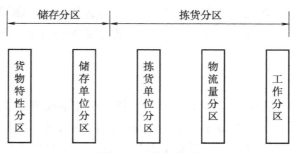

图 6-6　分区程序图

（2）订单分割。当订单所订购的货物种类较多，或设计一个要求及时快速处理的拣货系统时，为了能在短时间内完成拣货处理，需要将一份订单分割成多份子订单，交给不同的拣货人员同时进行拣货。

一般订单分割策略主要在于配合拣货分区的结果，在拣货单位分区、拣货方式分区和工作分区完成之后，再决定订单分割的大小范围。订单分割可在原始订单上做分割的设计，也可在订单接受之后做分割的处理。

（3）订单分批。订单分批是将多张订单集中起来进行批次拣货的作业。订单分批的方法有多种，常用的方式有按总合计量分批、按时窗分批、固定订单量分批与智能型分批等四种方法。

1）按总合计量分批是在拣货作业前将所有订单中订货量按品种进行累计，然后按累计的总量进行拣货，其好处在于可以缩短拣货路径。

2）按时窗分批是在存在紧急订单的情况下可以开启短暂而固定的5或10分钟的时窗，然后将这一时窗的订单集中起来进行拣货。

3）固定订单量分批是订单按照先到先处理的原则，积累到一定量后开始拣货。

4）智能型分批是订单输入计算机后，将拣货路径相近的各订单集合成一批。

在批量拣货作业方式中，影响拣货效率的主要因素是订单分批的原则和批量的大小。应根据表6-2中的配送客户数、订货类型及需求频率三项条件，选择合适的订单分批方式。

表 6-2　订单分批原则

分批方式	配送客户数	订货类型	需求频率
按总合计量分批	数量较多且稳定	差异小而数量大	周期性
固定订单量分批	数量较多且稳定	差异小且数量不大	周期性或非周期性
按时窗分批	数量多且稳定	差异小且数量小	周期性
智能型分批	数量较多且稳定	差异较大	非即时性

（4）订单分类。如果采用分批拣货策略，还必须明确相应的分类策略，分类的方法主要有拣货时分类和拣货后分类两种。

1）拣货时分类是指在拣货的同时将其分类到各订单中。

2）拣货后分类是集中分类，先批量拣货，然后再分类，可以采用人工集中分类，也可以采用自动分类机进行分类。

拣货后集中分类由分类输送机完成或在空地上以人工方式分类；拣货时分类由计算机辅助拣货台车来进行。分类方式的决定除了受订单分批方式的影响外，也可以用表 6-3 作为判断分类方式的依据。

表 6-3　订单分类方式

分类方式		处理订单数量	订购货物品项数	货物重复订购频率
拣货时分类		多	少	较低
拣货后分类	自动分类机分类	多	多	变化较大
	人工集中分类	少	少	较高

4. 拣货路径

在人工拣货背景下，为了缩短拣货员的行走距离或拣货设备的搬运距离，应事先确定货物拣货顺序和路线。它的目标就是确定订单上货物的拣货顺序，通过启发式或优化路径来减少分拣人员的行走路径。

针对单区仓库分拣作业的启发式分拣路径方法主要有穿越、返回、中点回转、最大间隙、组合策略。此外，还有分割穿越策略、分割返回策略以及针对多区布局下应用的通道接通道策略。

（1）穿越式路径方法。穿越式路径方法又称"S"形路径，从通道一端进入，拣货人员取通道两侧货架上的物品，最后从通道另一端离开，在返回出入口之前分拣人员会走遍所有包含拣货位置的通道，通常适用于拣货密度高的情况（见图 6-7）。

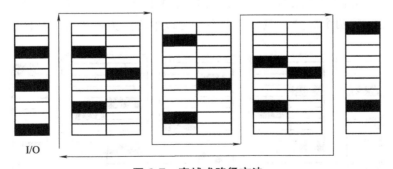

图 6-7　穿越式路径方法

（2）返回路径方法。返回路径方法是拣货人员从分拣通道的一端进入，先沿路拣货一侧货架上所需物品，当一侧货架上的物品拣货完就返回开始拣货另一侧货架上的物品，最后从进入通道的一端离开（见图6-8）。

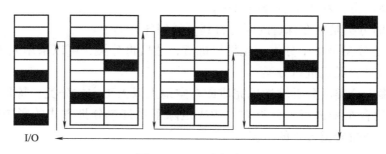

图6-8　返回路径方法

（3）中点回转策略。中点回转策略是在拣货通道的中点将分拣区域分成前后两部分，拣货人员从通道的一端进入，拣完货物后回转折返，最远处就是该通道中点，当拣货员离开拣货区域的前半部时，拣货员要从最右边的通道穿越进入通道后半部分，以同样的方法开始后半部分的拣货。当后半部的拣货完成后，穿越最左边的通道回到出入口（见图6-9）。

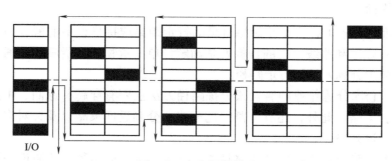

图6-9　中点回转策略

这里不但采用了返回路径方法，在进入和退出后半部通道时还采取了穿越式路径方法。还有一种分割回转策略与中点回转策略很相似。分割回转策略要求先将整个拣货区域分割为前后两个部分，但分割点不一定以中心点为界（见图6-10）。

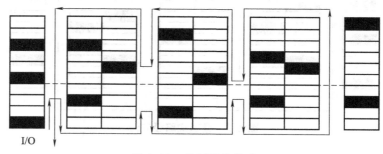

图6-10　分割回转策略

（4）最大间隙策略。最大间隙策略是指位于同一个通道内待取的货物和上下两侧底端通道的距离做比较，选择较短距离的路径，若货物和上下两侧底端的通道距离小于货物之间的最小距离，则直接回转（见图 6-11）。

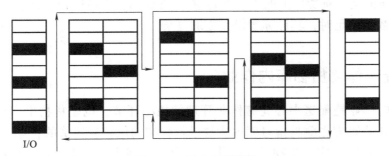

图 6-11 最大间隙策略

（5）通道接通道策略。通道接通道策略是针对具有多个横向通道仓库的启发式方法。一般来讲，每个纵向通道只访问 1 次，分拣员从入口处开始进入最左边的有待取物品的通道，当一个纵向通道内的所有品项拣货完毕，接着选择一个横向通道进入下一个纵向通道。该方法需要确定从一个纵向通道向下一个纵向通道过渡的横向通道（见图 6-12）。

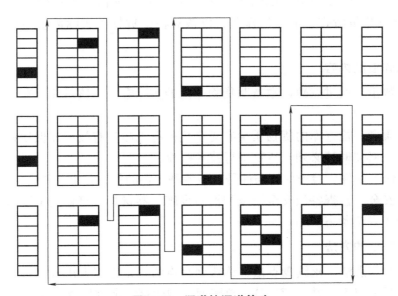

图 6-12 通道接通道策略

一般来说，小仓库存放货物有限，出货量也有限，不需要太复杂的拣货路线。而较大的仓库存放较多的货物，出货量也较大，拣货员的工作量会比较大。合理科学的拣货路径能够大大提高拣货效率，降低拣货员的工作量。

拣货路径的规划，实际上就是地理信息学中的路径规划问题。而在物流库房中的路径规划操作，基于的是货位信息，货物的几何顺序可以按照其所在货位上分辨出来，因此也可依据货位号排序，制定路径规划规则（即货位排序的规则），从而得到拣货路径。

当同一货物在多个货位上有库存时，在分配拣货任务时，往往会比较所有可能的拣货路径（前提是所有货位上的库存都足够），再选择其中最适合的路径。而当一些货位上的库存数量不足时，其计算逻辑会更加复杂。

6.3　仓配一体化货物库内作业

货物库内作业是配送中心仓储作业管理的核心环节，也是货物出库作业的基础。货物的库内作业管理主要是指对库内货物进行合理的保存和经济的管理，具体内容包括货物盘点、货物补库及货物移库等作业。由于库存货物的流动性，容易产生缺货，这就需要仓储部门根据出库作业计划及时做好出库前的准备工作，即补货作业和移库作业，确保货物准确迅速地完成出库作业。只有熟练掌握这些作业活动的理论知识，才能对这些作业活动进行合理的安排和组织。

6.3.1　盘点作业

盘点作业是仓库为了准确地掌握库存数量及有效地保证库存的准确性而对仓库中的货物进行数量清查、清点的作业，以核对在库货物的实际数量与账面数量是否一致。

1. 盘点作业的内容

（1）查数量。通过点数计数查明货物库内的实际数量，核对库存账面资料与实际库存数量是否一致。

（2）查质量。检查库内货物质量有无变化，有无超过有效期和保质期，有无长期积压等现象，必要时还必须对货物进行技术检验。

（3）查保管条件。检查保管条件是否与各种货物的保管要求相符合。

（4）查安全。检查各项安全措施和消防设施、器材是否符合安全要求，建筑物和设备是否处于安全状态。

2. 盘点作业的方法

（1）永续盘点法。永续盘点法又称账面盘点法，是把每天出入库货物的数量和单价记录在存货账卡上，并连续计算出总账面上的库存结余数量及金额。

（2）实地盘点法。实地盘点法又称现货盘点法，是实际清点库内数量，根据货物单价计算出实际库存金额的方法，根据盘点时间频率又可分为期末盘点和循环盘点。

（3）盘点作业的流程。一般情况下，盘点作业按照以下步骤进行操作。

1）盘点前的准备工作。事先对可能出现的问题及盘点中容易出现的差错进行研究和准备。

2）确定盘点时间。根据货物性质来确定盘点周期，从理论上讲在条件允许的情况下，盘点的次数越多越好，但每一次盘点，都要耗费大量的人力、物力和财力。因此，根据实际情况确定盘点的时间，比如按 ABC 分类结果分别制定相应的盘点周期，重要的 A 类货物，每天或每周盘点一次，一般的 B 类货物每两周或三周盘点一次，C 类货物可以一个月甚至更长的时间盘点一次。

3）确定盘点方法。因盘点场合、要求的不同，盘点的方法也有差异，一般采用两种盘点方法，即动态盘点法和循环盘点法。动态盘点法有利于及时发现差错和及时处理；循环盘点法是指日常业务照常进行，按时按照顺序每天盘点一部分，所需时间和人员都比较少，发现差错也可以及时分析和修正。

4）确定并培训盘点人员。盘点人员按职责分为填表人、盘点人、核对人和抽查人。盘点前一日对盘点人员进行必要的指导，如盘点要求、盘点常犯错误及异常情况的处理办法等，尤其是盘点、复盘、间盘人员必须经过训练。

5）清理储存场所。盘点工作开始时，对储存场所及库存货物进行一次清理，主要包括对尚未办理入库手续的货物，应予以标明不在盘点之列；对已办理出库手续的货物，要提前运到相应的配送区域；账卡、单据、资料均应整理后统一结清；整理货物堆垛、货架等，使其整齐有序以便于清点记数；检查计量器具，使其误差符合规定要求。

6）盘点数量。由于盘点工作涉及大量的数字，所以在盘点过程中一定要仔细认真，还要注意自然原因导致某些货物挥发、吸湿而重量有增有减。

7）盘点的盈亏处理。查清差异原因后，为了通过盘点使账面数与实物数保持一致，需要对盘点盈亏和报废品一并进行调整。

6.3.2　移库作业

1. 移库作业产生的原因

库内管理过程中，为了确保库存数据的准确性和出库作业的安全性，提高作业效率，出现以下几种情况需要进行移库作业。

（1）收货时托盘不够用时，货物需要拼托，将会产生库位调整。

（2）日常仓库管理时，货物需要拼托时，对其进行库位调整。

（3）配货时剩余的货物较少，将其调整到一层存放或调整后进行拼托。

（4）配货时叉车在回库时放错库位，需要重新在系统中调整库位。

（5）因某种因素（如季节性消费）需要大批量进行库位调整。

2. 移库作业的要求与原则

（1）一切移库作业，都要具备可追溯性。

（2）移库时要做到及时、细心、准确、无误，不论是先填写移库单还是先将实物进行移库，都要及时将后续工作完成。

（3）完成移库后，仓库组长要及时将移库单交接给系统文员。

（4）系统文员要及时在系统中按照移库单做库位调整。

（5）进行移库时，优先考虑相邻库位，就近为先；相同货物优先，拼托时以一层库位优先，同区域为主。

（6）大批量移库作业时，调整后库位应相对集中存放（相同货物）；先找好目的库位，填写好移库单，审批后再进行操作。

3. 移库的基本过程

根据业务部门销售的需求和仓储部门货物存储的需要提出移库方案，制作移库单，仓库保管员根据移库单完成货物的移库作业。

移库作业顺序为：提出移库申请→确认移库的必要性→系统移库→实施移库作业→符合移库结果→归档。

6.3.3　补货作业

补货作业是指当拣货区的货物发生短缺时，将货物从仓库保管区域搬运到拣货区的物流活动，然后将此移库作业做库存信息处理。补货作业的目的是保证拣货区有货可拣，是保证充足货源的基础。

补货通常以箱或托盘为单位，在配送中心通常有两种补货方式：一是由储存货架区与拣货区货架组成的存货、拣货和补货系统，待配货物从储存货架取出，补向拣货区货架，保证拣货区货架有货可拣的作业过程；二是将供应商作为存储区，仓配中心作为拣货区，从供应商取出，补向仓配中心，保证配送中心有货可拣的作业过程。

1. 补货方式

（1）托盘补货。托盘补货是以托盘为单位进行补货，使用堆垛机把托盘由存储区运到拣货区，也可把托盘运到货物拣货区进行补货，适合体积大或出库量多的货物。

（2）整箱补货。整箱补货是由货物储存区补货到拣货区。这种补货方式由补货员到货物存储区取货箱，用手推车装载至拣货区，适合体积小且少量多样出库的货物。

（3）货架上层—货架下层的补货方式。此种补货方式存储区与拣货区属于同一货架，利用堆垛机将上层存储区的货物搬至下层拣货区，适合体积不大、存货量不高且多为中小量出库的货物。

2. 补货时机

补货作业的发生与否视拣货区的货物存量是否符合需求，因而究竟何时补货需检查拣货区存量，以避免拣货中途才发觉拣货区的货量不足而影响整个拣货作业。补货时机主要有批次补货、定时补货和随机补货三种方式，配送中心应视具体情况选择适宜的补货方式。

（1）批次补货。每天或每一批次拣货前，经由计算机计算所需货物总拣货量和拣货区的库存量，计算出差额并在拣货作业开始前补足货物。这种补货原则是"一次补足"，较适合一日内作业量变化不大，紧急插单不多，或是每批次拣货量可以事先掌握的情况。

（2）定时补货。将每天划分为若干时段，补货人员在时段内检查拣货区货架上货物存量，若发现不足马上予以补足。这种"定时补足"的补货原则，较适合分批拣货时间固定、处理紧急订货时间也固定的情况。

（3）随机补货。随机补货是指定专人从事补货作业的方式。补货人员随时巡视拣货区的货物存量，若有不足随时补货。这种"不定时补足"的补货原则，较适合每批次拣货量不大，紧急插单多，以至于一天内作业量不易事前掌握的场合。

6.3.4　货物保管

货物保管是指仓库针对货物的特性，结合仓库的具体条件，采取各种科学的方法对货物进行养护，防止和延续货物质量变化的行为。货物保管的原则是"以防为主，防治结合"。要特别重视货物损害的预防，及时发现和消除事故隐患，防止损害事故的发生。特别要预防发生爆炸、火灾、水浸、污染等恶性事故和造成大规模损害事故。

常见的仓储货物保管的手段有通风、温度控制、湿度控制等。

1. 通风

通风是指采取措施加大空气流通的保管手段。首先，通过引入大量流通的干燥空气，可以降低货物的含水量以及降低温度。其次，通风还具有消除货物散发出的有害气体的作用，还可以增加空气中氧气的含量。值得注意的是，通风也会将空气中的水分、灰尘等带入仓库，影响货物。

2. 温度控制

普通仓库的温度直接受气温的影响，库存货物的温度也就与气温呈同向变化。有些货物温度太高时，可能会出现融化、膨胀、软化等现象，也容易腐烂变质、挥发、老化、自燃，甚至发生爆炸。所以，对此类货物要经常检查货物温度，当气温过高时，可以采取洒水或通风的方法适当降温。而有些货物温度太低时，可能会变脆、冻裂从而损害货物。一般来讲，绝大多数货物在常温下都可以保持正常的状态。

3. 湿度控制

湿度分为货物湿度和空气湿度。货物湿度是指货物的含水量。货物的含水量对货物有直接影响：含水量高，容易发生霉变、锈蚀、溶解、发热甚至化学反应；含水量太低，则会发生干裂、挥发、容易燃烧等危害。控制货物的含水量是货物保管的重要环节。

湿度控制主要通过对湿度进行监测，当湿度过高或过低时要及时采取措施进行处理。当湿度太低时，应减少空气流通，进行洒水、喷水雾等方式增加仓内空气湿度，或者直接对货物进行如洒水等加湿处理。当湿度太高时，应封闭仓库或密封货垛，避免空气流通；或者采用干燥式通风、制冷降温；或者在室内摆放如生石灰、硅胶等吸湿材料；特殊货仓可采取升温措施。

6.4　仓储管理系统

从供应链管理的角度讲，良好的服务只是基础，随着仓配规模的扩大，仓配一体化的供应链管控能力将是企业构建仓配一体化服务网络的核心竞争力。那么，如要实现仓配一体化的全供应链管控，就需要物流、仓储信息透明化，也就需要仓储管理系统的支持。仓储管理系统（warehouse management system，WMS）是一个实时的计算机软件系统，它能够按照运作的业务规则和运算法则对信息、资源、行为、存货和分销运作进行更完美的管理，使其最大化满足有效产出和精确性的要求。

6.4.1　仓储管理系统的功能

WMS 按照常规和用户自行确定的优先原则来优化仓库的空间利用和全部仓储作业。对上，它通过电子数据交换等电子媒介，与企业的计算机主机联网，由主机下达收货和订单的原始数据；对下，它通过无线网络、手提终端、条码系统和射频数据通信等信息技术与仓库的员工联系。上下相互作用，传达指令、反馈信息并更新数据库，同时，生成所需的条码标签和单据文件。

一个 WMS 的基本软件包支持仓储作业中的全部功能，从进货站台直到发货站台。

（1）收货。货到站台，收货员将到货数据由射频终端传到 WMS，WMS 随即生成相应的条码标签，粘贴（或喷印）在收货托盘（或货箱）上。经扫描，这批货物即被确认收到，由 WMS 指挥进库储存。

（2）储存。WMS 按最佳的储存方式，选择空货位，通过叉车上的射频终端，通知叉车司机，并指引最佳途径，抵达空货位，扫描货位条码，使货物接收正确无误。货物就位后，再扫描货物条码，WMS 即确认货物已储存在这一货位，可供以后订单发货。

（3）订单处理。订单到达仓库，WMS 按预定规则分组，区分先后，合理安排。例如，交由 UPS 公司快运的，要下午 2 时前发货；需由公路长途运输的，要下午 5 时前发货；有些货物需特别护送等。WMS 按这些需要，确定安排如何最佳、及时地交付订单的货物。

（4）拣选。WMS 确定最佳的拣选方案，安排订单拣选任务。拣选人由射频终端指引到货位，显示拣选数量。经扫描货物和货位的条码，WMS 确认拣选正确，货物的存货量也同时减除。

（5）发货。WMS 制作包装清单和发货单，交付发运。称重设备和其他发货系统也能同时与 WMS 联合工作。

（6）站台直调。货到收货站台，如已有订单需要这批货，WMS 会指令叉车司机直接发货到站台，不再入库。

除此之外，WMS 还能提供更多的附加支持，包括存货补充、循环盘存、班组工作实时监管等。更先进的 WMS 还能连接自动导向车、输送带、回转货架和高架自动储存系统等，而最近的新趋势则是与企业的其他管理系统相结合，如运输管理系统、订单管理系统和企业资源规划调度系统等，使之融入企业的整体管理系统。

使用 WMS 支持仓储作业中从进货站台直到发货站台的全部功能，会给仓库带来五个方面的明显效果：① 减少生产停机时间；② 避免错误拣货而导致生产延迟；③ 缩短拣货周期，实现对市场变化的快速响应；④ 跨仓库存货调度的全面实现；⑤ 优化人员、设施和设备的成本。这些效果都为仓库带来巨大的经济效益。

6.4.2　仓储管理系统及其组成

WMS 软件由许多功能软件子系统组合构成，基本软件情况及构成如表 6-4 所示。

表 6-4　仓储管理系统及其组成

仓储管理系统（WMS）	入库管理子系统	1. 入库单数据处理（录入） 2. 条码打印及管理 3. 货物装盘及托盘数据登录注记（录入） 4. 货位分配及入库指令发出 5. 占用的货位重新分配 6. 入库成功确认 7. 入库单据打印	
	出库管理子系统	1. 出库单数据处理（录入） 2. 出库项内容生成及出库指令发出 3. 错误货物或倒空的货位重新分配 4. 出库成功确认 5. 出库单据打印	
	数据管理子系统	1. 库存管理	（1）货位管理查询 （2）货物编码查询库存 （3）入库时间查询库存 （4）盘点作业
		2. 数据管理	（1）货物编码管理 （2）安全库存量管理 （3）供应商数据管理 （4）使用部门数据管理 （5）未被确认的操作的查询和处理 （6）数据库与实际不符记录的查询和处理
	系统管理子系统	1. 使用者及其权限设置 2. 数据库备份操作 3. 系统通信的开始和结束 4. 系统的登录和退出	

6.4.3 仓储管理系统的操作流程

WMS 最重要的操作流程应该是入库和出库操作流程。

1. 入库操作流程

入库后，首先生成入库单，每份入库单可包含多种货物，按货物不同，又将入库单分成入库分单。此时，装盘完毕，在经人工预检认为外观尺寸等合格的托盘上贴条码标识，通过扫描托盘条码标识（或人工键入），确认货物种类和数量的输入后，即完成托盘条码与所载货物信息的注识，也就是入库数据登录注记。此时，该托盘货物即进入"待入库状态"，注记完成的货物托盘所处的状态会一直被管理系统跟踪和监控，直至出库成功取消该注记为止。

注记完成的货物托盘由管理系统分配一个目标储存货位，同时，该操作需求被发送到手持终端，手持终端接收需求，扫描托盘条码，即可得到该托盘的目标操作货位和货物信息。然后，根据手持终端指示，由操作人员驾驶堆垛机行驶至目的货位。如果一切正常，操作人员将用手持终端扫描确认目标货位，操作成功后确认反馈，管理系统收到操作成功确认后，即修改数据库相关记录，最终完成一次入库操作。

如果目的货位已有货物，手持终端将扫描现有货物条码，并发送给管理系统。管理系统将该异常情况记入数据库，并生成一新的推荐目标货位，指挥重新开始操作，直至成功完成本次操作。入库操作流程如图 6-13 所示。

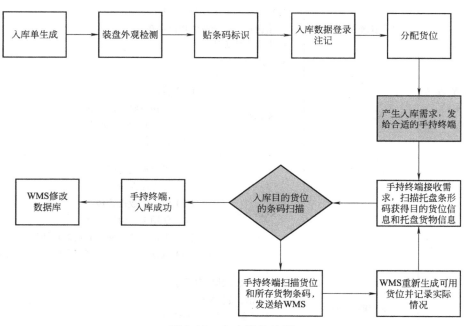

图 6-13　入库操作流程

2. 出库操作流程

出库流程始于出库单的生成，接着管理系统将根据出库单内容以一定规律（先入先出等）生成出库品项和内容，即出库货位和货位信息。手持终端接到操作目的货位信息后，还须由操作人员驾驶堆垛机驶至目的货位，扫描确认货位货物信息。经确认无误，操作人员即取出货物并送至待出库区。此时货物的状态为"位于待出库区"。最终由出货终端扫描确认后，发送操作完成确认信息给系统。管理系统收到此确认信息才修改数据库的相关记录。

如果堆垛机驶至取货货位，扫描确认发现异常时（空货位或货物错误），手持终端即将此信息发送给管理系统，管理系统将该异常情况记入数据库并生成一新的推荐货位，指挥重新开始操作，直至成功完成此操作。出库操作流程如图 6-14 所示。

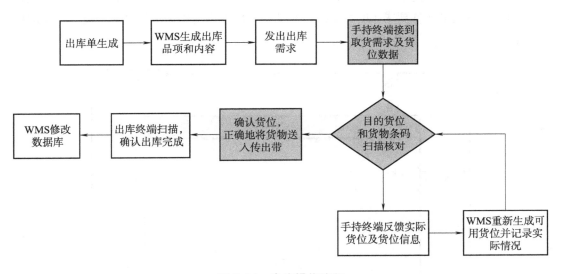

图 6-14　出库操作流程

🎯 本章小结

物流仓配一体化流程包括集装出库与入库、仓库管理、拣货作业以及配送、售后处理等环节。

仓储管理系统（WMS）的功能是用来优化仓库的空间利用和全部仓储作业。它通过电子数据交换等电子媒介，与企业的计算机主机联网，由主机下达收货和订单的原始数据；通过无线网络、手提终端、条码系统和射频数据通信等信息技术与仓库相关联企业及人员之间建立联系。

货物的库内作业管理主要是指对库内货物进行合理的保存和经济的管理，具体内容包括货物盘点、货物补库及货物移库等作业。

🌀 复习思考题

简答题:

1. 仓配一体化业务的主要流程是什么?

2. 仓配一体化流程的主要优势是什么?

3. 仓储管理系统(WMS)的功能是什么?

🌀 课内实训

成风物流公司拟在地块 A 园区内建设仓储配送中心。A 园区内的库房如图 6-15 所示,要求仓库建成后能够进行超市和便利店项目的仓储配送作业,根据前期对仓储配送需求的调研,确定该仓储配送中心需基于商品 ABC 和品类的分类进行库房规划,请结合商品在仓储配送中心的仓储操作要求(见表 6-5),对地块 A 园区内的库房进行仓库功能分区及动线设计。

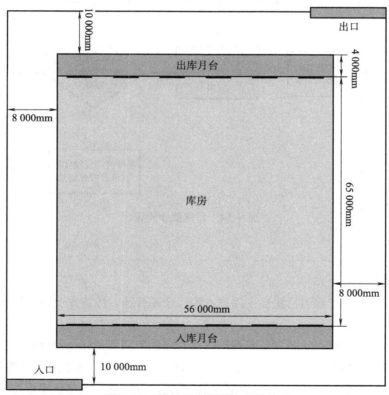

图 6-15　待规划的配送中心地块 A

地块 A 园区内的库房长 65 米,宽 56 米,高 11 米,面积为 3 640 平方米;建筑立柱间距长 12 米,宽 9 米;地面承重 3 吨;门尺寸为宽 4.5 米,高 8 米,月台宽 4 米,高 1.2 米,库内地面高度与月台同高;月台雨棚宽 4.5 米,高 8.5 米;园区内通道分别为 10 米和 8 米。

表 6-5　商品在仓储配送中心仓储操作要求

产品类别	入库要求	存储要求	出库要求
食品 A 类 食品 B 类 食品 C 类 日用 A 类 日用 B 类 日用 C 类	整托或整箱入库 叉车搬运 需检验 地面堆垛待检入库	托盘商品随机存储＋固定货位存储（商品出库量大小差异较大） 不合格品、退货的商品储存 按计划进行盘点 存储无特殊温度要求	按照门店订单进行拣选集货 整托出库 装车前复核 部门商品拆零拣选后复核打包出库 轻型货架拆零拣选 周转箱拣选、台车搬运 电动叉车搬运 食品类商品拆零拣选量大，靠近拆零拣选作业区

问题：

1. 请在图 6-16 中分别绘制出仓库外围车辆出入库和商品出入库的基本物流动线。

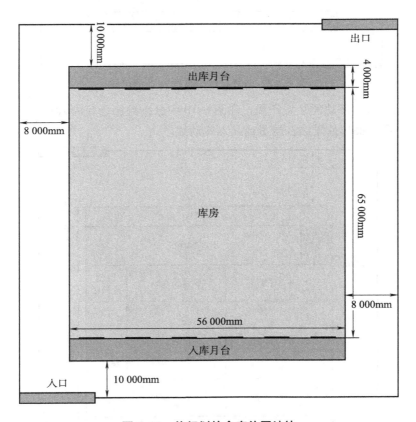

图 6-16　待规划的仓库外围地块

2. 请根据仓库外围车辆和商品出入库基本物流动线，在图 6-17 中确定仓库内部功能区域，并基于商品 ABC 分类，设计仓库内部功能区域布局。

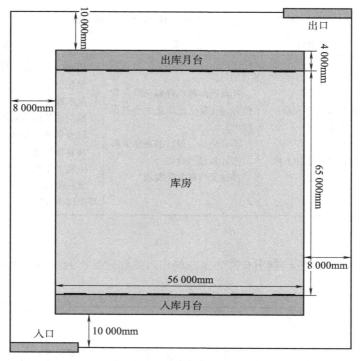

图 6-17　待规划的仓库内部功能区域

3. 请根据仓库内部功能区域布局, 在图 6-18 中分别绘制仓库内 ABC 类商品整箱的出入库动线、拆零商品出库动线及退货商品入库动线。

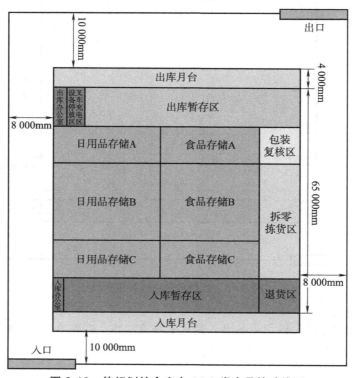

图 6-18　待规划的仓库内 ABC 类商品的动线图

课外实训

构建项目化课题小组，利用业余时间，通过对网上仓配一体化数据的分析，调查本地仓配一体化服务企业业务运作情况，找出业务活动的不足，自行拟定初步方案，设计简单调查流程，对业务流程进行完善，并写出完整的策划方案。

案例分析

仓配一体化解决方案

在新零售环境下，商业环境更加多样，企业必须提升物流体验以满足用户在多种场景下的多样需求，运用高新技术推动自身物流供应链的优化和升级，才能在激烈的竞争中立于不败之地。

成立于 2008 年的重庆吉佳粮油有限公司（以下简称"吉佳"），是一家以销售、配送粮食制品（面粉）、食用植物油为主的民营企业。公司经营能力向好，业务规模持续扩大，但在仓储管理方面效率不高，成本难以把控，因此吉佳寻找桔瓣科技作为其合作伙伴，为其提供专业的仓储配送等解决方案。

1. 管理理念升级

桔瓣科技通过对吉佳企业的实地考察和深入调研，经过大量走访分析发现：吉佳的物流管理受传统企业的管理理念影响较大，管理存在一定的局限性。例如，管理方式落后、部门之间衔接不当等问题造成人力、物力、财力等方面的浪费，对库存物资管理沿用人工管理导致效率低下，同时仓储库区划分不合理导致管理秩序混乱等。

这一系列问题，使其在快速变化的商业环境下很难开展高效的物流活动。

桔瓣科技通过三次实地考察、调研、分析和沟通，为吉佳提供了一套完整的物流供应链解决方案。为其员工在职培训、实地沟通交流使企业主意识到企业须将物流供应链升级优化才能跟上商业快速迭代的步伐。任何一次改变对于吉佳这样的传统型企业来说都绝非易事，但是用开放的心态去面对问题则是其管理理念升级的一种体现，同时由于桔瓣科技优质、高效、专业的物流服务能力，也成为吉佳最终选择桔瓣科技的理由。

2. 仓储标准化管理

作为物流的关键一环——仓储，自然是吉佳物流管理中的重中之重。在桔瓣科技接手之前，吉佳的商品从仓库出货经常有错发、多发的情况，同时运作效率不高，耗时较长，整体流程下来往往要花费大量的时间和人力成本，同时还蚕食了大量物流利润。

桔瓣科技通过库内巡查、现场作业观察、系统作业流程排查、沟通了解管理制度等方式最终得出：吉佳仓储管理存在库区划分不明、商品管理混乱、库内管理效率低下等问题。桔瓣科技自接手吉佳项目后，对其仓储管理进行了大刀阔斧的改造。

（1）库区规划。吉佳是传统大宗商品的经销商，其项目库区有 6 000 平方米，但原先在仓库管理上面吉佳并没有非常规范的仓库规则和库区划分，桔瓣科技接手后首先对仓库规则进行了规范，要求商品遵守先进先出，库位和商品对应。同时对库区库位进行功能划分，并对每个库区存放的商品进行了规划，包括对主库外通道进行了规划，设立了货物暂存库位、装货区，以此方便货物的出入，同时可对货物进行安全管理。

（2）人员规划。过去，吉佳在库内分拣和配送这方面效率较低，通过实地考察、仔细分析发现原库区在安排分拣人员和配送人员数量方面不合理，分组也不合理，职责不明确导致工作效率低。此次接手后根据作业环节和各环节的作业特征，桔瓣科技将人员初步分为四个小组——收退货组、库区管理组、生产作业组和财务结算组，每个小组职责明确且互不重复。分组后又将人员进行设定和区分功能性质，让员工快速进入角色，提高工作效率。

（3）优化项目流程。桔瓣科技从信息流、单据流、实物流出发对项目整体流程进行优化。在收货入库时，对商品批号、生产日期等信息进行维护，对新品箱规、重量、长宽高、包装形式等基础信息进行维护。对入库、出库、退货作业日清日结，并每日反馈相关数据。同时收货入库时对产品分开库位存储，在发货时汇总拣选，再按订单分拨。通过拣货单、播种指示单、复核门店订单，快速交接出库，迅速提高了吉佳仓库管理的运作项目水平。

（4）系统优化。通过引入桔瓣科技的桔仓宝（WMS）系统，配置 PDA 扫描枪对商品信息进行高效同步录入，解决了之前手动录入导致的效率低下、准确率不高的问题，大幅提升了商品信息获取效率和准确率，更有利于盘点库存。

目前，吉佳仓储管理已经顺利运转并初见成效，仓库管理及工作效率大幅提升，物流成本显著下降，而吉佳这样的案例并非桔瓣科技运作的个例。桔瓣科技致力于打造仓配一体化智能服务平台，运用四大核心业务为企业赋能：通过桔瓣联盟给予中小物流企业一系列支持，帮助中小物流企业做强做大；运用仓配一体化系统提供定制化的仓储、配送服务；运用数字化的仓储运营管理帮助企业科学规划仓内流程；桔瓣 388 个全国运配网络可为客户提供个性化的运输配送服务。未来桔瓣科技将从高智能、全流程、全场景构建智慧物流体系。

资料来源：百度企业信用网，https://xin.baidu.com/yuqing?yuqingId=baec86e06dac6e6427301db23b112697&fl=1&castk=LTE%3D。作者有删改。

问题：

1. 本案例中提出的仓储配送解决方案的主要内容是什么？

2. 桔瓣科技通过何种方式对库存流程进行有效规划？

电子商务与电商仓配物流

学习目标

1. 熟悉电子商务仓配功能拓展的社会经济背景，熟知电子商务模式下仓配物流的主要模式和运作策略。
2. 熟悉电子商务仓配物流基本工作流程，熟悉电子商务仓配物流的信息系统及技术，了解仓配系统的工作原理。

导引案例

"互联网＋物流"促进仓储公共平台建设

为推动互联网与仓储配送业的融合发展，中国仓储与配送协会自 2014 年以来，重点围绕全国性大型仓储资源与网络化服务的交易、城市共同配送与担保品管理、中药材仓储管理，先后建立 4 个全国性的 SaaS 管理平台。

至 2016 年，在"中国仓储电子交易平台"（中仓网）上运营的已有 1.1 万家企业的 2.5 亿平方米仓库；全国互联互通的城市共同配送公共信息平台（中国物流官网），已有唐山、银川、承德、保定、秦皇岛 5 个城市的 15 万家供需双方企业在线上共享仓配信息；为存货担保融资提供全程监管服务的"全国担保品第三方管理公共平台"，已有 50 家担保品管理公司在该平台上管理 40 多个大类的担保存货；在"全国中药材物流信息公共管理系统"上运营的中药材物流企业已达 7 家。这 4 个公共管理平台的建立与逐步发展，对于促进仓储业地转型升级、提高城市共同配送的程度、保障存货融资的安全、使人民吃上放心药，都具有重大意义。

资料来源：搜狐网，http://www.sohu.com/a/122923823_115035。作者有删改。

7.1　电子商务与电商仓配物流概述

电子商务就是借助互联网从事的商品流通和生产经营活动，不仅是指网上的各种交易活动，同时也包括了利用电子信息技术所进行的宣传活动、寻找商机、增加产品价值等各类商务活动。电子商务的快速发展使得仓储物流模式产生了新的变化，仓储物流配送表现出了一些新的特点。

电商仓配物流是"互联网＋物流"的一种整合形式，主要是借助互联网平台，与客户进行互动交流，完成网上商务交易和线下物流服务提供，同时利用库房、场地、设备进行货物的保管和配送，其延伸功能包括自金融的融通仓与海外仓。

从物流一体化到仓配一体化直至供应链物流体系，网络技术、信息技术的贡献最大，电商是最终的内驱力。所以，从狭义的模式讲，电商仓配一体化并不是新生事物，20 世纪 90 年代兴起的电子商务合同制物流或综合物流服务就是"仓"和"配"一体的，只不过其核心业务是围绕 B2B 物流开展的，主要服务环节为产品下线后到经销商或零售商仓库之间的物流，完成的是仓储管理、干线发运及配送等业务。国际上有代表性物流企业包括 DHL、TNT、辛克物流、EXEL、新科安达、法铁-乔达，国内主流物流企业包括中外运、招商物流、中储物流、中远物流等央企，以及部分民企如宝供、新杰、安泰、长久物流、九川物流，还有宅急送、大田、远成的物流业务部门。

7.1.1　电商仓配物流与传统仓配物流的区别

电商仓配物流和传统仓配物流有着比较大的差别。电商企业实施仓配选择物流模式时一般考虑两个关键要素：首先是成本优势，其次是企业自身对于仓配物流的驾驭能力。

造成电商仓配物流与传统仓配物流存在较大差异的关键因素主要是客户需求、客户的订单量、订单行数、订单实时性、订单精准性、订单波动性、退换货等，这些关键原因将影响电商仓配物流的规划和操作。电商仓配物流的主要特点如下。

1. 平均订单行数少

订单行即货物的集体编号。传统仓配物流有几十甚至多则几百的订单，这些商品可能分布在仓库的各个角落，按订单拣选，仓库走一圈完成订单拣选。而电商仓配物流只有较少的订单行，大多数情况下如京东、当当网等少于 10 行，少数如 1 号店会在 10 到 20 之间。如果依然选用传统零售仓配物流常用的按订单别拣货，每趟拣货只为拣少量的几件货品，需要在仓库里运行较长路径。大量行业数据统计分析结果显示，拣货过程中有多达 70% 的时间是耗费在走路上的。因此需要设计一趟拣货，能够同时完成多张订单，来提高拣货效率，比如先集合拣货再播种，或者拣播合一等模式。

2. 单个 SKU 库存少

SKU 的全称为 stock keeping unit（库存量单位），即库存进出计量的基本单元，

SKU 可以以件、盒、托盘等为单位。SKU 是仓配中心物流管理的一个必要的方法。现在已经被引申为产品统一编号的简称，每种产品均对应有唯一的 SKU 号。相较传统零售，电商销售平台无传统门店空间的限制，因此为了吸引和满足更多的客户需要，电商销售的 SKU 要更多、更全面，如亚马逊和当当等有几十万甚至几百万个 SKU。但因为仓储空间不可能无限扩大，如何在有限的仓储空间里摆放更多 SKU，就需要每个 SKU 的备货量尽量减少。因此，电商仓配物流里的存储单元，以箱为主，而不是传统的以托盘为主。从选择存储设备上来看，主要选择箱式货架，如搁板货架或者中型货架，而不是托盘式货架。作业策略方面，大多数存储和拣货合一，少量大的 SKU 分别分配存储和拣选空间，存在从存储到拣货的补货作业。

3. 作业正确性要求高

与传统仓配行业相比，电商行业对仓配物流操作的精准性方面要求更高更严。因此对电商仓配物流内部操作而言，需要尽全力保证拣货的准确性，对于拣货完成待配送出库的商品，要做到 100% 的全复核，以及大多数情况下，需要进行打包操作。因此，在电商仓配物流的规划和操作上，除拣货外，如何提高复核、打包效率，也是考虑的重点。

4. 作业实时性要求高

自电商推进以来，众多电商物流运作单位接连推出超短的配送时效，如京东的 211 限时达、易迅的一日三送等，这就要求仓库在 1 ～ 2 小时内完成订单的拣选、复核、打包等操作。与传统零售的 24 小时或 48 小时的订单响应时间相比，电商仓配物流作业要保证订单随到随生产，在短时间内完成订单的生产。因此如何提高订单的响应速度，也是未来创新的重点。

5. 作业保持柔性

电商的各种促销活动如"双 11""双 12"以及店庆日等会引来大量订单，在十天或半个月内都无法送达客户手中的情况较为常见。由此可见，电商的订单波动性非常大，在电商仓配物流的规划和设计时，场地、人员、设备等的配置需要足够的柔性，以满足大促期间的大批量发货，且要快速。同时，常常也会有一些单品或者组合装的团购、聚划算活动，这种活动也会引来临时性大量的订单，所以对后端的电商仓储物流要求也相对提高。因此，在电商仓配物流规划以及流程设计上，要保持适度的柔性，需考虑促销活动的订单快速反应，甚至可设计专门的出货流程。

6. 退货量很大

因为电商行业的特性，顾客看不到实物，仅凭图片、文字描述就下单采购，当收到实物后，与客户心理预想的可能会存在较大落差，因此，与传统零售物流相比，电商的退货量极大。对于后端的电商仓储物流而言，则要有很强的退货商品处理能力，将退货商品进行快速挑拣，保证退货可再销售商品的及时上架。

另外，电商仓储物流与传统仓储在行业标准、仓储品种数量以及采取的技术手段能方面也有较大差异。对电子商务企业而言，仓储物流服务能力、企业的资金实力、企业仓储物流体系构建能力是满足电商线下物流服务水平提高的关键。

7.1.2　电商仓配形态的发展历史

通过考察电商背景下的仓储形态变化，可以帮助我们把握电商仓配的逻辑起点和产生依据，我们可以将电商仓储划分为四个发展时期。

1. 电商的"萌芽"时期

一般仓配企业只是在某地建一个大总仓，用来满足全国所有的订单。这种方式下，仓库内的商品管理比较混乱，在仓配过程中经常发生错发、漏发、多发的情况，并且发货周期比较长，订单履约经常滞后。这种管理方式只是采用传统的仓储模式，没有突出任何电子商务的特性和模式。

2. 电商仓储 2.0

这时国内的电商以当当为代表，推出了"子母仓"模式。即在主要城市如北京、上海等建立一个大仓满足绝大部分的国内订单，而向偏远地区的部分订单，则用小仓满足。如果小仓不能满足需求，直接通过大仓发货。"子母仓"的发货速度远大于一个大仓的速度，但是由于小仓的数目较少且难以全面覆盖，所以仓配效率有待提高。

3. 电商仓储 3.0

为了配合企业自身的进出货速度，电商龙头企业亚马逊使用的是平行仓模式，这可以称为 3.0 模式。企业通过与供货商的协调，让供货商把货均分到几个主要干线城市的平行仓库内，再通过企业自身内部的调拨和调配，尽可能使几个平行仓的库存货品类同质化达到 80% 以上，保证一类产品在每一个仓库都有存货。但是平行仓的成本较高，虽然它可以最大限度地保证货源充足，但是不能对客户服务的实效性进行确定承诺。

4. 电商仓储 4.0

京东的区域分布仓可以称为电商仓储 4.0。在此模式下，仓配企业在主要干线城市建立一级仓储，同时把二级仓库下沉到三、四线城市区域，多点布局。单个仓又被细分成 10 ～ 20 个小片区域，一个区域仓覆盖本地的一大片供货。这使得仓库更贴近顾客，顾客可以体验到最快的配送服务，同时企业的配送成本也可以降低。由于下沉式多点分布，区域仓可以对消费者做到时效的统一保证，这也是京东可以保证"211限时达""定时达"和"次日达"等服务的基础。但是区域仓也存在成本高的问题，而且由于仓储的分散分布，区域仓对仓储管理系统的要求也很高。

7.2　电商仓配供应链体系

仓配供应链是电商仓配发展的方向，而信息化则是电商仓配升级的基础。仓储信息化在物流信息化乃至企业信息化中具有基础性地位，仓储信息化要有系统的观点和供应链的思想，要面向电子商务。仓储信息化不能孤立进行，系统构架要体现合理的物流分工，要符合物流发展趋势，而物流与电子商务密不可分，仓储信息化建设就要与电子商务紧密融合。

7.2.1　电商仓配供应链体系结构

必须尊重电子商务环境下的供应链特点及供应链优化的方式，并以此建立电子商务环境下的仓储配送供应链体系结构，使整个体系结构以结算中心、物流中心、虚拟供应链服务系统和互联网为支撑平台，通过信息流引导资金流和物流，良好地解决整个仓储配送供应链的资金流、信息流和物流问题。通过该支撑平台的支持，企业可以专注于自身竞争能力的提高，并在此平台上构建仓储配送供应链的动态联盟。

1. 基于 Web 的供应链支撑平台

电子商务时代的仓储配送供应链要求有快速的信息传递、资金流转和物流的配送，基于 Web 的供应链支撑平台良好地解决了仓储配送供应链中的信息流问题，并通过信息流引导资金流和物流，使仓储配送供应链中的资金快速到位，物流配送的效率也会大幅度提高。

2. 通过中立的支撑平台的支持

仓储配送供应链中的各个企业可以专注于自己的核心业务，有效利用自身资源提高竞争力，构建竞争优势。同时也极大地加强了各企业之间的交流，保证了关键信息的共享并减少了企业通信成本。

3. 虚拟供应链的服务系统

虚拟供应链的服务系统由专门的中立的信息服务中心提供技术支持和服务，这样既有利于提高服务质量和效率，降低供应链运作成本，又使供应链合作伙伴感到平等和稳定。同时虚拟供应链的服务系统为整个供应链支撑平台的正常运作提供了基础，并通过统一处理供应链中的信息，增加了供应链伙伴之间获得信息的及时性和可见度。

7.2.2　电商仓配的主要优势

以电商物流企业为代表的仓储配送供应链建立的目标是：通过构建更柔性的仓储配送供应链管理体系，不断驱动企业供应链和后端支撑系统的改造，加快上下游各仓储配送环节的快速响应和异常情况的快速应对，通过与多终端电商平台的对接，一站式解决仓储配送供应难题。同时密切关注客户的需求和重视客户服务，在仓储配送供应链管理中以客户需求为导向，将 CRM 与供应链上下游的运作结合起来。

"电商＋仓储管理＋配送"已经成为新型电商仓配公司新的业务模式。传统模式下，电商负责订单总汇、发货计划、拣货、配货包装，而配送企业只负责取件、中转和配送。而在"电商＋仓储管理＋配送"模式下电商所要做的只有一个动作下单，其他的均由仓配企业来运作，可以说是一条龙解决方案服务，如表 7-1 所示。

表 7-1　主要电商企业的物流配送模式

电商企业	物流配送
淘宝	主要由顺丰、通达系等快递企业配送
天猫	1.天猫超市由天猫合作的仓储＋落地配公司配送 2.天猫上的第三方卖家，由商家自行选择或与消费者协商确定的物流服务商配送
京东	1.京东自营商品由京东配送 2.京东平台上的第三方卖家，由商家自行选择或与消费者协商确定的物流服务商配送
苏宁	1.苏宁自营商品，由苏宁物流配送或厂家（经销商）直接配送 2.第三方商家商品，由商家自行选择或与消费者协商确定的物流服务商配送
唯品会	1.80% 的订单通过自营品骏物流完成配送 2.20% 的订单通过社会快递企业完成配送
网易严选	一般情况下采用顺丰快递，部分地区包裹可能使用 EMS 快递，暂不支持自选快递

电商仓配需要在特定的模式中体现价值，目前基于创新思想，运作流程与盈利模式成为电商仓配关注的焦点。

1. 仓配一体化的流程与盈利模式

以快递为例，在传统的物流中，客户向商家下单后，商家通知快递公司取件，然后快递公司进行转运、配送。而仓配一体化之后，整个物流被分割成了跨区间的信息流动＋同城之间的包裹流动，也就是说客户下单，商家接单之后，利用信息系统与快递仓库对接，之后从仓储操作到配送都是由快递公司来完成的。而信息的流动是仓库 WMS 系统和卖家 ERP 系统对接传输的，过程是即时的。

仓配一体化的盈利点可以分为五个部分：仓储租赁、仓内加工管理、配送、保险和其他增值服务。其中仓储租赁费包括对托盘和仓储盒的租赁；仓内加工管理包括收货和加工两部分；配送则包括传统的快递、物流费用；同时，盈利内容还包括人工服务和保险费用支付等。

2. 服务多元化，提高客户专注度

物流企业设计把仓库与配送形成一体化，将集中商品管理、订单管理（包括订单打印、订单拣选、订单包装、订单称重等）、商品配送、逆向物流（退换货）等功能，对客户来说这些基础服务加增值服务是释放了整个供应链后端，使客户可以更专注于自己的核心业务。

3. 实施仓内标准化流程管理

实施仓内标准化流程管理必须借助先进的信息技术和网络技术，很多企业通过自主研发的仓配一体化系统，从前端到末端对仓配全生命周期进行监控，实现了仓配标准化的管理。企业通过质检流程规范化、条形码统一化和采购流程标准化等，以此最

大程度提高出货配送的效率和准确率。此外，企业也可提供个性化定制，利用系统收集数据，优化系统和提供各类仓配的分析报表。

知识 7-1　仓配一体化业务费用

对于自营电商，京东仓配一体化价格为 10 元起；对于快递龙头企业，圆通仓配一体化平均总价为 8 元，其中仓库租赁和操作平均价格为 3 元，配送费用平均为 5 元，但是对于订单数量较多、规模较大的商家，公司可以对价格进行进一步商议。据估算，仓配一体化业务行业平均价格为 9 元。

按照国家邮政局设定目标，我国快递行业 2020 年，业务量将达到 500 亿件，行业收入将实现 8 000 亿元。保守估计，到 2020 年，仓配一体化业务的快递量将占到总业务量的 50%，也就是有 250 亿件快递是来自仓配一体化业务的，那么按照行业平均价格 9 元计算，2020 年仓配一体化市场规模将达到 2 250 亿元。

其中仓储管理单价为 3 元，收入为 750 亿元。如果电商需求超出预期，仓配一体化业务量可以占到快递业务量的 70%，也就是 350 亿件，那么到 2020 年仓配一体化市场规模将达到 3 150 亿元，其中仓储收入 1 050 亿元。

资料来源：中国新闻网，http://www.chinanews.com/gn/2015/11-04/7606262.shtml。作者有删改。

4. 拓展了仓配服务的内容和范围

传统简单的进、销、存管理已经满足不了现在用户的需求，单点、单仓也无法满足市场发展的需要。从行业需求角度以及供应链的管理角度来看，最优化的方式是供应链上的几个关键节点由一家公司来做，这样协调性是最强的，整体的效率是最优化的；而如果是每一个节点由不同公司来做，点和点的衔接上一定会出问题，仓配一体化、云仓无论是从降低成本还是提高效率上看都是一个必然的趋势。

电商物流已不再是单纯地强调服务，而是要推出适合电商的物流产品，消除电商企业的物流痛点，从配送到仓配一体，推动行业迈向形态更高级、分工更优化、结构更合理的发展阶段。

知识 7-2　助力同城仓配快速布局

唯捷城配成立于 2014 年，2015 年 7 月唯捷城配在上海成立管理和运营总部。唯捷城配以仓配一体化为主要服务产品，聚焦餐饮和商超两条主线，服务品牌商、渠道商和连锁终端三类客户群，打造多城市、多温层、多级仓配运营网络，以过程透明化、运营数据化、优化库存管理、高效履约交付为核心能力，为客户改善供应链效率和质量积极赋能。据了解，公司此前曾于 2015 年 12 月、2016 年 12 月分别完成 Pre-A 轮、A 轮融资。唯捷城配创始人兼 CEO 王琦 2003 年在 UPS 开启职业生涯，先后在中外运空运、中远物流任职，具有深刻的行业理解和丰富的管理经验。唯捷团队除了物流行业精英，还有来自互联网、零售业的人才。

物流沙龙创始人、罗戈研究院院长潘永刚博士担任嘉宾主持，雄牛资本创始人合伙人李绪富、上海商学院周勇教授、信良记供应链总监王永付、掌上快销创始人郑毓彬分别进行了深度的主题分享。其中，上海商学院周勇教授就"新零售时代社区物流"为主题进行了深度分享。他表示，社区物流的发展趋势中，最后一公里的物流成本大幅度提高，通过应用技术和提价的方式来解决这个问题，物流的终端会继续地往前移。物流不仅仅是物流，有可能是出现物流和商流结合在一起的情况，物流也好，商流也好，要和温情结合在一起，最终实现四度合———跨度＋低度＋速度＋温度。

王琦表示，城配市场过去是一个高度分散的蚂蚁市场，除了客户自营以外，个体司机、夫妻老婆店和小规模的车队是这个领域的主力，是典型的红海市场。随着消费供应链的重构，终端连锁化的迅猛发展，多元化的渠道变革，以及品牌碎片化的趋势，结合移动互联技术的应用，仓配网路的布局，将出现一个连接红海的蓝海战略窗口，唯捷城配正在抓住这个机遇。谈及未来企业的发展规划，王琦表示，唯捷城配三年内将完成 55 个直营城市、150 个加盟城市的布局，打造服务 10 万＋企业级客户的运营网络。同时也透露唯捷城配将持续投入 IT 系统建设，"天穹"系统群将于 2018 年 7 月全新升级；在人才发展方面，每年将新增 5 000 万元预算用于人才培养，成立唯捷学院提高团队战斗力和专业水平，打造行业领先的仓配运营团队。

资料来源：搜狐网，http://www.sohu.com/a/235328805_118792。作者有删改。

7.2.3　电商仓配物流提高效率的途径

电商仓配物流企业与一般企业一样可以从货位优化、盘点多级化、操作程序规范化、仓储管理信息化等方面来提高仓储的作业效率。

1. 实施货位优化，提高分拣作业效率

为了使仓储管理有序，有利于出入库作业操作规范，理货员应该按照商品的存储要求和特点，将仓储空间分割成若干区域，形成货位，并且编号，一是便于货位区别，二是为分拣作业提供了方便，进行高效的分拣作业。

2. 重视盘点多级化，提高盘点的准确率和作业效率

对参加初盘、复盘、抽盘和监盘的人员必须根据盘点管理程序加以培训，使盘点人员必须对盘点的程序、盘点的方法、盘点使用的表单等充分了解。因为复盘和监盘人员对货物大多不熟悉，所以应该加强复盘和监盘人员对货物的识别，有利于盘点工作的进行。

3. 操作实现程序化，提高出入库作业效率

保证货物入库前的各项工作准备充分，货物入库操作流程规范有效，货物验收内容全面、方法得当，单据填写正确规范，人员分工明确，各部门协作性好，入库验收过程中的异常问题处理恰当到位，比如单据不全、单单不符、质量有异、数量不符、有单无货、错验等问题的处理。因此，周密组织，合理安排，尽可能地以合理的物流成本保证出库货物按质、按量、及时、安全地发给客户，保证作业高效、准确，低耗、有序。

4. 仓储管理信息化，提高仓配作业效率

随着仓配物流企业的发展，企业需要在各个方面加大投资，尤其是在仓储方面更需要在仓储场所、仓储设施、搬运设备、分拣设备、条码技术等方面加大投入。应用条形码技术既可以有效地解决企业作业效率低、库存控制难、货位管理难的问题，又可以从容地应对市场的不断变化。实现仓储管理信息化，必须要为每一品种的产品建立唯一的编码，并使用条码打印机制作出条码标签，粘贴在产品外包装上或挂在产品的挂签上。

7.3　电商仓配物流模式

目前快递、快运企业以最初实施电商仓配一体化业务为起点，主要业务还是个人商务快件、公路零担，很少有企业把整体物流业务综合外包给快递、快运企业。目前出现的电商仓配一体化服务基本是由 B2C 电商快速发展驱动的，作为商品销售渠道的一次革命。B2C 电商的替代性超过了以前的综合性大卖场对百货公司、连锁零售企业对单个门店，B2C 电商通过电商正品、低价、支付和收货的便利性刺激着消费者的购物体验。

目前，B2C 发展速度惊人，连续多年保持 50% 以上的复合增长率，2016 年我国快递业务规模达 312 亿件，其中电商快递包裹在快件总量中占比达 75%。电商件对快递业务量的贡献超过 6 成。2017 年第二季度菜鸟日均处理包裹 5500 万件。

7.3.1　电商仓配一体化模式权变

2013 年之前，电商仓配物流多为电商卖家自己解决，客户下单后，快递公司上门取件。但随着客户对电商物流服务要求越来越高，很多品牌商和平台商家发现，为了支持最终消费者订单快速得到满足的需求，急需实现库存本地化。还有一些借力电商平台渠道发展起来的以买手团队为主的新型企业，缺乏管理仓库的经验，因此大多数都考虑将仓储管理交给电商平台或快递企业，由其完成仓储管理、商品拣选、包装、上门配送，以实现商品快速交付，如图 7-1 所示。

图 7-1　电商仓配落地配模式

1. 快递业试水仓配一体化

电商仓配一体化率先试水的是快递业，从 2013 年开始，顺丰、申通、圆通、天天、中通、宅急送等快递企业开始试水电商仓配一体化业务，2014 ～ 2016 年，仓配一体化业务呈现快速发展，同时一大批围绕快消品提供物流服务的网仓企业兴起，电商仓配一体化渐成物流行业发展趋势。

电商仓配一体化将收货、仓储、拣选、包装、分拣、配送等功能集成起来，由一家企业完成，服务贯穿整个供应链的始终。与各环节独立运行的物流服务模式相比，电商仓配一体化简化了商品流通过程中的物流环节，缩短配送周期，提高物流效率，促进整个业务流程无缝对接，实现货物的实时追踪与定位，减少物流作业差错率。同时，货物周转环节的减少，势必降低物流费用，降低货物破损率，可以根据供应链的性质和需求定制服务流程。

2. 仓配一体化的合同制物流

现在，伴随在电商业务高速发展，越来越多的物流包裹由合同制物流公司流向京东、苏宁等电商物流企业与顺丰、"四通一达"等快递企业。

合同制物流尚有一定作用空间，经过多年的业务磨合，其服务范围不仅仅限于货物装卸、运输、仓储业务，还渗透到客户企业的销售计划、库存计划、订货计划、生产计划等整个生产经营过程。但其轻资产型、管理型的运作模式在市场上发展空间受限，使合同制物流到 B 领域的业务不断萎缩，业务规模一直发展滞后。

与合同制物流公司相比，快递企业、电商物流企业坚持资产型投入，物流网点数以千计，配送队伍数以万计，网络覆盖能力更强，为实现全国范围内的仓配一体服务打下了坚实的基础，支持批量更小、频次更高的物流，既可服务电商到 B 领域的大批量物流，还可实现电商到 C 领域的包裹级仓储、分拣、配送，业务兼容性强，反应灵敏。

3. 仓配一体化的标准化物流

电商精细化、精准化、可视化运营，离不开科学的计划、有效率的仓配物流管理体系。仓配标准化、发货标准制定、库房规划、仓库绩效、物流绩效实现等问题也会逐渐在一体化背景下得到逐步解决。

在电子商务三大系统中最大的瓶颈就是物流系统，完善仓储物流的模式创新是电子商务在新时期快速发展的关键所在。目前电子商务企业的发展参差不齐，除了采取企业自营的方式之外，中小企业也探索了其他形式的仓储物流模式，实现企业的健康发展。

在创新仓配模式的同时，借助新零售的推力，在物流的发展进程中，需要优化流程和制度，从而降低成本。改变交付节点，改变商业模式，从而减少层次，节点更少，使客户体验更好。要不断优化细节，从货架的智能摆放、条码摆放、库位管理、智能配展、智能调度等，优化仓内技术，降低成本和操作错误率。而对于配送而言，则一定要做到调度的智能化。

7.3.2　电商仓配运作模式

电商仓配运作模式与一般的物流运作模式基本相同，但是在内容上有所差异。

1. 电子商务企业自建仓配物流

自建仓配物流模式是电子商务企业为了满足自身对于物流业务的需求，自己投资建设的仓配系统，这包含了企业自身投资购置仓储的设备，配置必要的仓储人员，开展自主的管理和经营等等。企业自建仓配物流有利于强化对于货物仓储的制约能力，可以使得企业的仓配物流完全地服务于企业自身的战略发展，有利于企业自身的发展和壮大。同时自建仓配物流也能够有效地提升企业的形象，从长远来看，能够为企业节约不必要的物流成本。但是仓配物流中心因为投资比较大，建设的周期也比较长，往往要占用大量的资金，企业会付出更多的机会成本。

这种模式的优点包括以下几点。

（1）可以更大程度地控制仓配。由于企业对仓库拥有所有权，因此企业作为货主能够对仓配实施更大程度的控制，而且有助于与其他系统进行协调。

（2）储位管理更具灵活性。由于企业是仓库的所有者，所以可以按照企业要求和产品的特点对仓库进行设计和布局。

（3）仓配成本较低。如果仓库得到长期的充分利用，可以降低单位货物的仓配成本，在某种意义上说这也是一种规模经济。

（4）最大程度表现企业实力。企业将产品储存在自有仓库中，会给客户一种企业长期持续经营的良好印象，客户会认为企业实力强、经营十分稳定、可靠，会成为企业持续的供应者，这有助于提高企业的竞争优势。

这种模式的缺点包括以下几点。

（1）企业资金投入大，长期占用一部分资金。无论企业对仓储空间的需求如何，仓库的容量是固定的，不能随着需求的增加或减少而扩大或减少。当企业对仓储空间的需求减少时，仍须承担仓库中未利用部分的成本；而当企业对仓储空间有额外需求时，仓库却无法满足。

（2）仓库位置和结构的灵活性差。如果企业只能使用自有仓库，则会由于数量限制而失去战略性优化选址的灵活性；对于市场的容量、市场的位置和客户的偏好变化，如果企业在仓库结构和服务上无法适应这种变化，将失去许多商机。

2. 第三方仓配物流模式

第三方仓配物流模式是在 20 世纪中后期在欧美发达国家所兴起的一种物流模式，是一种典型的外包模式，这主要是指由物流劳务的供应方、需求方之外的第三方去完成物流仓配服务的专业化的物流模式。第三方仓配物流模式注重利用社会资源，该模式强化了社会分工协作，并且一般情况下，第三方物流企业的效率要高于企业内部的物流仓储部门，具有专业化和低成本等优势，所以近年来一直受到物流行业的关注。

第三方仓配物流模式的专业化能够很好地消除电商企业在物流配送方面的各种顾虑，使得电商企业能够更加关注自身的网络商品，能够有效降低电商企业的物流仓储和配送成本。目前第三方仓配物流模式在我国的发展尚不完善，难以满足电商企业对于仓配物流的现实需求，所以很多电商企业在发展的过程中，仅仅是将一部分的物流交给第三方仓配物流公司去运作，余下的部分由自己来单独来完成，以此来降低物流运作过程中的风险。

新的第三方仓配物流公司，开始更加注重设备系统端的投入，提升服务的品质以寻求差异化发展，比如备受关注的中联网仓，通过高自动化设备以及定制化的系统来提高工作效率，同时研究出"傻瓜式"的标准化操作流程，提前完成业务转型，成为国内第三方电商仓配物流服务的新标准。使用第三方仓配物流有助于企业降低成本，从而有更多精力和资金专注于前端的发展。

这种模式的优点包括以下几点。

（1）完善的内部管理标准。用户在选择合作方的时候通常会要求对方出示其内部管理文件，虽然目前的第三方物流公司都已经通过 ISO9001 认证，但文件之间仍存在一定的层级，客户可以要求对方提供各个层级的某一个文件查阅，比如设计作业指导书、标准作业手册、商业流程设计说明等。通过这些文件可以了解该第三方的内部操作是否细致、内部流程的标准是否合理。

（2）合理的报价避免隐性收费。目前电商仓配的收费模式有两类：一类是按操作量进行收费，如入库按件收费、发货按单或件收费、存储按件收费、退货按件收费等；一类是按耗用资源、开发式合同收费，如使用仓库、人员、设备、耗材进行收费等。对于客户来说，通常会计算自己的物流成本，然后对比第三方物流报价，不同的报价之间会有差异，需要客户将费用核算清楚，注意避免一些隐性的收费。

（3）合理有效的项目运营计划。客户在与第三方仓储物流合作之前，首先要明确好自身的需求、自身需要的工作量、要达到的目标等。根据客户的需求，优秀的第三方会在整体业务层面上设计出一个未来的运营方案。客户可以大致判断方案是否符合自身的需求，以及方案的合理性。

（4）先进的项目实施流程。在制订物流方案的基础上，第三方会在采购、销售、财务管控等主要流程上，针对客户的特性做出具体的业务流程和设计。对客户而言，在了解第三方基本情况之后，会比较与其他企业的业务流程的差异，分析第三方的仓配管理规律，考虑如何与自己固有的 ERP 系统对接，财务管理方面也会考虑库存账目核算问题。

3. 仓配物流联盟模式

仓配物流联盟模式又称为共用仓配物流。在电子商务条件下，消费者所在地的分散和运输的远距离，这已经成为非常普遍的情况，一个企业无论物流功能多强大，其物流网络也无法覆盖全国所有地区。在这种情况下，构建物流企业之间的仓配联盟可以很好地解决单个物流企业网络覆盖率小的问题；同时，可以增强仓配物流企业之间的信息交流，有效地实现物流信息的共享。

（1）仓配物流联盟建立的要点。在物流智能化进程尚未完全拉开之前，"自建物流仓储"与"第三方物流"成为电商之争的关键。现在，"互联网+"将改变这种格局，物流资源的整合在互联网背景下，已经实现了资源共享的仓配一体化，外包与自建不再成为主要关注焦点。随着仓配一体化平台的不断涌现，自建物流已不能占据大量的市场份额。重点是利用网络平台实现电商企业之间的竞争，竞争围绕行业带来更优质的用户体验和价值获得感。随着大数据、智慧管理系统的运用以及一体化平台的不断发展，电商企业之间的物流仓配一体化平台竞争日趋激烈。

（2）仓配物流联盟形式创新。仓配物流联盟基于"互联网+"的高效物流是多式联运、一体化运作、一站式服务、多网协同、多业联动的一体化综合性仓配服务行业，以上内容成为物流联盟形式创新的内驱力。

2016 年 6 月，国务院办公厅转发国家发展改革委《营造良好市场环境推动交通物流融合发展实施方案》，部署推动交通物流融合发展，要求着力打通全链条、构建大平台、创建新模式，加快交通、物流与互联网三者融合，这就为创新仓配联盟形式提供政策保障。当前全国各地已有多家电商企业在外包物流上走上了利用网络平台实现仓配一体化的道路，如菜鸟驿站等。目前，宅急送加入了物联云仓共同仓配，而这正是企业间通过"互联网+"实现融合发展的典型。通过运用互联网技术，宅急送对接物联云仓，在没有自建物流的情况下，解决仓配问题，在实现产业融合的同时，节约了大量物流成本。

（3）资源整合平台建设。目前，在部分区域、行业领域由政府或企业搭建了一些社会化或专业化的资源整合平台，如中国铁路 95306 网、菜鸟智能物流骨干网等，拥有各类互联网平台超过 2 000 个，各类移动终端应用近 300 个。一体化网络平台在"互联网+"的时代效应下，不断成为物流行业资源共享、降本增效的制胜法宝。目前，"互联网+"带动行业科技革新的同时不断刷新着智慧物流格局，物流智能化发展已成为诸多电商企业的下一个蓝海。

（4）企业平台建设效益明显。为了解决行业发展瓶颈问题，仓配物流联盟精选全国优质仓储服务商和城配服务商，共同打造了一个覆盖全国的仓配一体化网络平台共同仓配。这里所提供的仓配一体化，既有仓储网络，还有配送网络，从而真正解决仓储物流业一条龙服务的需求。

与目前市面上一些公司的仓配一体化相比，仓配物流联盟除可承接覆盖全国的B2C（商对客）快递业务，同时还致力于电商交易供需双方的 B2B（商对商）和 O2O（线下线上相结合）仓储配送业务。不仅如此，为了提供最具有品质和竞争力的仓配服务，共同仓配对联盟的仓储服务商和城配商，如物联云仓，可以全部免费提供订单管理系统、仓储管理系统软件，统一采用物联云仓提供 SOP（标准作业流程）作业，以及专业的运营管理指导等。

7.4　电商仓配物流问题与对策

电商仓配在市场容量与运作成本双重压力下，逐步接收外包模式。很多电商企业会把库存外包给专业的第三方仓储企业去管理。与自身仓储管理不同，由于很多信息上双方沟通不到位，因此即使第三方仓配企业非常专业，也会导致很多库存问题，这些问题需要及时加以解决。

7.4.1　电商仓配物流运作中的问题

与传统企业一样，很多初具规模的电商企业的货源可能来自多个供货商，这些供货商的管理水平可能参差不齐。能否规范入仓，要看商家对供应商的约束能力和仓库对入仓异常情况的及时反馈能力。有些中小型电商企业对供应商（工厂）的把控能力太弱，加上注重订单履行速度，订货周期大大缩短，销售周期又存在巨大的不确定性，导致工厂备货的时间非常短，往往导致入仓时产生异常。

1. 入库异常

商家下属各供应商、工厂入仓质量无法管控，导致入仓数据从源头上就出错。如果在入仓环节供应商和厂家配合不好，就会增加仓库收货作业难度和成本。有些品牌商如李宁、美特斯邦威等对供货商的管理是非常完善的，供货商会严格按照指定的包装入仓，唛头、包装规范。中小型电商把控能力差，唛头贴错、包装不统一等现象经常发生，有些甚至直接用大编织袋来装货，给仓库收货清点造成了很大困难。个别工厂未按照仓库和客户要求打条码，或者张贴了错误的条码，这种现象经常出现在服装行业。贴码和水洗标、箱外的唛头不一致，会导致仓库清点错误。如果仓库在入仓环节未及时发现，后面的发货环节发错货就不可避免。

2. 超卖

电商行业和传统销售行业相比，效率高、速度快。一个爆款出现，瞬时会有大量的订单出现。前后台库存数据不一致会导致订单超卖。而各大电商平台为了对消费者的体验负责，对超卖会有严格的控制，甚至有些惩罚措施，比如天猫对超卖订单会要求商家赔偿30%的货值给消费者。如果前后台的库存运作没衔接好，即使仓内的库存是正确的，前台也未必能上架正确的库存数量，由此给商家和买家带来的损失就不可避免了。

3. 出库与结算环节的纠纷

出库与结算环节的纠纷经常出现。电商的"快"往往会让仓库作业处于非常被动的地步。快速入仓，以便尽快发货，快速发货，以便客户体验好。销售出现问题，就快速退仓，以便尽快寻找其他销货渠道。因为这种"快"，让仓内来不及对库存进行细致的管理和反馈，导致在退仓的时候有纠纷。这种纠纷会耗费双方业务和结算人员大量的精力去举证、判责，严重的会影响到双方的合作。

4. 分批到仓

一般情况下，一个入库单对应一次入库行为，有些供货商因为准备不足或者其他问题，会采用分批到货的方式入仓。对一些需要进行批次管理的商品来说，分批到仓会导致仓库对批次的混淆，也会影响到销售端对不同产品的批次定价和仓库端对滞仓费的计算。一般情况下，滞仓费会遵循先进先出的原则，根据商品滞仓天数去计算滞仓费，但滞仓费的计算是基于一个准确的库存数量的。如果库存数量错误，滞仓费也就会产生各种纠纷。

5. 数量差异和收货延迟

数量差异和收货延迟问题较多。供货商未按照商家指定的数量入仓，仓库在入仓环节要反复和商家、供货商两边确认，影响入仓作业。不同 SKU 的商品混装在一个大包装内，导致仓库收货混乱，清点时间加长，收错货的风险也增高，出现服务质量控制（QC）问题。有些商品需要根据电商平台进行仓内 QC，需要仓内配合。如果客户未协调好 QC 和仓库的作业时间，会导致 QC 延迟和收货延迟。

电商仓配管理应该站在联动的角度看，确保过程和结果都是准确的，电商和第三方仓储应该加强联动做好仓配（库存）管理。

7.4.2　电商仓配物流问题解决的对策

电商仓配物流问题涉及的面比较广，既有技术层面的硬件问题，也有流程设计、管理规划设计的软件问题。

1. 保证仓配过程货物数据准确

要确保仓库后台库存变动和前台能实时同步，确保不超卖。保证过程准确主要依据两方面：一方面是仓内的管理，另一方面是仓库 WMS 系统和店铺 ERP 系统及电商平台的商家后台的库存同步机制。

（1）仓内管理。

1）关于库存变动。商品入仓后，各种原因都会导致库存变动，仓库要忠实且及时地把这种变动记录下来，并通过系统接口同步给店铺 ERP 系统及电商平台的客户后台，主要有以下几种场景。

正次品转换：入仓的时候是正品的可发货库存，实际拣货的时候发现是次品，不可发货。这种情况下仓库需要扣减一个正品库存，增加一个次品库存。

仓库丢货：仓库盘点发现货物短少，需要扣减库存。

库多发货、少发货、发错货：仓库发错货，需要对库存进行调整。

仓库盘点错误：上次盘点错误，在本次盘点中纠正，需要对库存进行调整。

错码调整：入仓时未发现编码错误，在库内管理或者发货环节进行调整。

退件入仓或者截单成功：前台订单取消已经发货的订单，仓库需要截单，如果快递截单成功或者被买家拒收退回仓库，仓库需要对库存进行调整。

上述库存调整场景，有些是需要客户承担责任的，比如正次品转换，有些是需要仓库承担责任的，比如丢货、发错货。无论是何方的责任，仓库都要忠实记录、及时反馈，时刻保持前后台库存数据一致。

2）关于仓内盘点。作为仓内的日常作业行为，每个仓库都会有各种盘点规则，如月度的和季度的大盘点、循环盘点、动碰盘点等。但在实践中可以发现，仓内的盘点规则未必就是适合电商行业应用的。为此，经过一段时间的摸索，探索出以下几个盘点原则。

月初库存低于 20 个的商品全量盘点：库存低于 20 个的时候，商家认为就有超卖的风险，需要仓库在月初对低于 20 个的 SKU 进行全盘，盘点结果反馈给商家 ERP 系统和店铺后台。如果有差异的话，店铺后台自动更新上架数量。

当天库存低于 20 个的商品当天盘点：确保当天低于 20 个的商品不产生超卖。

库存有差异实时盘点：利用系统功能，每天自动比对店铺上架数量、ERP 库存数量和仓库库存数量，对有差异的数据自动生成盘点请求，请仓库纳入到自己的盘点计划中去，并把盘点结果同步给 ERP 系统和商家的店铺后台。

活动后盘点：电商企业和传统企业不同的一点是，如果有大流量灌入或者预计的大型促销活动，会在短时间内产生大量订单。这些订单一般集中于有限的几个或者几十个 SKU。当活动结束后，需要仓库对这些 SKU 进行盘点，以保证库存的准确。

退仓前盘点：为了确保退仓时的数量是准确的，有必要在退仓前对库存进行盘点，以便按照正确的数量退仓。

（2）发货。确保发货过程中不错发、漏发、多发。电商企业仓内一般都制定规范的流程，但要在几个关键节点把控好。

1）拣货环节：确保拣货 SKU 和数量与订单一致。

2）包装环节：包装台最好有两道符合环节，一道系统（把枪扫描），一道人工。

3）交付快递环节：特别关注退款订单和内容有修改的订单。

2. 保证结果准确

所谓结果准确，指的是在退仓和结算的时候，能够有非常清晰的进销存数据，即使有库存差异，也能找到具体的原因，能够对责任方进行追责，确保客户和仓库、供应商在退仓和结算环节没有服务质量纠纷。

由此可以总结出 5 个退仓原则。

（1）退仓前商品下架原则。退仓前商家要将商品从店铺下架，以免退仓单生成后店铺还有订单流入，对仓库的退仓工作造成干扰。这最好通过系统实现，人工干预会有遗漏的可能。

（2）退仓前盘点原则。退仓前仓库必须对要退仓的商品进行盘点，盘点结果及时通报给客户，并在系统中进行同步更新。这样做有两个好处：一是客户可以尽快确认是否对退仓数量存有疑问，二是系统中同步更新后，可以按照盘点的结果生成准确的退仓单。

（3）库存差异数据当场追偿原则。如果库存有差异，当场追责。追责的依据就是仓库 WMS 和店铺 ERP 两边的进销存数据。所有的库存变动必须基于相应的单据，如入库单、发货订单、库内调整单、退仓单。这样在库存产生差异时，能够直接找到对应的单据，是仓库没上传发货数据还是仓内库存丢失就一目了然。所有的单据，尤其是库存调整单必须有明确的调整原因。这样在退仓和结算时可以立即确认由谁来承担责任。

（4）追责和退仓两条线原则。有了盘点原则和追偿原则，客户和仓库不能再以任何借口不退仓，追责和退仓两条线分开操作。这样不会因对退仓数量有争议而延迟退仓，也就解决了各种纠纷。

（5）月台交接原则。该原则主要是为了避免双方对已经交接的退仓数量有争议。实际操作过程中，以月台交接为界，双方对退仓数据进行签字确认，事后不得反悔。在具体执行该原则的时候，有些客户会采用第三方物流送货和退仓。

3. 运用系统功能

除了以上对策，系统功能也要能够跟得上。公司的系统和仓库经过一段时间的努力，通过以下功能确保库存管理的准确。

（1）ERP 系统要有完善的铺货功能。很多大客户都是多平台、多店铺、多渠道销售。不同的渠道对上架数量的逻辑也不同。比如淘宝支持拍下减库存和付款减库存。为了不产生超卖，ERP 系统需要有完善的铺货系统，能够实现多渠道共享库存和按渠道锁定库存。

（2）库存调整实时同步。仓内库存调整时，能实时同步给店铺 ERP 系统，从而触发电商后台的上架数量进行调整。这个调整都是有具体的调整原因的，以便在后续对相关方追责。

（3）每日定时生成库存比对报告。店铺 ERP 系统和仓库 WMS 系统每日在库存作业停止时进行自动的库存比对，把两边的库存比对差异生成报告，提交给双方。仓库会根据差异报告主动查找差异原因，确认需要调整库存的，就对库存进行调整，然后同步给前台。

（4）进销存功能。这是几乎所有的 ERP 系统和 WMS 系统都有的功能，但如何能更方便地让仓库和客户发现库存差异的原因，需要管理者负责系统的全面管控。一般公司把该功能做成工具，让客户和仓库在很多场景下能够快速调用该功能，快速定位库存差异原因。

（5）库存盘点打通。公司仓库的盘点规则和客户所希望的盘点规则是不一样的，通过库存盘点打通，ERP 系统自动把商家希望盘点的 SKU 发送给 WMS 系统，WMS 系统在盘点后反馈数据给 ERP 系统。

（6）零库存同步机制。在做好运营和系统上的工作基础上，为了绝对避免超卖，还需要零库存同步机制：当库存可拣货数量为零时，实时同步给 ERP 系统，ERP 系统强制触发商家店铺后台下架。

📍 本章小结

造成电商仓配物流与传统仓配物流存在较大差异的关键因素主要是客户需求、客户的订单量、订单行数、订单实时性、订单精准性、订单波动性、退换货等，这些关键因素将影响电商仓配的规划和操作。

电商仓配体系技术结构：基于 Web 的供应链支撑平台，通过中立的支撑平台的支持，虚拟供应链的服务系统。

电商仓配运作模式包括电子商务企业自建仓配物流、仓配物流联盟、第三方仓配物流。电商仓配物流运作中的问题包括入库异常、超卖、出库与结算环节的纠纷、分批到仓、数量差异和收货延迟。解决的策略包括过程准确、结果准确、运用系统功能。

💿 复习思考题

简答题：

1. 电商仓配的主要优势主要表现在哪几个方面？
2. 电商仓配物流运作中的问题及解决策略是什么？
3. 仓配物流联盟模式建立的工作要点是什么？

💿 课内实训

借助校内实训基地，了解电子商务仓配一体化行业状况，通过企业走访，说明企业如何通过信息技术运用来提高仓配效率以及哪些技术在本地推广。

💿 课外实训

构建项目化课题小组，利用业余时间，通过分析网上仓储数据，调查本地电商物流企业仓储配送业务运作情况，找出业务活动的不足，自行拟定初步方案，设计简单的调查流程，完善业务流程，写出完整的策划方案。

💿 案例分析 7-1

物流＋互联网六大趋势　曹朝货的如何玩转纯电动配送

2017 年，一份以全国城市物流大数据为基础，解读中国城市配送市场发展趋势的蓝皮书在"中国数谷"贵阳首发。

东北地区人们爱搬家？江浙沪地区人们最爱车？京津冀人们都是守房族？通过对不同地区城市配送货源结构的分析，"洞察"出不同地区人们喜欢干这些事情，进而会在对应区域的对应行业如家居、汽配、建材家居等，进一步提供分行业深度解决方案。

这只是大数据的冰山一角。《中国城市配送市场发展蓝皮书 2016》诞生的背后，意在深度挖掘隐藏在数据背后的信息价值，加强大数据在城市配送领域的应用，以数据驱动城市配送升级，打破低层次、低效率、高成本的运输局面，为城市配送行业发展注入新的活力。

参与研究的权威数据分析机构表示，对数据的分析和城市配送趋势的预判有着更大的社会民生价值，可以让勤奋的司机先富起来，让企业成本降下来，让城市更智慧，让数据更有认知价值，这正需要创新驱动、惠及民生的企业如曹朝货的让城市物流更有温度、更高效、更智能。

未来的城市配送究竟有着怎样的趋势？ 报告指出，目前中国同城货运市场显示出需求高度碎片化、潮汐需求频现、垂直细分领域配送需求差异大、配送及其增值服务需求多样化、仓配一体化成未来仓储趋势五大特征，与此同时，运营成本高涨、供需调度困难成为巨大痛点。

第一，由需求拉动升级到数据驱动。未来城市配送的产品决策依然来源于客户，但会深度应用大数据技术，增加产品前瞻性，从而更有效配置物流资源。

第二，用户需求从价格敏感到服务敏感。伴随城市配送市场需求和竞争双重升级，服务敏感型客户正成为城市配送市场的主流目标客户。如曹朝货的通过提供"定制化、标准化"的配送服务，吸引服务敏感型客户，开拓出一片新市场。

第三，城市物流需求向多品种、小批量、高频次转变。城市物流配送也变成多品种、小批量、多频次的服务方式，订单碎片化趋势越来越明显。

第四，中国同城货运市场潮汐需求更加常见。在同城货运中，用车需求的时间并不是整天平均的，在每一日的不同时段，每一周、每一年的不同月份都有订单不同的时段。在这样一个潮汐需求背景下，就会对车辆资源调配、路线规划等提出更高要求，未来持有资源的成本将会变得越来越高。

第五，仓配一体化成未来仓储趋势。随着新零售模式的到来，城市物流的发展不再是简单地从 A 点到 B 点，企业对于仓储的数量、作业质量、专业化服务水平、全国化布局甚至是配送速度等多维度的要求越来越高，智能化仓库应运而生，基于大数据技术，实现就近仓储、下单、拣选、配送，仓配一体化的趋势越来越明显。因此，未来企业货主们在轻运作之下，需要寻求更多的第三方仓储资源，将专业的事交给更专业的人去做，以提升物流效率，实现降本增效。

第六，配送及其增值服务需求多样化，越来越需要"物流 + 互联网 + 金融"的完整解决方案。未来的公路物流的决胜关键点就在于物流平台能够提供全链条的一站式解决方案。物流不仅是将货物由 A 点转移到 B 点，而是需要为货主提供完整的物流服务解决方案。比如，货主首先提出仓储服务需求，同时因为资金需求质押货物，就需要物流企业同步介入物流金融服务。

当然，可以做的很多，但是曹朝货的想要做的只有为客户提供服务好、速度快、更省钱的纯电动配送服务。随着货运标准化服务体系的推出，曹朝货的将成为中国配送服务最好的平台。

资料来源：搜狐网，http://www.sohu.com/a/128223254_584790。作者有删改。

问题：本案例中提出的未来公路物流的决胜关键点在何处？中国城市配送市场发展的六大趋势是什么？对提高未来城市配送服务质量有何意义？ 结合案例说明"曹朝货的将成为中国配送服务最好的平台"的内在含义。

🔩 案例分析 7-2

天猫平台卖家：网络快递 + 仓配模式

天猫平台的大部分卖家采取网络快递模式，少部分采取仓配模式。天猫平台卖家主要是品牌类企业电商，大部分卖家还是采用网络快递的物流模式，一些规模较大的企业卖家（如李宁、杰克琼斯）等采取全国分仓的模式，再由区域配送公司将货物较快地送到客户手中，目前主流的分仓模式有"子母仓"和"平行仓"两种。

部分天猫平台卖家选择采取仓配模式，主要有以下三点原因。

第一，该类型商家规模较大，将分仓前置，可以分担仓库管理压力、订单处理压力和发货压力，尤其是在电商大促等高峰时段效果明显。

第二，商家追求较高的时效性，通过仓配模式缩短了平均配送距离，提高了配送时效，提升了客户满意度。

第三，商家的货品 SKU 种类少，但单品的仓储量大，即使仓储成本较高，也能以量来分摊仓配成本。

根据调研数据，天猫超市目前日均单量约为 60 万单，相当于几十个线下大型超市的体量，这部分全部为仓配模式订单。除了天猫超市的单量，可以估算天猫平台其余单量大约为 1 100 万单。

资料来源：百度百家号，http://fihttps://baijiahao.baidu.com/s?id=1574856783314249&wfr=spider&for=pcnance.sina.com.cn/roll/20110325/08129591939.shtml。作者有删改。

问题：本案例中，天猫卖家选择采取仓配模式的主要原因是什么？网络快递 + 仓配模式的分仓模式是什么？

Chapter8 • 第 8 章

数字仓与云仓储

学习目标

1. 熟悉数字仓的各个基本模式产生背景及与电商发展的内在关联性，掌握数字仓模式的主要业务内容、运作流程及运作特点。
2. 熟悉云仓储模式的特点，了解行业中云仓储的细分模式的特点及运用价值。
3. 掌握云仓储模式在互联网经济背景下的商业作用，了解我国云仓储模式发展的现状以及改进的措施与趋势。

导引案例

传统仓储或将被云仓淘汰？数核：效率是关键

在"互联网＋"的大环境下，物流、电商、实体销售等任何需要商品流通的行业，都在追求效率，而快速处理数据的能力则成为高效率的标配。对于必须依靠商品流通盈利的企业或平台来说，仓储可谓是重中之重，商品进出、库存管理、信息分类等方面也逐步往信息化发展，传统的纯人工操作方式渐渐向数据化、智能化转变。

"数据，已经渗透到当今每一个行业和业务职能领域，成为重要的生产因素。人们对海量数据的挖掘和运用，预示着新一波生产率增长和消费者盈余浪潮的到来。"在电商业日益发展、"一带一路"倡议带动传统制造业再掀热浪的境况下，大数据在物流配送、仓储管理等方面的应用也越来越趋于规范，云仓则是传统仓储模式上的智能衍生物。

数核云仓负责人表示，云仓实现了高密度自动化解决方案、协同打造扁平化的供应链，与传统仓储相比较效率更高。基于大数据和云计算的强大驱动力，数核云仓利用自动化设备实现了 2 小时完成入库上架，以闪电般的速度响应订单全流程，系统收到出货指令后，0.5 小时完成信息匹配、自动下架和复合打包等分拣出货过程。

传统仓储的空间规划不合理，造成货物品类单一化，一个仓储只有几种品类。云仓则可以根据客户订单到不同仓库取货，甚至是异地就近匹配，自动化、智能化设备提高货物拣选效率，进一步提高物流效率，改变了以往的仓储模式，通过订单或自动或人工拣选，形成最终包裹。

对于云仓是否能完全替代传统仓储，数核云仓负责人则表示，两者都有存在的必要，毕竟对于不需要参与交易或者配送的领域来说，单纯的货物存储更节省成本。不过现有的大型电商平台、商家、物流企业都自主建立了云仓，第三方仓储也以云仓模式为主流，说明在市场对于效率的追求下，云仓的表现更有优势。

资料来源：中国江苏网，http://economy.jschina.com.cn/rddt/201901/t20190122_2186655.shtml。作者有删改。

8.1　数字仓概述

在"互联网＋"的带动下，电商企业正在摒弃之前"自建物流仓储"与"第三方物流"之间的模式竞争，把竞争焦点集中在物流智能化上。这也给仓配一体化发展带来前所未有的创新发展机遇。从整个物流服务市场看，物流智能化布局已久，已经是电商企业的下一个蓝海。现在，优秀的电商企业将物流战略核心纷纷瞄准智能化的推动，从智能仓储到无人机送货，仓配物流浸透智慧气息。在我国电商加速发展进程中，企业纷纷将信息化手段运用到仓配物流之中，而这都离不开"互联网＋智慧"在其中发挥的作用。

目前，物流信息的收集也表现出数码化的特征，在信息的处理方面又表现出计算机化和电子化的特征，在仓配物流信息传递的过程中，已经呈现出实时化和标准化的特征，信息化和智能化是现代物流发展中的重要特征，这些信息技术又为仓配管理创新提供基础。

8.1.1　数字仓管简述

数字仓的核心是数字仓管，数字仓发端于企业对自身在同行中排名的关注。作为第三方物流仓配服务公司，由于对公司在网上的排名特别重视，通过数字仓管实现网上品牌推广，成为仓配企业品牌战略的又一个举措。但是在仓库租赁关键词搜索排名方面，大多数仓配服务商往往没有充足的营销推广资金与技术。这一问题解决的方式就是采用更加简单、经济、高效的在线数字仓管策略。

1. 数字仓管的概念

数字仓管是物联云仓联合优质的仓配服务商，依托领先的仓储物流专业管理系统与物联网智能硬件技术，共同为货主打造的数字化仓储服务网络平台，使仓配管理更简单、灵活、经济、高效。满足仓库作业流程重塑与作业人员完全互动，实现电子仓配精准与科学的管理，保证品牌统一推广，货品动态增减不爆仓、不浪费。

目前，仓库出租关键词搜索方面，中小仓配企业对资金投入数量比较谨慎，原因是比他们资金雄厚的大仓配服务商，买下了所有通用搜索引擎关键位置。在搜索越来越商品化的年代，中小仓配服务商是无法与资金雄厚的对手竞争的。

仓库租赁关键词竞价排序，除了价格不菲，管理起来也很复杂，企业不仅要有人每天盯着它，几乎还要特聘一名 IT 专员，才能了解其中的细枝末节。因此，大多数仓配服务商可能会选择远离这种耗资巨大的推广渠道。

2. 数字仓管的技术手段

实现仓库租赁推广和管理活动的经济高效是数字管理的目的所在，数字仓管依托物联云仓库管理数字化，首先体现在云仓有在线仓配服务需求，可带来大量的客源；其次是提供专业的仓库作业优化流程，积极拓展高峰期订单作业能力；同时还提供云仓 WaaS、WMS、TMS 等智能软件管理系统支持，流量计费，动态增减仓，不再爆仓和浪费（见图 8-1）。

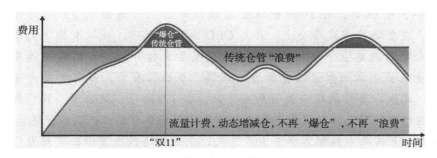

图 8-1　数字仓服务功能示意图

在云仓服务提供方面，企业需要依托云仓门户网站和国内主要媒体营销资源，凡加入数字仓管的仓配服务商，云仓均有专业的市场推广团队进行网络营销、市场活动等统一推广，快速提升其品牌影响力。

8.1.2　数字仓管特色服务

云仓数字仓管作为为第三方仓配物流提供服务的企业，对仓配行业来说既是挑战也是机遇，如成都仓库在线数字仓运营面积 390 441 平方米，星级仓库 5 个，普通仓 253 个，入库、发货服务 0.20 元/整件起；北京仓库在线数字仓运营面积 466 354 平方米，星级仓库 7 个，普通仓 89 个。

1. 数字仓管的增值服务

数字仓管的增值服务是核心服务内容。第三方仓配物流服务并非简单的库房发货，这是技术含量的较低端的服务。数字仓管除了可为仓配服务商提供扩大客户来源、专业的市场推广和专业的仓储规划设计方案，还联合全国优质的城配服务商，共同打造了覆盖全国的仓配一体化网络平台共同仓配，有效解决了现有第三方仓配物流服务存在的问题。

2. 数字仓管的金融服务

数字仓管的金融服务是提供仓配企业表外业务的基础。数字仓可以联合相关金融机构，为广大仓配服务商提供智慧仓配融资服务，支持升级改造；携手保险公司提供仓配保险服务，共同为客户降低存货风险；并通过平台商城实现耗材拼团采购，降低成本等增值服务。

3. 数字仓的延伸服务

数字仓的延伸服务可以衍生多项服务内容，提高仓配企业自身的服务产品的个性化和多样化。数字仓管的出现，不仅可将仓配服务商的精力更多地释放出来以经营高端的运营和管理，还可有效提高仓库租用率，引导仓储设施的柔性提升，再也不用为缺智能管理系统、缺优质客户和仓库闲置率高而棘手了。

知识 8-1　菜鸟推出全新品牌"丹鸟物流"，用数字化做新零售配送

2019 年 5 月 28 日，在 2019 全球智慧物流峰会上丹鸟物流（以下简称"丹鸟"）正式亮相。在首场品牌发布会上，丹鸟 CEO 李武昌宣布，将运用数字化技术和智能算法，联合配送网络上下游，对全国落地配服务进行升级，为商家提供多种解决方案，为消费者提供本地生活的优质物流体验。李武昌表示，丹鸟可以为商家提供运输、配送、客服、售后的综合物流解决方案。在 1.0 阶段，聚焦于生鲜、鲜花、母婴等领域，主打中件服务，通过服务触点，积累应用场景和用户，聚合配送能力模型。

实际上，菜鸟的本地配送服务由来已久，主要是通过投资浙江芝麻开门、南京晟邦物流有限公司、成都东骏快捷物流等多个区域性落地配公司。2018 年，菜鸟尝试整合这些落地配公司品牌，其间品牌也曾经历过多次更名，如喵递、新配盟等。

前几年，丹鸟一直以多个区域性落地配公司品牌，服务于天猫超市等业务。此次丹鸟的品牌升级，某种意义上也是为了进一步提升在阿里系电商配送服务上的用户感知。据悉，以 2018 年天猫"双 11"为例，丹鸟日均单量增长数倍，但 10 天签收率是日常平均水平的 5 倍。2019 年 5 月热销全国的海口火山荔枝，也是通过丹鸟的产地直送、农产品上行模式，24 小时配送率高达 99%。

与此同时，丹鸟的业务重心和模式也区别于传统的"通达系"快递公司，反而与京东物流的仓配模式较为接近。在丹鸟专注的仓配、大件等领域，由于配送时效要求高、重量体积大等，因此是快递公司很少触碰或者不愿触碰的领域。未来，丹鸟将和快递公司相互补充，共同服务消费者和商家的新需求。

"未来我们将依靠大数据沉淀、模式迭代升级，建立数据化的配送模型，实现智能调配人、车、货、场的资源，将模式沉淀开放赋能给新零售行业。"李武昌表示，丹鸟将通过技术手段、智能算法，输出匹配商家多样化需求的适度的时效产品；以用户需求、前置仓及 B2B、B2C、O2O 一体化运营的模式，让商家灵活智能调度货物；以生态资源优势、平台化运力、技术加持升级配送链条全链效率。

资料来源：百度百家号，https://baijiahao.baidu.com/s?id=1634775943138198073&wfr=spider&for=pc。作者有删改。

4. 数字仓的一站式服务

数字仓的一站式服务是配合未来仓配一体化模式而产生的。结合自身弹性的服务

能力、领先的物流技术，商家借力数字仓共同仓配诸多的行业优势，可一站式享受全国快捷、优质的仓储和配送服务，使客户在激烈的行业竞争中脱颖而出。

8.2 云仓储概述

云的概念来源于云计算，是一种基于因特网的超级计算模式，在远程的数据中心里，成千上万台电脑和服务器连接成一片。而云仓储的概念正是基于这种思路，在全国各区域中心建立分仓，由公司总部建立一体化的信息系统，用信息系统将全国各分拣中心联网，分仓为云，信息系统为服务器，实现配送网络的快速反应。

在这一模式下，货品可直接由仓储到公司的公共分拨点实现就近配送，极大地减少配送时间，提升用户体验，这就给那些对水平需求极高的企业带来了新的机遇。

8.2.1 云仓储的概念

云仓储是一种全新的仓配体系模式，它主要是依托科技信息平台充分运用全社会的资源，做到迅速快捷经济地选择理想的仓储服务。而云仓储平台是集仓储管理、货物监管为一体的现代仓储平台，通过条码监管、视频监管、互联监管、联盟监管这四大功能，对货物的入库、出库、移库、加工等环节进行规范化、可视化管理，可为客户提供可视稽查、实时监控、信息归集、全局控制、信息智能推送等系统化、全方位服务。

例如，云仓储"网仓一号"，就是将机器人、堆垛机、RFID 标签识别系统、指环穿戴式条码采集器、全自动高层货架、数字化 PDA 无纸化理货、全自动高速分拣机与分拣系统等设备功能整合在一起，通过参数化控制和最优路径，来保证机器人安全地将货物运输到下一处理区，以全自动运输的方式提升拣货效率，打造先进的数字化、智能化、自动化的电商订单云处理中心。另外，"网仓一号"还将采用"网仓科技"自主研发的动态储位货架管理技术，使仓库的容积率达到最大化，即容积率在 85% 以上。

"云仓储"实施的关键在于预测消费者的需求分布特征。只有把握了需求分布，才能确定最佳仓库规模，并进行合理的库存决策，从而有效降低物流成本，获得良好的效益，达到较高的服务水平。

长时间以来，物流运作过程中普遍存在资源浪费的现象。尤其是大型的零售商品经销商，如大型连锁超市等，都会设有物流分销中心。分销中心的地点通常是根据经销商的商业布局结构来确定的。经销商经营的商品种类繁多，成千上万种产品先由其生产厂家发货到订单中指定的分销中心，然后再由分销中心向各地的销售部门统一配货发送。传统的管理过程中，这种厂家—分销中心—销售点的物流方式相对是最可靠、有效的。但不可否认的是，正是这样一个物流过程，造成了大量的社会资源浪费。

当 2006 年谷歌正式提出"云"的概念和理论时，可能实际生活中很少有人真正意识到在接下来的几年里将掀起怎样的应用和研究热潮。紧接着，亚马逊、IBM、微软、雅虎、英特尔等公司都宣布了自己的"云计划"，谷歌的云计算平台，亚马逊的弹性计算云，IBM"蓝云"计算平台等相继搭建，云存储、云安全等各种与"云"相关的概念也不断进入人们的视野。近年来，云的概念依然饱受争议，此"云"非彼"云"，但不容置疑的是，在未来社会的经济发展和我们的日常生活中，都将渗透也将离不开"云"这个概念。对于传统行业，并且与人们生活息息相关的物流行业，信息时代技术的飞速发展已经对行业的走向及成长产生了深远的影响，"云"热潮将给整个仓配行业带来深层次的变革。

1. "云"技术

首先我们要了解到底什么是"云"技术。"云"技术主要是指云计算（cloud computing）。云计算由分布式计算、并行处理和网格计算发展而来，是利用大量计算机构成的资源，来共同处理计算任务，并为各种应用系统提供计算能力、存储空间以及服务的新兴商业计算模型。

通俗来讲，云计算中的"云"是存在于互联网中服务器集群上的大量资源，本地计算机用户通过互联网发送需求信息，就可以申请使用这些资源提供的服务，节省了本地计算机的大量计算和处理工作，获得更高的工作效率和质量，如亚马逊的弹性计算云平台。亚马逊是互联网上最大的在线零售商，拥有大量的服务器。而在多数时间，大部分服务器是闲置的，为此，亚马逊在公司内部的大规模集群计算平台上，建立起了弹性计算云平台 EC2，将基础设施作为服务向用户出售。用户可以根据需要在这个平台上运行，并按照使用资源的多少来付费，这样亚马逊就通过云计算平台，再利用了空闲的资源，又为网络上的小规模软件开发人员提供了集群系统的环境，双方都获得收益。

就像在日常生活中，我们每天都要用电、用水，但我们不是自备发电机和水井，而是使用发电厂和自来水厂提供的服务，这种模式在极大地节约了社会资源的同时，还方便了我们的生活。云计算的最终目标，就是作为信息和计算领域的"发电厂""自来水厂"，将计算、服务和应用作为一种公共设施提供给公众，让人们能够像使用水、电那样利用计算机网络技术资源。

2. 移动云仓储

移动云仓储是"云"技术的作用媒介。目前物流行业面临大量资源浪费问题，既然"云"技术能够整合闲置的社会资源成为大规模资源集群，并通过互联网让这个资源集群为网络上的企业和个人提供更有价值的服务，与此相关联的物流行业同样是一个存在大量分散资源的行业，如运力、仓储、配送等，如果利用"云"的概念，也将这些资源整合起来，为经销商和生产、运输企业再次利用，突破物流过程中的信息流转障碍，减少货物在物流过程中的重复物流活动的过程，从而进一步降低物流资源浪费，企业也就能够获得信息时代物流行业资源利用的"云变革"新思路。由此，业内提出了一种物流行业"云"信息时代的新概念，即"移动云仓储"。

（1）移动云仓储的概念。"移动云仓储"的基本思想是结合物流行业已有的RFID、GPS 等信息管理技术，实现物流过程中信息流转的对称性，将存在于物流网络中的众多资源，如分散的运力、规模不等的仓储等，借助大数据分析，进行资源的重新整合和调配。同时利用云计算中分布式计算和并行处理，利用集中管理的技术，将这些资源在闲置期间作为服务提供给需要的企业和用户，让传统物流过程中的搬运和仓储不再只是固定不变的流程，而是融入移动搬运的过程，进入动态的调控和管理中，从而减少物流过程中大量存在的资源浪费，最终实现物流网络中资源的最优化配置。

（2）移动云仓储的作用原理。一般来说，物流中的货物具有两种属性，即物理属性和逻辑属性。物理属性是指货物当前的状态、所处位置，以及未来将到达的位置等基本物理信息。逻辑属性指的则是货物在逻辑上所处的位置。经销商对生产厂家下单后，生产厂家相应造出产品的逻辑属性就是"经销商"，只不过此时是属于"经销商的分销中心"，而产品在离开前，物理属性中的位置都是属地。当分销中心确定货物被发往属地的销售部门后，这批产品的逻辑属性就变成了"属地销售部门"，而此时货物的物理属性还需要经过几次变化，才能再次回到"属地"，达到物理位置和逻辑归属的契合。在这个过程中，我们可以看到，货物在物流活动的最后阶段，一般都需要实现物理属性和逻辑属性的重合，而"移动云仓储"要做的，就是要简化这个重合的过程。

（3）移动云仓储赋能物流。移动云仓储中，我们通过云网络和信息技术，解决物流信息不对称、不开放的问题。在实现物流过程中各个环节间信息流转的及时性和对称性的基础上，进行资源的大规模整合配置，在"云"端的处理过程中就完成货物物理属性和逻辑属性的契合。我们将统一了的货物属性归纳为物流属性，在物流属性的支配下，货物的运输过程可以省去很多不必要的环节。从经销商下单到厂家开始，直到货物到达最终目的地的过程中，物流管理者都可以以货物的物流属性为指引，通过移动云仓储的"云平台"，对整个物流过程进行动态调控，削减去重复的运输和堆积的存储，提高资源的利用率及物流环节的效率。

（4）移动云仓储对物流功能的扩张。在云平台的环境下，正是由于满足了物流过程信息流转的需求，"移动云仓储"进一步扩大了"仓储"的概念，将传统的仓储概念延伸到移动单元，为传统物流过程中单一的搬运工具赋予一定的仓储属性，利用"云"技术实现物流过程中搬运到仓储的跨越，甚至可以说，搬运即仓储。"云仓储"分担一部分仓储的工作后，物流网络中原有的资源可以被用于更需要的方面，同时物流过程中往返于不同仓储地点间的重复搬运也必然大大减少，做到资源的高效利用和最少浪费，这也将是未来物流行业向高度集成化、网络化、信息化发展的必要条件。

目前，在物流行业还普遍存在资源浪费和利用率低下的现象，完成云信息时代物流行业资源配置方式的全面升级，降低企业成本，提高物流效率，减少不必要的重复损耗，节约社会资源是利用云仓储的根本目的。

8.2.2　云仓储的实施条件

"云"是一个科技俗语，而现在中国科技不断创新，推广运用十分迅速，对于技术方面的要求问题逐渐减少，而要打造云平台，则需要大量的人力物力，以及相关的仓储企业入驻平台。另外，从长期的发展战略来看，城市区域也可以选择建立仓储，但也在这样的模式之下。

1. 对云仓储内涵的正确认识

阿里巴巴提出的云概念，是指网络平台，基于大数据端是为云，云仓库即指仓库平台，仓库云端大数据平台。云仓储，广义是指基于大数据平台的仓库储存；狭义是指根据传统的数据计算分析，得出结论从而恰当地安排货物的储存过程。

现在，越来越多的云概念被提出。最初的云概念仅应用于存储的虚拟云盘，现在，由于互联网的高速发展，越来越多的行业正被云概念所覆盖和改造。

现行的云概念，是由最初的数据存储到现在的数据平台计算和分析，而云仓储正是恰当地契合了这一点，将互联网与传统物流仓配行业有机地结合起来，形成一个良性循环的生态圈。

2. 构建全国性的信息交互平台

云仓是指实体打造仓库在线互联网平台，联通全国各大仓库管理系统后台端口，实现仓库数据及时上传至云仓库平台。云仓库将所有仓库数据集合，通过数据分析来整合全国物资和信息的整合处理分析，全国仓库的所有货源将会得到很好的分流和整合，而今后所有的公司也将节省很多精力来管理全国货物的流通存放。云仓的核心目标是要整合社会资源，最终真正实现物流、商流、资金流、信息流合一。

云仓是一个专为电子商务打造的第三方仓储服务平台，主要针对电商仓配、物流快递、供应链问题提供解决方案。目前，我们采用全面开放的分仓仓储模式，在各自所覆盖区域内达到次日达的高效要求；自主研制的智能仓储管理系统，为分拣打包过程节省大部分时间；简单直观的任务交互系统，随时随地上传任务并管理订单；及时的售后反应处理。创新的云存储模式，不管用户在什么地方，都能将货物布局分存全国，采用就近发货原则，及时将货物通过快递送至买家手中，极大地提高了消费者购物体验，也为用户店铺增加了信誉。

未来，云仓储将很好地为社会建设渠道，铺设良好的销售进出货渠道，所有属于云仓储仓库下的客户，都能够享受到云仓储所带来的收益。最终的云储存计算，能为客户实现零库存状态，所有货物将很快地在客户下单之后到达客户的手中。

3. 强有力的技术支撑

云仓实现功能的重要条件首先是一个能连接电商信息平台的云物流平台。当订单下达时，能够迅速汇总并传达到云仓储平台，然后再由各仓储中心处理客户的订单需求，经过信息的汇总再下达最终的配送指令直至抵达客户终端。其次是专业的仓储人员。构建平台的同时，就应着手相关人员的培养或者招聘。一旦平台搭建完成，即可安排到岗进行分工，使之各尽其责。再次，需要政府的大力政策支持和资金扶持。在政府的支持下，可以调动相关资源，并推广宣传，使更多企业入驻云仓储平台，极大地降低社会成本，提高资源利用率。最后，需要有一个信息反馈和监督运行机制和组织，监控云仓储的运行和突发问题的处理协调，以及进行系统的改进。云仓的优势在于解决仓储库存成本、员工工资成本、节日促销快递爆仓的无助和降低仓配物流成本。

在云仓储赋能下的仓库乃至整个仓配业，都将受到新的冲击和面临改革。原来传统的仓配物流已经慢慢被互联网大数据所改变。在云仓储的环境下，所有的仓库将掌握所有客户的资源流通、货物进出、财务进账等信息。而通过这些信息，云仓储可以通过大数据计算分析得出客户货物的进出仓规律、销售规律、资金规律、现金流规律等，甚至也能反映出全国产品市场变化和行业兴衰规律。

8.3　"云仓储"效益及适用行业

搭建云仓储技术构架后，其外部经济会惠及相关的行业，不仅有物流行业和仓储行业，还有电商行业、中间商、零售商等。这个平台要适用于这些企业，因为平台搭建后，上述企业只要有需求就可以登录平台查询，寻找自己需要的资源，相对的仓储行业的信息也都在这个数据库里，可以保证不会遗漏或闲置社会资源。这个模式一出现，规模经济的效益务必会催生一个适应这种需求的物流模式，或者是第三方公司，或者是电商企业自营。

8.3.1　"云仓储"下的效益分析

"云仓储"下的效益主要来源于以下几个方面。

（1）物流成本的节约。因为是规模订单的集合，所以在配送方面就避免了同一个地方因多次重复配送而产生额外费用。

（2）闲散资源的集成，节约了固定成本的投入。这种模式可以帮助提升企业形象，进而吸引更多回头客，从而增加营业收入。

（3）这种模式帮助更多的第三方寻找到客户，有利于发挥自身资源的最大效用；可以消除外包情况下一库难求的局面，汇集了社会闲散琐碎的仓库资源。

（4）利用对这种模式的掌控，减少了以往外包下服务质量难以把控的局面，降低了自建模式的风险。

（5）进行了社会资源整合，优化了资源配置。开辟了行业新局面，促使仓配走上了规模经济之路；有利于企业进行行业重组，优胜劣汰，进行产业升级。

（6）快速响应客户需求，提升社会整体速度。打破行业壁垒，缩短了行业间的距离，促进了跨行业间的互利共赢。

同时，云仓储通过线路的规划、拼车、共同配送等方案设计，在系统中会得到一个最优决策，从而确保效率的可靠性。

8.3.2 "云仓储"的实施思路

正确理解"云仓储"的概念之后，实施就成为决定这一理念成败的关键。云仓储的理念就是在全国区域中心建立分仓，形成公共仓储平台，可以使客户就近安排仓储，从而可以就近配送，信息流和物流重新结合，这种模式的实施思路如下。

1. 建立实体分仓，实现就近配送

全国七大区域中心城市建立实体分仓。我国现在各种电商企业众多，建立分仓可以实现货物的就近配送。比如，从上海发往西安的货物，如果客户拒收，质量没问题的货物就暂时到西安的中转站，但要通知上海的企业，寄存日期可以根据实物性质而定，如果在寄存期限内另有客户要购买的话，就将以上退货调拨出去，可以短时间内再次配送，减少不必要的周转。

2. 完善社会化信息系统，实现货物信息共享

实施了这样的云仓，即分仓。其后便是资源整合的问题，把全国的区域城市通过物流信息系统串联，实现各种物流资源的完全共享，尽可能地降低信息失灵所带来的成本增加或者其他的损失。通过这样的公共信息平台和公共分仓，全社会实现货畅其流。

8.3.3 "云仓储"中的技术处理

"云仓储"的基本问题和一般的仓库体系是一样的，主要包括仓库选址、仓库数量及规模、库存决策等问题。要实施正确的"云仓储"战略，首先必须解决好这些问题。通过我们能掌握的各个需求点之间的需求流量，可以了解各个需求点的需求量，然后建设一定数量的配送中心，从而建立新的仓储配送体系。

在云平台搭建的过程中，仓储物流企业的成长需要一个过程，面对如此庞大的业务量，不可能全部包揽，所以需要与其他物流公司合作。如何建设一个与云仓储相匹配的物流配送队伍，这就需要仓配物流企业在物流资源的选择、评估等方面，都必须是公平公正的，有标准可依，从而构成自己特色的物流品牌。

8.4 "无人仓"概述

随着经济全球化和信息技术的迅速发展，现代物流业正在世界范围内广泛兴起。现代物流仓配的任务是尽可能降低仓配物流的总成本，为客户提供最好的仓配服务。在我国仓配业网络化、智能化建设日趋成熟的背景下，"无人仓"在技术条件上日趋成熟，也会逐步满足市场需求。

8.4.1　"无人仓"的概念

"无人仓"就是使用大量智能物流机器人进行协同与配合，通过人工智能、深度学习、图像智能识别、大数据应用等诸多先进技术，为传统工业机器人赋予了智慧，让它们具备自主的判断和行为，适应不同的应用场景、商品类型与形态，完成各种复杂的任务。

例如，京东的"无人仓"代表全新的物流系统技术，真正实现了从自动化到智慧化的革命性突破。京东"无人仓"的推出，已成为京东科技物流的拐点，首次实现智慧物流的完整场景，全面超越亚马逊成为目前全球最先进的物流技术落地应用。"无人仓"的技术突破与落地，将为未来的"双 11""618"物流提供有力的保障和支持。

8.4.2　"无人仓"的实施条件

随着技术战略的不断深化，京东智慧物流将能够满足甚至创建出更丰富的应用场景，满足复杂多变的用户需求，实现运营效率和用户体验的提升，这也成为京东智能化商业的重要一环，成为无人仓技术推广的方向标。

1. "无人仓"的技术支持

"无人仓"主要是京东自主研发的定制化、系统化整体物流解决方案，掌握核心智慧物流设备与人工智能算法，拥有完全的自主知识产权。京东无人仓在控制算法、工业设计、机械结构、电气设计、应用场景等方面取得了大量的技术突破与创新，累计专利申请已超过 100 件。京东"无人仓"智能分拣设备功能图如图 8-2 所示。

图 8-2　京东"无人仓"智能分拣设备功能图

（1）京东智能物流机器人。京东通过机器人的融入改变了整个物流仓储生产模式的格局。shuttle 货架穿梭车、AGV 搬运机器人、DELTA 型分拣机器人、堆垛机器人等一系列物流机器人高效地工作在无人仓中，组成了完整的中件商品与小件商品智慧物流场景。

（2）shuttle 货架穿梭车。该货架穿梭车负责在立体货架上移动货物，能够实现 6m/s 的高速行走，并且具有每小时 1 600 箱的巨大吞吐量。

（3）AGV 搬运机器人。该搬运机器人可自动导引小车载货达 300kg 以上，可实现货物在库房内的搬运，通过调度系统与人工智能可灵活改变路径，实现自动避障与自主规划路径。

（4）DELTA 型分拣机器人。它采用 3D 视觉系统，能够实现动态拣选、自动更换捡拾器以及 155ppm 的作业节拍，具有三轴并联机械结构及适应货物转角偏差辅助轴的特点，拣选动作令人眼花缭乱。

2."无人仓"的产业链布局

近年来，京东一直在智慧物流方面不断发力，其中无人仓作为商品的存储和管理环节，重要性不言而喻。而无人机、无人车等物流黑科技的应用，在推动商品运输和配送智慧化的过程中也起到极大的作用。在"618"京东无人机农村送货试运营后，"双 11"亮相的不仅有自主研发的无人机新机型，能更好地适应农村电商仓配的负荷和航程需求，也会在不同环境、地貌的多地进行送货，为全面推广积累经验；2016 年 9 月开始路试的京东无人配送车已经在"双 11"开始试运营，为北京市部分用户送去了惊喜。

正是"双 11"造成的巨大物流压力，让京东全面展开智慧物流技术的研发和应用，对物流产业链的全面掌握也让京东有能力将整个产业链智慧化，实现了整体智慧物流体系的构建和协同，形成适应众多运营场景的完整布局，进而推动整个物流产业链全面迈进智能化发展新时代。

知识 8-2　京东物流无人仓

2018 年 5 月，京东物流无人仓首次开放。京东上海亚洲一号无人仓主要以 3C、数码等小件商品为主，单日分拣能力可达 20 万单，每单 1 ～ 3 件包裹。该无人仓主要分为入库、仓储、分拣和打包出库四个区域。

在整个供应链体系中，仓储是核心环节。无人仓的建设和应用，不仅大大提升了仓储的效率，也改变了仓储系统的人才需求结构，为人的转型、成长提供了更大的发展空间。

（1）技术协同性。使用的自动立体式存储、3D 视觉识别、自动包装、人工智能、物联网等各种前沿技术，兼容并蓄，实现了各种设备、机器、系统之间的高效协同。

（2）流程可感知性。京东无人仓实现了物流系统的状态感知、实时分析、自主决策、精准执行，并通过不断学习提升实现迭代升级，创造了智慧化无人仓的典范。京东无人仓，标志着无人仓技术已经从自动化阶段进化到智慧化阶段，通过运营数字化、决策智能化和作业无人化来实现流程的形象化和可感知性。

（3）无人仓的智慧化。其基本过程在于能够驱动上下游的协同决策，它的数据能让上游供应商和下游的配送做到更及时地响应，快速地决策调整，进而形成整个社会的、全供应链的共同协同、共同智慧化。

资料来源：百度百家号，https://baijiahao.baidu.com/s?id=1601643548507160433&wfr=spider&for=pc。作者有删改。

8.4.3　无人仓的工作流程

以京东无人仓为例，在占地 40 000 平方米的无人仓工作面，业务作用模块主要分为三个区域，仓储、"入库 + 分拣 + 打包"、出库，整个流程中需要为机器人、机械臂留出足够的活动空间。

1. 仓储区域工作场景

仓储区域工作场景是流程的呈现。大量商品分类存储在集约箱中，一旦有订单产生，将由传送带和机械手拣出需要的商品，送到"入库 + 分拣 + 打包"区域，进行整理打包并贴上信息，剩下不需要的货品则再次由传送带运回仓库。仓储区为无光区域，可大面积节约用电。在入库区域，商品的测量、分类由传送带和机械臂完成，根据商品上的条码，系统会判断如何对商品进行摆放和运输。入库环节完成后，摆放好的商品将被传送带运输至仓储区域。在一排排紧密的货架间，每一层都有能够自由穿梭的机器人完成商品的入库和出库。

2. 分拣区工作场景

分拣区工作场景是无人仓的核心部分。有三种类型的 AGV 搬运机器人各司其职，其中最引人注目的就是"小红人"AGV 搬运机器人，它们负责将小包裹按照订单地址投放入不同的转运包裹中。这些极具京东色彩的"小家伙"的运行速度为 3 米/秒，这是全世界最快的分拣速度，如果"交通"拥堵，它们会自动"避让"，也会根据现场分拣量自动选择歇脚还是工作；如果没电了，它们会自动去靠墙的充电桩充电，体力恢复超快——充电 10 分钟可工作 4 小时。

3. 分配、打包和出库

分配、打包和出库是无人仓操作的终极结果。由中型 AGV 搬运机器人完成第二轮分配和打包，大型 AGV 搬运机器人则直接把最后要送往京东终端配送站点的大包裹送上传送带。而传送带可以直接从库房内延伸至库房外的运输车上。再接下来，就是运输车与终端配送人员的合作，把包裹分别送到消费者手上。

在这一切操作的背后，控制全局的是京东自主研发的"智慧"大脑高标配的服务器，它在 0.2 秒内可计算出 300 多个"小红人"运行的 680 亿条可行路径，并做出最佳选择。智能控制系统反应速度为 0.017 秒，将运营效率提升 3 倍，均为世界领先水平。

8.4.4　无人仓建设标准

目前，京东首次公开了无人仓的世界级建设标准。经过十余年的物流经验积累和无人仓的建设实践，京东物流已成为智慧仓储的核心代表。

1. 工作层面的标准

工作层面的标准是第一位标准。京东现场从三个层面对标准做了解读："作业无人化""运营数字化"和"决策智能化"。在作业无人化方面，无人仓要具备三"极"能力（极高技术水平、极致产品能力、极强协作能力），无论是单项核心指标还是设备的稳定性、各种设备的分工协作，都能达到极致化的水平。

2. 运营数字化方面的标准

运营数字化方面的标准是技术含量最高的标准。无人仓是一个极其复杂的系统，最能体现其智慧化的，并不是其按照指令进行操作、执行的能力，而是其自主决策、判断、纠错以及自我修复的能力。运营过程中，与面单、包装物、条码有关的数据信息要靠系统采集和感知，出现异常要设备自身能够判断。

3. 决策智能化方面的标准

决策智能化方面的标准是无人仓的可控性标准。无人仓能够实现成本、效率、体验的最优。在整个供应链体系中，仓储是核心环节，无人仓的智慧化，在于能够驱动上下游的协同决策，它的数据能让上游供应商和下游的配送做到更及时地响应，快速地决策调整，进而形成整个社会的、全供应链的共同协同、共同智慧化。

智慧物流的发展是开放的、没有边界的，只有开放才能实现共商，才能在共商中产生共识。京东物流向业界输出无人仓的建设标准，将使产业内的每一个企业都享受到智慧物流发展的成果，将推动中国智慧物流全面领先世界。

8.4.5 自建物流的核心："亚洲一号"

除了智慧物流技术的纵向拔高，京东对于物流仓储的横向布局也在积极运作。除了拥有的 500 多个仓库，京东目前在全国布局亚洲一号已从当年的上海一座城市扩展到上海、广州、武汉等八大城市的 9 城 14 个项目。京东物流也表示，未来五年还将在全国 30 多个核心城市陆续建造亚洲一号，实现对全国七大区域的智能化仓储的全面辐射，以期将智慧物流技术常态化。

亚洲一号是京东自建的亚洲范围内建筑规模最大、自动化程度最高的现代化智能物流项目之一，通过在商品的立体化存储、拣选、包装、输送、分拣等环节大规模应用自动化设备、机器人、智能管理系统，来降低成本和提升效率。同时，京东物流根据全国各个区域的商品属性和分拣需求进行统筹规划和布局，有针对性地解决大、中、小件订单不均衡，场景复杂的难题，实现物流综合处理能力的有机匹配和全面提升。

自建物流被视为京东的核心竞争力之一，"亚洲一号"更是被作为京东的旗舰工程和"秘密武器"。京东从 2010 年启动"亚洲一号"自建物流项目，经过几年的发展和铺垫，目前"亚洲一号"已处于快速发展阶段，随着京东业务的不断拓展，未来客户对京东的需求会更大。而"亚洲一号"作为京东领头仓储基地，也是京东智慧物流的重点布局对象，未来京东将会把无人仓的智能化技术推广到所有的"亚洲一号"中。

本章小结

数字仓管是物联云仓联合优质的仓配服务商，依托领先的仓配物流专业管理系统与物联网智能硬件技术，共同为货主打造的数字化仓配服务网络平台，使仓配管理更简单、灵活、经济、高效。数字仓管的特色服务：数字仓管的增值服务、数字仓管的金融服务、数字仓的延伸服务、数字仓的一站式服务。

云仓储是一种全新的仓库体系模式，它主要是依托科技信息平台充分运用全社会的资源，做到迅速快捷经济地选择理想的仓储服务。"移动云仓储"的基本思想，是结合物流行业已有的 RFID、GPS 等信息管理技术，实现物流过程中信息流转的对称性。云仓储的实施条件：对云仓储内涵的认识、全国性的信息交互平台、强有力的技术支撑。

"无人仓"就是使用大量智能物流机器人进行协同与配合，通过人工智能、深度学习、图像智能识别、大数据应用等诸多先进技术，为传统工业机器人赋予智慧，让它们具备自主的判断和行为，适应不同的应用场景、商品类型与形态，完成各种复杂的任务。

复习思考题

简答题：

1. 什么是数字仓管？数字仓管的特色服务是什么？
2. 什么是云仓储？云仓储的实施思路如何？
3. 什么是无人仓？无人仓的工作场景如何？

课内实训

通过对云仓储物流企业的网上调查，将所学习的该类物流企业的特点加以对照，说明该项物流模式未来发展的前景以及目前存在的问题，并提供相应的解决方案。

课外实训

以小组为单位，利用业余时间对校园菜鸟驿站云仓进行一次调查，设计云仓模式创业计划，设计简单云仓模式物流仓配解决方案，方案要有图片和文字说明。

案例分析

物联云仓＆中远海运仓配再携手，聚焦华南仓配业务深入合作

2019 年 3 月 15 日，物联云仓在广州与中远海运物流仓储配送有限公司（下称"中远海运仓配"）签署了全国服务协议暨华南仓配业务合作战略协议。在此次会上，双方首先对各自公司 2018 年的业务数据进行了总结，分析探讨了自身发展的优势点及制约项。对

中远海运仓配来说，优越的企业内核基因，使其在仓配物流领域方面有着天然优势，无论是遍布全国的自营仓配，还是在专业运管团队搭建及全程精益化操作上，都有着不可比拟的竞争力；同时，其大规模的运营体系下，也能为客户提供更经济的解决方案。因此中远海运仓配在华南有着举足轻重的地位，尤其是 B2B 大件业务极为出众。但是，随着近年来仓储物流领域竞争的加剧，中远海运业务的拓展及客户寻源等方面均需要新的突破口。

而对物联云仓来说，作为全国性产业互联网综合服务平台，平台月均需求量超过 90 万平方米，仅华南地区 2019 年发布的需求量就近 75 万平方米（统计 2019 年 1 月至 3 月 20 日的数据），在业界备受关注及信任。在日益递增的需求下，除了常规仓配需求之外，还有诸多运管等增值业务，推动着物联云仓全套一站式供应链解决方案能力的升级。

因此，本次物联云仓与中远海运仓配的深度合作，可谓是强强联动，将共赢效应凸显到极致。在合作模式上，双方将互相开放内部市场，共同开发业务体系内的多种合作模式；在资源共享上，中远海运仓配利用物联云仓覆盖全国的大数据信息流，进行业务整合推广、拓展招商渠道，提高曝光率及转化率；同时，在线下通过物联云仓专人零距离对接业务的配合，实现与客户的有效精准沟通，从而提高交易成功率。物联云仓则依托中远海运仓配高标准、高质量的仓配资源及运管优势，保障客户的优质高效经济的服务体验；在生态共融上，双方未来将共同携手推进经营模式和商业模式创新，为互联网平台与供应链服务商的业务融合探索新路径、打造新典范。

基于双方平台通道与业务通道全面打通的共赢优势，中远海运仓配早在 2018 年 6 月就成为物联云仓的金牌合作伙伴，并在物联云仓的推动下，实现了与南京诚通仓配一体项目的成功签约，近期也有多条落地业务正在洽谈中。而本次双方进一步针对华南地区仓配业务进行协议签署，一方面反映了中远海运仓配对物联云仓的肯定，另一方面也体现了双方对未来丰富合作内容、深化合作模式、共同创造新的经济增长动能的巨大信心。

资料显示，中远海运仓配是一家业务范围覆盖全国的第三方物流整合服务商，为 AAAA 级综合服务型物流企业，目前已在全国 35 个城市拥有 50 多个仓库，在华南地区仓配资源主要分布于广州、深圳、佛山、福建、广西等地，且均为自建网点，由公司直管，充分保障了统一的服务流程和质量标准。目前中远海仓配已为 300 多个大小客户提供了高质量标准化服务，其中包括海信科龙、长虹美菱、国美电器、中国石油、顾家家居等国内外知名品牌。

资料来源：物联云仓，https://www.50yc.com/information/redian/14740。作者有删改。

问题：本案例中，物联云仓与中远海运仓配合作的基础和目的是什么？合作之后的共赢效应体现在何处？合作之后中远海运仓配的业务拓展会出现什么样的全新局面？

海外仓与保税仓

学习目标

1. 通过本章学习，了解海外仓的仓储业务运作模式以及运作过程，与其他形式仓储的区别点，理解海外仓在跨境电商物流中的地位与作用。
2. 熟知保税仓业务流程；熟悉保税仓的运营过程及服务扩展的内在条件。

导引案例

苏宁国际 618 发声：将建成 15 个海外仓 + 15 个国内仓

2019 年 5 月 15 日，苏宁"618"年中大促发仓布会召开，为消费者揭秘"618"的各种新奇玩法。同一天，另一场精彩纷呈的苏宁国际全球好物品鉴会也于南京举行。为了迎接 5 月 20 日进口日的到来，苏宁国际网罗全球 35 个国家的不同商品，邀请众多媒体朋友，提前为消费者品鉴全球好货。

1. 海外本地化供应链优势凸显，奇趣好物获强势围观

在品鉴会现场，两位苏宁国际的全球买手，向在座的媒体朋友们分享了各类新奇有趣的全球好物，并为现场的媒体朋友进行了一对一从妆前到妆后的一条龙产品试用服务。

买手带来的小林制药马桶花试用，同样获得了全场点赞。只要挤一朵花到马桶壁上，不仅能去味、杀菌，还能让整个卫生间保持 10 天左右的清香，堪称提升幸福感的好物。

为什么苏宁国际能网罗这么多的全球好货？"苏宁国际最大的优势，就在于稳定而强势的海外本地化供应链。"正如出席现场活动的苏宁国际相关负责人所说，依托苏宁集团的海外布局，苏宁国际在全球范围内进行了供应链建设。

目前，苏宁在全球拥有 1 家子公司、2 家分公司、6 个办事处，并且在欧洲、美洲、大洋洲、东亚等各大区域都拥有自己专业的买手团队，数千名海外买手遍布全球近百个国家。

2. 数万件 SKU 加持，新品委员会让全球好物近在眼前

在产品丰富度上，苏宁国际已有数万件 SKU，囊括生活的各个领域，不论是网红断货款还是热门新品，都可以在苏宁国际上找到。

当然，全球好物之所以能如此快速地与消费者见面，海外大区买手和苏宁国际的运营团队共同成立的新品委员会功不可没。每周，新品委员会都会进行市场调研，第一时间分享海外流行风向，在全球范围内猎奇最新奇、最潮、最火的产品，用最快的速度带给国内消费者。

2020 年，苏宁计划合作的国家和地区共 60 余个，品牌 15 000 多个，其中"一带一路"国家新增合作品牌 3 000 个，助力苏宁国际网罗更多全球好货。

未来，更多的全球新奇好物，将通过苏宁国际与国内消费者见面。

3. 15 个海外仓 + 15 个国内仓，苏宁国际未来可期

海淘速度慢，一直是很多海淘用户的痛点。

目前，苏宁国际在美国、澳大利亚、意大利、德国、日本等国家拥有多个海外直邮仓，到 2020 年将完成"15 + 15 仓"的建设（15 个海外仓，15 个国内仓），并完成全程溯源系统的建设，为国内消费者提供更丰富、更可靠的商品及更完善的服务，保障正品的同时也将原汁原味的海外生活带来用户身边。

同时，依托苏宁自有的物流服务体系，苏宁国际可做到保税仓最快 2 天内送达、直邮最快 3 天送达的物流时效体验。也就是说，消费者今天在苏宁国际下单，最快明天就可以收到商品。

除了在线上有所布局，未来三年，苏宁国际将在国内的一、二线城市打造 150 家海外原汁原味生活方式智慧门店，包括 10 家大型智慧体验店和 140 家标准智慧旗舰店，将年轻人喜爱的、最新鲜的、有故事的海外好物及生活方式引入国内，通过主题体验方式，为中高端、年轻化消费群体提供全球优质产品和生活方式服务，从而打造领先的"全球品质生活方式服务平台"，给消费者带来他们所真正寻求的原味购物体验。

资料来源：华商网，http://digi.hsw.cn/system/2019/0520/123065.shtml。作者有删改。

9.1 海外仓概述

海外仓是指建立在海外的仓储服务设施，也是仓配一体化模式在跨境物流中的表现形式。跨境电商企业按照一般贸易方式，将商品批量出口到境外仓库，电商平台完成销售后，再将商品送达境外的消费者。在跨境电商物流中，邮政快递、海外快递、海外专线、海外仓等四种物流模式占有重要地位。

在跨境贸易电子商务中，国内企业将商品通过大宗运输的形式运往目标市场国家，在当地建立仓库、储存商品，然后再根据当地的销售订单，第一时间做出响应，及时从当地仓库直接进行分拣、包装和配送，这是海外仓给跨境电商带来的物流价值。

9.1.1　海外仓设置条件

2015 年 12 月,《海关总署办公厅关于福州、平潭跨境贸易电子商务保税进口试点项目实施方案的复函》,原则同意福州、平潭实施方案中保税进口业务流程及技术方案。至此,全国跨境电商保税进口试点城市扩容至 10 个,保税进口和直购进口模式影响整个跨境网购市场,进口电商的发展空间被持续放大,跨境仓储物流的需求也在不断攀升。在物流为王的跨境电商时代,优质高效的仓储物流服务商,已经成为电商企业打开市场、提高用户体验的重要条件。面对各式各样的物流解决方案和服务商,海外仓服务是跨境物流模式的重要选项。

1. 有满足客户服务需求的延伸模式

进口电商一定要将自身的商业模式结合商品品类进行梳理,找准自己的定位才能选择最适合的物流解决方案。目前进口电商主要有直发直运平台、海外代购等商业模式,而十大进口试点城市则主要试点保税进口和直购进口通关模式。直购进口通关模式对代购类、品类较宽泛的电商平台以及海外电商来说比较适用,采购企业可从海外直接发货,在商品种类的多样性上具有优势。保税进口模式则在价格和时效上具有优势,适用于品类相对专注、备货量大的电商企业。另外,电商企业需根据自身的需求去了解服务商是否提供仓储,打包订单,加固保价、个性化包装,甚至是特殊清关等服务。不同的物流商在不同的物流渠道和干线优势有所不同,对时效的保证也不尽相同。

行业内知名进口电商环球 e 站、麦乐购、走秀网等大都通过跨境易这种专业的进口试点物流企业走货。通过对比不同的物流企业来看,跨境易是目前国内少数针对进口电商清晰定位为反向 FBA 仓服务商的企业,可提供保税进口、直购进口等一站式全程供应链服务,并根据企业需求定制不同的物流解决方案,可满足大部分进口电商的需求。

2. 自身的清关能力

从跨境易了解到,保税进口基本上可以实现 24 小时快速清关,在直购进口模式下,由于申报的商品信息齐全透明,海关抽查率不到 1%,正常情况下海关系统可在短短数秒钟内自动完成征税放行等通关手续。在两种模式下,如何向海关申报显得尤为重要,比如申报价值过高,被收税的概率就高,申报价值低,与商品实际价值不符,则有逃税嫌疑,面临扣关罚款的风险。进口商品品类繁多,商品种类直接影响到税率、税额、监管条件以及报关的要求,因此对物流公司的通关能力也要求颇高,谁的清关能力高,保证包裹安全、快速地到达买家手中,谁就能提高用户体验,占领市场。

3. 是否提供海外仓延伸服务

直购进口是颇受买家青睐的海淘模式,商品直接从境外发货,商品更具多样性,企业没有囤货压力,但这也对电商提出了海外仓的需求,而市场上有能力满足海外仓的物流企业却很少。只有具备电商、国际物流以及 IT 三大背景和力量的服务商才能很好地盘活海外仓，首先电商背景能准确把握电商的各种需求和发展趋势，其次丰富的国际物流经验使得服务商在海外资源、仓储吞吐量、操作管理等方面具有很大的优势，IT 的技术力量可以开发出符合电商后端、前端需求的物流仓储系统，为跨境电商提供强大的技术保障。

4. 仓储操作能力高低

与传统电商一样，进口电商同时也具备海量 SKU、海量订单、高时效性要求的特点。仓库管理操作效率会直接影响电商店铺的销售计划，发货的精准度和时效性，峰值订单的处理效率，甚至是包装的个性化都会影响买家对店铺的评价和用户体验。功能丰富、稳定高效的作业系统，不同 SKU 周转应对能力，对采购、入库、拣货、配送等全程供应链的把控力等都非常重要，另外，仓储 ERP 也必须要有完善的对接和铺货功能，现在很多电商都是多平台、多店铺、多渠道销售，仓储系统必须能够实现多平台共享、库存及时反馈预警等多功能。

9.1.2　海外仓建设前提与基础

海外仓模式的建立需要参与的物流企业之间互相的信任，能够及时地开展国际信息的沟通和交流，另外在开展合作的过程中应该确定合作的原则和利润的分配理由，这是物流海外仓能够长期发展和存在的基础。

1. 需要有良好的物流体系

很多有实力的电商平台和出口企业正通过建设海外仓布局境外物流体系。海外仓的建设可以让出口企业将货物批量发送至国外仓库，实现该国本地销售，本地配送。自诞生开始，海外仓就不单单是在海外建仓库，它更是一种对现有跨境物流运输方案的优化与整合。

2. 解决瓶颈问题

海外仓模式属于跨国物流形式，这种形式有利于解决发展跨境电子商务的种种痛点，鼓励电商企业走出去。在海外仓模式下，客户下单后，出口企业通过海外仓直接本地发货，大大缩短配送时间，也降低了清关障碍；货物批量运输，降低了运输成本；客户收到货物后能轻松实现退换货，也改善了购物体验。目前，在各大跨境电商和出口企业建设海外仓的同时，相关政府部门也正在完善跨境电商相关的法律、税收服务建设，解决跨境电商运作中的政策性瓶颈。

3. 企业有跨境电商的产业基础

要设立海外仓，企业最好有跨境电商的产业基础。据不完全统计，我国超过 200家企业在境外设立了海外仓，数量超过 500 个。地区分布上，我国企业设立的"海外仓"主要集中在美、欧等发达地区；国家主要有美国、英国、德国、澳大利亚、俄罗斯、加拿大、荷兰、比利时、西班牙、日本等；形式上，以租用仓为主，自建仓较少；

数量上，呈快速增长趋势，2014 年以后设立的海外仓占一半以上，广东、福建、江苏、浙江的企业走出去设仓数量较多。

9.1.3　海外仓的优势

设置海外仓可以提高单件商品利润率。2017 年 eBay 公布的数据显示，在海外仓中的商品售价比直邮的同类平均要高 30%；同时可以帮助企业构建稳定跨境供应链，在同类商品中，海外仓发货比中国本土发货的商品销量高 3.4 倍；另外，海外仓运输模式突破了传统商品重量、体积以及价格的限制，对扩大销售品类的帮助非常大。图 9-1 揭示了海外仓的价值构成，说明了海外仓价值在多个方面的表现。

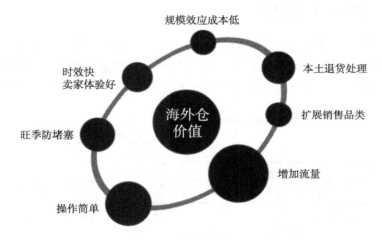

图 9-1　海外仓价值图

海外仓的优势主要体现在以下五个方面。

1. 物流成本降低

跨境卖家的物流成本将会大大降低。海外仓储是提前将货放到海外仓，再从当地海外仓进行发货，物流成本相当于国内的快递成本。海外仓也可以采取先备货模式，大幅度降低物流费，体积与重量越大，所节省的物流管理成本就越大。

2. 包裹时效缩短

跨境卖家从海外仓储提前备货，可以节省从中国到国外的时间，现在可以直接去当地国家发货，也会大大缩短包裹邮寄时间，从而提高物流的时效性。这一点在外贸旺季比较适用。

3. 店铺好评率高

客户下单之后最关心的就是售后服务，海外仓可以提供包括时效、货物退货、换货等延伸服务。当客户遇到这些要求的时候，可以利用海外仓进行售后服务，这样既解决了客户后顾之忧，也提高了店铺的满意度。

4.产品曝光度提升

如果平台或者店铺在海外有自己的仓库，那么当地的客户在选择购物时，一般会优先选择当地发货，因为这样对买家而言可以大大缩短收货的时间。海外仓的优势就是能够让卖家展示自己特有的产品品牌，从而提高产品的曝光率，提升店铺的销量。

5.有助于市场拓展

海外仓更能得到国外买家的认可。如果卖家注意品牌营销，自己的商品在本国不仅能够获得买家的认可，也有利于卖家积累更多的资源去拓展国外市场，扩大产品销售领域与销售范围。

9.2　海外仓的操作与功能

在传统意义上，海外仓就是一个多功能仓库，重要的区别在于仓库在国外，可以帮助企业处理国外集货、仓储、发货、物流等业务，商品可以很快地从仓储直接到达消费者手中，避免了国家物流时效过长的问题。图9-2为海外仓的操作流程。

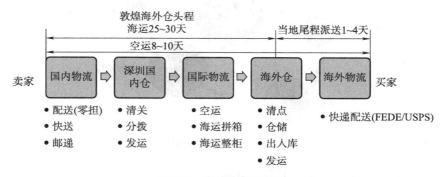

图9-2　海外仓操作流程

以往没有海外仓的时候，国外客户下单后，需要从国内发货，交货周期长，中间还容易出现不可控的因素。企业可以先批量备货到自己的海外仓库，当用户下单后，从海外仓直接发货，提高了客户产品的远程控制能力。

知识9-1　中国淘普达（集团）有限公司俄罗斯海外仓

中国淘普达（集团）有限公司（以下简称"淘普达"）俄罗斯海外仓是淘普达集团在精心耕耘中俄专线物流近十年的基础上，凭借自主研发电子信息系统，帮助国内中小企业解决跨境贸易中存在的语言不通、沟通麻烦、物流配送时效慢、市场不熟悉、货物安全缺乏保障、小批量订单无法达成、成交量少等跨境贸易难题，同时为俄罗斯采购商提供低成本、低风险、快捷省心的采购服务而提出的中俄跨境贸易一站式物流仓储方案。

淘普达俄罗斯海外仓是中国淘普达集团的主营业务，拥有莫斯科、绥芬河、新西伯利亚等自营仓库。目前淘普达俄罗斯海外仓总面积超过了 15 000 平方米，为中国对俄跨境电商提供海外仓储与配送服务，配送范围可覆盖俄罗斯全境，不受任何重量、体积限制，不受旺季航路不畅的影响。不仅能够帮助中国卖家实现俄罗斯本土化销售，降低物流运营成本，还能进行实时的库存管理与监测，缩短到货时间，提高买家满意度。买家通过网上下单购买所需物品，卖家只需在网上操作，对海外的仓库下达指令完成订单履行。货物从买家所在地的俄罗斯仓库发出，大大缩短了从中国发货物流所需要的时间。

9.2.1　海外仓操作流程

伴随跨境电商的快速发展，海外仓不仅具有仓储的功能，而且具有综合仓配服务功能，是一个海外服务的集合体，可以帮助卖家处理仓储、物流、发货、退换货以及清关、报验、订舱等多项需求。目前，在跨境电商行业称为海外仓 2.0 时代，海外仓提供商设立自己的交易平台，我们以 TOPDOST 网站为例。

1. 注册会员

客户登录 TOPDOST 网站，进入"海外仓"页面，注册 TOPDOST 账户，注册信息需完整、真实，网站对会员信息予以绝对保密。

2. 上传产品

注册成为 TOPDOST 会员之后，客户上传产品列表（产品详细 SKU）至"淘普达海外仓操作平台"。

3. 交货

客户备货，发往台州总仓。

4. 接收、核重

台州总仓接收货物并对货物进行运输前重量、体积、货品详情等信息的核对。

5. 支付头程运费

服务提供方核对货物信息无误后，客服通知客户支付头程运费。

6. 头程运输（包清关）

服务提供方财务确认收到头程运费后，台州总仓统一发货至"淘普达俄罗斯海外仓"。头程运输双清、包关税。

7. 货物运输跟踪

货物在途，全程信息透明可跟踪。

8. 核对、入库

货物到达"淘普达俄罗斯海外仓"，由服务提供方工作人员核对货物信息，并进行入库操作。

9. 创建订单

客户进入"淘普达海外仓操作系统"，登录个人账户，根据具体需求选择派送方式，创建派送订单。

10. 确认订单

服务提供方根据客户指令，俄罗斯海外仓收到新订单，对货物进行分拣、打包、核重。

11. 支付海外仓派送费

客户确认订单所有详情（收货人信息，货品 SKU 信息，运费，派送方式），确认无误并付款，海外仓操作系统接收到付款信息，服务提供方工作人员 24 小时内安排货物派送。

12. 货物跟踪

客户可进入"淘普达海外仓操作系统"查询跟踪货物信息。

13. 确认收货

俄罗斯客户确认收货，订单完成。

14. 拒收或退件

俄罗斯客户拒绝收货，退回服务提供方俄罗斯海外仓（来回运费由发货人承担）。

15. 退件入库

退件到达服务提供方俄罗斯海外仓，工作人员检查货品信息。若正确无误，做退件入库处理；若信息有误，与发货人沟通，直至完全正确再退件入库，否则将归入废弃仓。

9.2.2　海外仓功能

海外仓不仅仅是在国外设置的仓库，也是仓库主体在国外实施货物仓储和物流服务的场所。海外仓的出现不仅解决了不同关境物流时效问题，而且极大地提高了货物处理效率。海外仓作为国际运输的重要节点和国内运输或配送的起点，随着国际贸易进程的深入，其功能已经在原有的功能基础上不断丰富。

1. 代收货款功能

由于跨国交易存在较大的风险，因此为解决交易风险和资金结算不便、不及时的难题，在合同规定的时限和佣金费率下，海外仓在收到货物的同时，可以提供代收货款增值服务。

2. 拆包拼装功能

对一般国际 B2C 跨国电子商务模式而言，订单数量相对较小、订单金额相对较低，频率较高，具有长距离、小批量、多批次的特点，因此为实现运输规模效应，可对零担货物实行整箱拼装业务运输。货物到达海外仓之后，由仓库将整箱货物进行拆箱，同时根据客户订单要求，为地域环境集中的用户提供拼装业务，进行整车运输或配送。

3. 保税功能

当海外仓经海关批准成为保税仓库时，其功能和用途范围更为广泛，可有效简化海关通关流程和相关手续。同时，在保税仓库可以进行转口贸易，以海外仓所在地为第三国，连接卖方和买方国家，这种方式能够有效躲避贸易制裁。在保税海外仓内，还可以进行简单加工、刷唛等相应增值服务，能有效丰富仓库功能，提升竞争力。

4. 运输资源整合功能

在海外，一般难以实现规模运输的产品，通过海外仓服务一方面可以实现集中运输，有效减少运输成本；另一方面在海外通过共同配送，可以更好地搭建逆向物流的运输平台，提高逆向物流货品的集货能力，降低成本费用。因为，一旦逆向物流产生阻滞，将面临高额的返程费用和关税征收，而海外仓储的建立可以在提高逆向物流速度的同时，增加客户满意度，提升客户价值。

现在，海外仓已经成为跨境电商全球采购、全球销售以及第三方物流企业提升服务质量、获取市场竞争优势的重要途径。

9.2.3 设立海外仓的环境分析

设立海外仓是国际电商市场竞争下的必然需求。亚马逊、eBay 和全球速卖通等全球领先的跨境电商平台发展势头迅猛，对销售海外仓的布局和建设起到了推波助澜的作用。而主要面向国内市场的京东，则在全球通过 100% 覆盖产地来布局 110 多个采购海外仓，天猫也宣布将在美国仓、日本仓和韩国仓基础上建立欧洲采购仓。服务跨境电商或全球物流的第三方物流企业如顺丰，也同样在境外加大布局第三方海外仓的运储仓配力度。

1. 政策倾斜力度逐渐增大

政策倾斜是促使海外仓模式扩张的重要因素。海外仓建设火热并非始于当下，早在 2015 年商务部发布的《"互联网＋流通"行动计划》中就提出推动建设 100 个电子商务海外仓；2016 年的政府工作报告中又提出，鼓励商业模式创新，扩大跨境电子商务试点，支持企业建设一批出口产品海外仓，促进外贸综合服务企业发展。政策红利的释放，成为海外仓发展的催化剂。

2. 规划和建设空间较大

尽管推动海外仓建设的国家政策已经历时多年，海外仓数量急剧增加，但实际上，多数新增海外仓给投资企业带来的运营成本却远高于收益。货物爆仓、滞销滞压、成本高企、难退换货、供应链上下游博弈、国际税法差异和海外消费者权益差异等问题迭出，如何通过海外仓提升供应链整体利润，已成为今后规划和建设海外仓的关键。

3. 仓配一体化的增值服务

提供仓配一体化的增值服务是海外仓模式扩张的关键。海外仓从本质上来说并不复杂，不过是立足跨境贸易而设立在境外的仓储设施，通常提前通过大宗运输方式将商品运往目标市场国家囤货，待目标市场的消费者订购后，以最快速度响应订单，进行分拣、包装、配送和退换货等仓配业务或增值服务，既可以当作类似亚马逊"以储代运"的消费地仓库，也可以当作仓储"结点成网"的一类节点仓库，但是通关、清关、订舱、报验等延伸服务是海外仓核心能力的体现。

4. 供应链思维的运用

全球供应链的运用在海外仓表现十分明显。从供应链体系和产业链生态来看，海外仓运营的成功与否，取决于其在整个供应链和产业链中所处的位置和所起的作用，取决于运营管理的成本与收益的效率对比，取决于仓储商品类型与供应链类型的匹配度，取决于互联网及信息技术、智能技术等对仓储智慧决策的支撑程度。

5. 与作坊式的海外代购并存

与作坊式的海外代购并存是当下跨境电商的现状。海外仓是具有一定市场地位的超大型跨境电商等设置的规模型境外仓库，这种海外仓配的原型是一种历史更为久远且属于市场自发形成的个人作坊式海外仓，主要服务于海外代购。但是两者的市场定位、运营管理模式和供应链生态体系有许多差异。

以个人为单位的海外代购与个人作坊式海外仓可谓是互为补充，其海外仓利用的是代购者所在的住宅、车库、储藏室或周边闲置房屋，自己或家人形成看堆式管理，类似菜市场个体摊位，使用成本和管理成本都趋近于零，货品较为单一而易于预测，其近零成本、高利润的高效率模式极大推进了海外代购的超高速发展。

数据显示，2018 年中国海淘用户规模达到 9 000 万人，海外代购市场规模达到人民币 2 601 亿元，依托各类互联网平台和跨境电商平台的海外代购，通过信息不对称、税收豁免及早期市场自由等贸易便利形成了高速野蛮生长，与此相伴的作坊式海外仓也呈现海量增长的态势。

9.3　海外仓发展趋势

随着 2019 年《中华人民共和国电子商务法》的实施，电商经营者也需办理市场主体登记和履行纳税义务，进出口减免税及清关新政开始规范原有的法外之地，美国、日本、韩国、欧盟各国也开始加强打击各类不规范清关行为，俄罗斯也加大了"灰色清关"的打击力度，海外代购市场及其衍生的作坊式海外仓将面临结构性调整。

9.3.1 政策倾斜背景下的行业规范

我国不断完善跨境电商发展的政策支持。2018 年 8 月，在原有 13 个城市的跨境电商综合试验区基础上，又增加了 22 个城市的跨境电商综合试验区，基本上覆盖了我国主要的一、二线城市。这促进了超大型跨境电商平台的规范性、规模化和全球网络型发展，也遏制了小而散且难合规的海外代购发展，并推动海外代购向合法跨境电商平台迁移和转型。

1. 平台经营趋于规范

一方面，合法合规的跨境电商平台、高运营成本的海外仓都需要重新定位新市场，并寻求可控制成本、提高服务水平途径，且提升供应链体系高利润的跨境电商产业链生态。另一方面，海外代购所催生的作坊式海外仓，依旧还会较长时期在新规和转型过程中发挥作用。

2. 选型更趋于理性

选型更趋于理性，控制海外仓的野蛮生长。在供应链矩阵理论中，功能型产品与创新型产品的供应链体系应分别划分为效率型供应链与响应型供应链；而面向作坊式海外仓与跨境电商海外仓时，也同样需要构建不同的产业链生态，前者需求的是从退路进场式的规范性集群引导，后者需求的是适宜海外仓的商品遴选能力，但两者依然存在着共性问题亟待解决。

3. 流程设计更加科学

流程设计的科学性是海外仓生存的重要条件。海外仓配送一般包括三个阶段，即头程运输、仓储管理和本地配送。其中头程运输主要是卖家通过海运、空运、陆运及铁运等方式将商品从产地国（更乐于以大宗形式）运输到另外一国海外仓，并按照相关国规定进行商品报关和清关；仓储管理则是在海外仓内实施远程仓储管理和库存管理，按照订单需求进行出入库操作；本地配送则是按照订单需求及库存管理系统为消费者寄递商品，并实现退换货等操作。

9.3.2 海外仓现存的主要问题

海外仓现存的主要问题，除面临国际税法差异和海外消费者权益差异导致的政策风险、经营风险、质量风险和成本风险外，绝大多数与信息不对称、数据难共享和预测不精准直接相关，如货物爆仓、滞销滞压、成本高企、退换货损失大等，这恰恰是智慧供应链所关注和能解决的，更需要依赖"大云移物智"形成跨境电商的智慧产业链生态。

1. 技术支持有待强化

亚马逊之所以可以实现通过本地库存来解决及时交付消费者购买的"以储代运"模式，关键在于 AWS（Amazon web service）平台的大数据和云服务体系对该模式的支持，这使得亚马逊可以比消费者更精准地预测到消费者需求什么、何时需求和需求多少，从而可以低成本、高响应地满足仓储与运输的功能间资源配置优化。

2. 协同物流有待发力

海外仓的运营同样需要如国内仓储一样"结点成网"，利用联盟、资本或信息网络对自身及盟友资源的全禀赋要素优化，融合多式联运、中转仓、货代、退货换标和报关清关等资源，特别在国内国外两端共建姊妹海外仓、姊妹边境仓，实现全程物流轨迹追踪和全网络协同共赢。

3. 全球视野的供应链思维

海外仓还需要提高节点仓配的即时响应速度。跨境电商平台本就具有全流程全资源的数字化基础，因此较易引入自动化装备，利用操作无人化、运营智能化和决策智慧化实现全球跨境电商智慧供应链体系。

9.3.3 海外仓与亚马逊 FBA 的主要区别

很多刚涉足跨境电商业务的职场人可能不清楚海外仓和 FBA 的区别到底在哪里，甚至连经验丰富的卖家也没能完全说清其中的关系。据统计，2017 年 70% 以上的跨境电商在使用海外仓，90% 以上的跨境电商在使用 FBA。该数据表明，海外仓和 FBA 几乎已成为跨境电商的标配，更重要的是海外仓和 FBA 并不是非此即彼的关系，更多的时候是配合。两者的主要区别集中在以下两点。

1. 模式创新路径不同

FBA（fulfillment by Amazon）是亚马逊商业帝国的基石，可以通过高效的物流管理系统让很多卖家能够足不出户，就可以在亚马逊全球开店。FBA 自建立以来，不仅内部技术不断升级，仓储和物流的智能化管理并且也在探索一些新的管理模式，呈现出纵向拓展的态势，如 FBA Onsite 将一些第三方仓库覆盖到 FBA 下，从而使 FBA 的容量大幅升级。

而海外仓，也是随着电商的发展而成长起来的一个新模式。海外仓的发展可以追溯到 2000 年左右，有些留学生靠"蚂蚁搬家"的方式把国内商品带到美国后在网上销售，之后随着电商竞争开始，跨境电商初具规模，卖家们开始把货物放在留学生公寓、车库等地方，这些地方成了海外仓的雏形。从 2006 年开始，出口易、递四方等专业的第三方海外仓开始登上历史舞台。到 2010 年，跨境电商潮越来越热，一些大型的跨境卖家开始自建海外仓。而到 2016 年，跨境电商剧增，海外仓迎来了第二波建仓热潮，自建仓、第三方海外仓都大量崛起、高速发展。2017 年，海外仓也再度创新，出现了更多模式，如虚拟海外仓、海外仓 COD 模式、仓中仓等，具有横向拓展的态势。

FBA 和海外仓在跨境潮的推动下不断发展，拥有各自的优势和劣势。

2. 客户价值获得感差异性

FBA 物流和客户服务有保障，卖家省心而且费用也可预期，并且亚马逊会给 FBA

的产品更好的排名。但是 FBA 分仓是令很多卖家感到非常棘手的问题。卖家发货到亚马逊仓库时，系统会根据仓储情况、销售预期等一系列参数自动分配散布在全美的一个或几个仓库给卖家，一批货可能被分配到东西南北的几个仓库，这会给卖家发货造成很大的困难。比如东部仓库会比西部上架时效慢十天半个月，一个货柜的费用也会高 2 000 ~ 3 000 美元。FBA 还会对库存超过 90 天的商品收取罚款，当商品出现滞销时，不管是继续仓储还是退回货品都会造成很高的费用。此外，退货也是一个很大的问题，FBA 并不会提供买家退货的二次包装和销售，不管是货品退回国内还是当地销毁，卖家都会承担很高的费用。除此之外，补货也是卖家的一个难题，市场销量总是很难预估，特别是对于一些新卖家，一旦出现缺货，中国到美国运输、清关时间都较长，快递发货虽然快捷，但是费用较高。

　　海外仓不仅是一个仓库，也承担了很多亚马逊运营的角色。有些卖家会选择通过海外仓自发货，因为这样的仓储、运营、物流成本都相对 FBA 低，并且也没有 FBA 的诸多限制。但是海外仓服务能力、仓库管理以及尾程 FedEx 或 UPS 的派送成本都参差不齐，给实际运营带来了很多风险。并且自发货无法享受 FBA 的很多待遇，曝光率和销量都不及 FBA 的产品。当然目前有一些第三方仓库通过了亚马逊认证的 SFP（seller fulfilled prime）仓库要求，可以为 prime 产品做自发货，但需要达到亚马逊订单当天发货、全美 48 州 2 天内送达的要求，其实际运营成本与 FBA 是否还有优势，需要进一步核算后才能判断。

9.3.4　使用 FBA 与第三方海外仓的相同之处与差异之处

1. 相同之处

　　（1）二者都需要卖家提前备货，都具有很好的仓储管理经验，卖家无须操心仓储与配送问题。

　　（2）都可以缩短配送时间，提升客户的满意度，对店铺的销售额增长有帮助。

　　（3）都需要卖家批量发货，发货的方式一般选择空运、快递、海运，能有效避免物流高峰。

　　（4）都可以为买家提供退换货服务。

　　（5）无论选择 FBA 还是第三方海外仓，卖家每月都需缴纳仓租费、物流费用和其他费用。

　　（6）产品在卖家的控制之外，但二者提供客户服务，让卖家知悉库存情况。

2. 差异之处

　　（1）选品范围的差异。亚马逊 FBA 对选品的尺寸、重量、类别有一定程度的限制，所以选品偏向于体积小、利润高、质量好的产品；如果是选择第三方海外仓，选品范围比 FBA 广一些，像体积大、重量大的产品也适合。换个说法，即能进入亚马逊 FBA 的产品必定能进入第三方海外仓，但能进入第三方海外仓的产品不一定能进入亚马逊 FBA。

（2）头程服务的差异。亚马逊 FBA 不会为卖家提供头程清关服务；部分第三方海外仓服务商会给卖家提供头程清关服务，甚至还会有包含代缴税金、派送到仓的一条龙服务。

（3）对产品入仓前要求的差异。亚马逊 FBA 的入仓要求较为严格，需要卖家在发货前处理贴好外箱标签及产品标签，如果外箱或产品标签有破损的话，会要求卖家先整理，然后才能进入 FBA；亚马逊也不提供产品装组服务。第三方海外仓的入库要求不会像亚马逊 FBA 这么高，在上架前会会提供整理、组装产品的服务。

（4）对产品入仓后的分配的差异。亚马逊是默认分仓的，往往会将卖家的产品分散到不同的仓库进行混储；而第三方海外仓一般会将货物放在同一个仓库集中管理。

（5）仓储成本的差异。选择海外仓的成本都不低。相较之下，如果物量大的话，使用 FBA 对比使用第三方海外仓的成本会高一些。不过，进入 FBA 的产品，卖家可以提高产品单价来分摊仓储成本。如果进入第三方海外仓，则可以降低产品价格来获取客户。

（6）对产品推广支持的差距。选择 FBA，亚马逊平台会增加卖家产品的曝光度，如提高卖家的 Listing 排名、帮助卖家抢夺购物车等，这些都有利于提高卖家店铺的流量与销量。

如果选择第三方海外仓的话，海外仓服务商不可能像亚马逊那样，给卖家的产品提供平台或在平台上增加曝光度。卖家需要自己做站内外的推广来增加店铺的业绩。

（7）对于发货后产品的差评处理的差异。由 FBA 所导致的任何中差评，都可以由亚马逊移除，卖家无须操心；如果使用第三方海外仓所引起的中差评，海外仓服务商则不一定能提供售后与投诉服务，就算提供了，也不一定能够成功消除客户留下的中差评。一般第三方海外仓很少有因物流派送而引起的差评。

（8）对退货支持的差异。亚马逊是支持客户无条件退换货的，FBA 对退回的产品不会再进行任何的鉴定，也不会收取买家的任何费用。即使退回来的产品没有质量问题，亚马逊也不会再次将产品销售给第二个买家。这样的退货方式本质上是保护客户的，但会产生较高的退货率。如果产品被退回，无论是销毁还是寄还卖家，亚马逊还会向卖家再另外收取费用。

如果是第三方海外仓，对退回来的产品，如果不是质量问题的话，可以替卖家更换标签或者重新包装，然后再次进行销售，能减少卖家的损失。

（9）货物存放风险的差异。将货物放在海外仓，都有潜在安全风险。放置在 FBA 中，其安全与亚马逊账号安全相关联。如果商家在亚马逊销售的产品出了问题，账号被亚马逊关闭的话，那么放在亚马逊 FBA 的货物也会被暂时查封；如果是将产品存放在第三方海外仓库的话，则不用担心这个风险。

9.3.5　海外仓与 FBA 的优劣势比较

通过以上的同异情况，不难看出，无论选择 FBA，还是第三方海外仓，都有各自的优势与劣势。卖家可以根据自身的实际情况选择使用 FBA 还是第三方海外仓。

1. 海外仓对于卖家的优势

（1）时间缩短、效率提升。

（2）降低物流成本和清关费用。

（3）提升产品的利润。

（4）让大量的小规模订单达成，提高成交量。

（5）高效管理货物，快捷处理订单。

（6）提升产品曝光率，形成品牌效应、规模效应，提升产品竞争率。

（7）把传统贸易模式升级为海外仓贸易，缩短贸易流程，降低了整一个贸易风险。

2. 海外仓对于买家（消费者和零售商）的优势

（1）有大量的供应商可供选择。

（2）商品丰富，质量得到充分保障。

（3）看货方便，并且灵活自由采购，降低库存滞销风险。

（4）减少公司投入资金，降低运营成本。

（5）缩短收货和退货时间。

3. FBA 的优势

（1）提高 Listing 排名，帮助卖家成为特色卖家和抢夺购物车，提高客户的信任度，提高销售额。

（2）具有多年丰富的物流经验，仓库遍布全世界，采用智能化管理（2012 年收购机器人制造公司 Kiva Systems）。

（3）配送时效超快（仓库大多靠近机场）。

（4）亚马逊专业客服水平较高。

（5）可以消除由物流引起的差评纠纷。

4. FBA 的劣势

（1）一般来说，费用稍微比国内发货高，但是也要看产品重量（特别是第三方平台的 FBA 发货）。

（2）灵活性差：灵活性差是所有海外仓的共同短板，但其他第三方海外仓还是可以有专门的中文客服来处理一些问题，FBA 却只能用英文和客户沟通，而且用邮件沟通回复不会向第三方海外仓客服那么及时。

（3）如果前期工作没做好，标签扫描出问题会影响货物入库，甚至入不了库。

9.4　保税仓概述

保税仓库，是指由海关批准设立的供进口货物储存而不受关税法和进口管制条例管理的仓库。储存于保税仓库内的进口货物经批准可在仓库内进行改装、分级、抽样、混合和再加工等，这些货物如再出口则免缴关税，如进入国内市场则须缴纳关税。各国对保税仓库货物的堆存期限均有明确规定。设立保税仓库除为贸易商提供便利外，还可促进转口贸易。

保税仓是一个存放未缴关税货物的仓库，就如境外仓库一样。货物存放在保税仓可以节省一大笔租金费用，尤其是时间较长时，这项优势更加明显。保税仓的仓租较便宜，而且可在申报时直接在保税仓运走报关。保税仓顾名思义，重在"保税"，税费一般由进口商预缴，等商品出售时再转嫁给消费者，商品入关后存放在公司仓库或各零售店。

9.4.1　保税类型

保税仓库按照使用对象不同分为公用型保税仓库、自用型保税仓库、专用型保税仓库。

1. 公用型保税仓库

公用型保税仓库由主营仓储业务的独立企业法人经营，专门向社会提供保税仓储服务。

2. 自用型保税仓库

自用型保税仓库由特定的独立企业法人经营，仅存储供本企业自用的保税货物。

3. 专用型保税仓库

专用型保税仓库是保税仓库中专门用来存储具有特定用途或特殊种类商品的仓库。

专用型保税仓库包括液体危险品保税仓库、备料保税仓库、寄售维修保税仓库和其他专用型保税仓库。

（1）液体危险品保税仓库，是指符合国家关于危险化学品仓储规定的，专门提供石油、成品油或者其他散装液体危险化学品保税仓储服务的保税仓库。

（2）备料保税仓库，是指加工贸易企业存储为加工复出口产品所进口的原材料、设备及其零部件的保税仓库，所存保税货物仅限于供应本企业。

（3）寄售维修保税仓库，是指专门存储为维修外国产品所进口寄售零配件的保税仓库。

9.4.2　保税仓发货的优势

保税仓实际上是一个享有国家特殊政策，受到国家特殊监管的区域，与通常预缴关税的流程不同，保税仓是进口商品在获得海关批准后进入特定仓区存放，此时可先不缴税，当商品出售后再缴税，在这个仓库中起到"暂缓缴税"的作用。保税仓发货具有以下几个优势。

（1）成本低。对商家来说，现金流是每一个商家的生命线，由于通常进口商进口商品量都比较大，10% ～ 30% 的进口关税暂缓征收，因此每件商品的税费乘以总数都是一个不小的数字。成本降低，出售的价格就可以相应下调，消费者就可以买到更便宜的商品，从中获利。

（2）发货速度快。通过提前把货物备在国内保税仓，可以帮用户省去等待商品从国外飞到国内的这段时间，在海淘中享受到和在国内网站购物相同的物流体验。

（3）退货有保障。相信海淘过的顾客最大的苦衷就是"海淘一时爽，退货等三年"。且不说海淘的东西国内无法质保，在美亚、日亚、乐天、eBay 这些地方买的东西，一旦出现问题，退货就会很困难。但在保税仓模式下，发现问题，退到国内保税仓或购物平台就可以了，还受《中华人民共和国消费者权益保护法》保护。

（4）质量有保障。判断一件商品是不是正品，最重要的是看货源。由于境外采购渠道及与国外品牌商的合作方式相同，保税仓渠道的货源与海外直邮的货源相同，从源头上能保证是正品。而商品统一进入国内保税仓后，会受到海关的严格监管，又加上了一道安全阀。

9.4.3　保税仓与海外直邮的优劣势

保税仓是外国商品存入保税区后，不必缴纳进口关税，可自由出口，只需交纳存储费和少量费用的仓库。保税仓内的商品全部由海外批量采购，将货通过海运等方式集中囤积在保税区，当网上订单产生时，再直接清关发货进行国内派送。

海外直邮则是直接从海外发货，所有商品的生产、采购和管理都由国外法律严格监管，海外直邮商品从国外采购商直接发货到消费者手中。

保税仓与海外直邮的优势和劣势如下。

1. 保税仓

（1）优势：订单发货可以及时清关，到货时效快；大批量采购并运送至保税区，运费成本低。

（2）劣势：大批量进货，可能会有瑕疵品、到期商品；存在假货，不排除从国内运到国外的假货再回流至保税区；若用海运方式，速度慢，航行风险大，航行日期不易准确，集装箱温度可高达 60 ～ 70℃，食品类的质量难免不受影响；提高商家资金占用成本、仓储成本、商品滞销风险等。

2. 海外直邮

（1）优势：商品的质量和保质期有保障，买到假货的可能性约等于零；直邮的运输方式为空运，速度快，温度适宜，不会影响质量，尤其是食品类；货品新鲜，不存在积压问题，没有资金压力；可满足消费者多元化的商品需求。

（2）劣势：到货时效较长，物流通常需要 1 ～ 2 周；运费成本高（空运），售价相对保税区发货稍贵一些。

🌐 本章小结

海外仓是指建立在海外的仓储设施，也是仓配一体化模式在海外物流中的表现形式。跨境电商企业按照一般贸易方式，将商品批量出口到境外仓库，电商平台完成销售后，再将商品送达境外的消费者。

企业设置海外仓应考虑的能力因素：客户的需求与自身的服务；自身的清关能力；是否提供海外仓延伸服务；仓储操作能力高低。

海外仓的优势主要体现在：物流成本低；包裹时效缩短；店铺好评率高；产品曝光度提升；有助于市场拓展。

设立海外仓的环境分析：政策倾斜力度逐渐增大；规划和建设空间较大；仓配一体化的增值服务；供应链思维的运用；与作坊式的海外代购并存。

保税仓库，是指由海关批准设立的供进口货物储存而不受关税法和进口管制条例管理的仓库。储存于保税仓库内的进口货物经批准可在仓库内进行改装、分级、抽样、混合和再加工等，这些货物如再出口则免缴关税，如进入国内市场则须缴纳关税。

保税仓库按照使用对象不同分为公用型保税仓库、自用型保税仓库、专用型保税仓库。

🌐 复习思考题

简答题：

1. 海外仓设置的条件是什么？
2. 海外仓与亚马逊 FBA 的主要区别是什么？
3. 什么是保税仓？保税仓发货有哪些优势？

🌐 课内实训

找到一家海外仓企业，对该企业的海外仓职业技能培训项目进行一项市场调查，力求将此项调查活动做得圆满而完善。该企业在海外仓操作主要流程和借助的平台如何？

🌐 课外实训

以小组为单位，利用业余时间模拟设计建立一家海外仓物流公司，调查了解社会对海外仓整体解决方案的需求状况。针对清关报关问题，拟定初步海外仓系统解决方案，设计问题解决流程，做出方案 PPT 和文字说明。

🌐 案例分析 9-1

菜鸟保税仓成全球商家进中国首选　秒级通关领先全球

北京时间 2019 年 1 月 30 日晚，阿里巴巴公布 2018 财年第三季度业绩，集团收入同比增长 41%，达 1 172.78 亿元。这是中国首个实现单季营收破千亿元的互联网公司，彰显出中国社会强大的消费信心以及阿里巴巴强劲的"平台效应"。超预期增长的阿里巴巴和蓬勃的数字经济，正在激发中国消费的庞大潜力。

在阿里巴巴数字经济体当中，菜鸟持续投入打造的智能物流骨干网，正在为消费者提供更好的包裹交付体验。尤其在进口方面，菜鸟保税仓在本季度达到 34 个，遍布各主要港口，为大批中国城市提供当日达、次日达服务，成了全球商家进入中国市场的首选，也是阿里巴巴五年进口 2 000 亿美元的"全球运"基础设施。

1. 全球数千商家进入菜鸟保税仓网络

阿里巴巴财报显示，在 2018 天猫"双 11"期间，菜鸟这张骨干网处理了前所未有的 10 亿个物流订单，体现了菜鸟大规模协调复杂物流生态系统的能力。首批 1 亿个订单在 2.6 天内送达完毕，继续缩短交货时间，消费者的满意度显著提升。

其中在进口方面，菜鸟进口保税仓规模超过 100 万平方米，居全国之首。全球数千个品牌、商家已经加入这个保税网络，让商品提前进入中国口岸，满足中国消费者的极速收货体验。

"对海外商家来说，菜鸟保税仓不仅帮助他们的商品前置到目的国，更为他们提供了阿里经济体的一系列数字化供应链能力。"菜鸟保税仓负责人说，依托保税进口网络，天猫国际、菜鸟可以与海外品牌、商家一起制订精细的生意计划，帮助商家合理备货，提高生产、销售、物流等全链路的供应链效率，从而提高商家售罄率，减少滞销、报废，降低成本。

同时菜鸟保税网络还可以提供优质的"仓（储）关（通关）干（干线）配（配送）"一体化解决方案，帮助商家节省大量自己维护物流链路的人力、物力和经济成本。

根据保税要求，保税仓可以对商品的来源、品质、效期等进行全链路把控，从而保障消费者体验。

2. 菜鸟"秒级通关"领先全球　当次日达渐成常态

数据显示，菜鸟保税网络也带动了中国进口物流效率快速提升。早期海淘的物流时效动辄以月来计算，现在普遍实现了当日达和次日达。

据悉，目前菜鸟 34 个保税仓可以为全国大量城市提供当日达、次日达服务，购买进口商品就像本地购物一样方便。

"进口购物变快了，一方面是因为保税仓更多了，商品都从身边发出。另一方面是因为跨境通关技术创新，通关效率进入了秒级时代。"

菜鸟国际关务负责人介绍，2018 天猫"双 11"当天仅用 9 小时，就清关了 1 000 万个订单，刷新中国 B2C 贸易通关纪录。而前一年放行同样数量的订单用了近 20 个小时，提速明显。

据悉，菜鸟关务平台已经支持了全国 10 个重点口岸的跨境通关，"双 11"全国进口包裹当中有近 80% 使用了菜鸟关务平台。与海关技术共建，菜鸟关务平台通过中国海关总署直联通道实现进口通关全链路提速。

目前，菜鸟关务平台结合算法和人工智能，已经帮助商家实现了智能预归、智能制单、智能通关准入等标准化、一键式的通关解决方案，"秒级通关"能力领先于全球。

3. 菜鸟全球供应链成海外品牌进中国首选

据悉，菜鸟保税进口网络正在进一步升级。未来3年内，计划扩展至全国16个保税区，新增百万平方米以上保税仓，规模将遥遥领先于行业，从而保障阿里巴巴未来五年从全球进口2 000亿美元商品的大进口计划。

海外品牌和商家已经捕捉到这个机遇。雀巢、ALDI奥乐齐、麦德龙、Chemist Warehouse、资生堂、Aeon、Mistine、德国SOS等国际大牌商家，正在陆续接入菜鸟全球供应链体系，从原来的进口到仓接货、到港接货升级为直接到海外源头接货，全程把控降低商家供应链成本，提高物流效率和消费者体验。

菜鸟国际商家负责人介绍，以往海外商家需自己发货至中国保税仓，成本高、流程烦琐。通过菜鸟全球供应链，海外商家在供应链上的支出预计可直接减少10%。特别是中国进口的前五大国家，日本、美国、韩国、澳大利亚和德国的高品质进口商品，可以更方便拥抱中国市场。

"我们会持续为未来投入，打造全球包裹网络、全球供应链网络和全球末端网络，构建全球智能物流骨干网，像高铁和移动支付一样，打造数字经济时代的全球基础设施。"菜鸟国际负责人说。

资料来源：中国新闻网，http://www.ln.chinanews.com/news/2019/0131/205657.html。作者有删改。

问题：本案例中，菜鸟保税仓网络"平台效应"是如何体现的？菜鸟关务平台在通关业务方面是如何实现全链路提速的？陆续接入菜鸟全球供应链体系的海内外用户获得的超值体验是什么？菜鸟保税仓网络发展的愿景规划是什么？

案例分析 9-2

全球速卖通 2019 战略升级：全球 18 国落地近百个海外仓 重点市场支付渠道全覆盖

过去一年来，受惠于国家大力推进"一带一路"建设，全球速卖通迎来了高速发展期。除稳坐俄罗斯第一大电商平台的交椅，非洲、东欧、中东等"一带一路"新兴市场也呈现出强劲的增长势头，尤其是非洲的买家数仅半年时间就实现翻倍增长。

2019年4月28日，全球速卖通在广州举行2019商家峰会，宣布未来一年将持续深耕用户增长，扶持商家品牌成长，且进一步构建多元化的物流和支付解决方案，包括在全球18个国家拓展94个海外仓，上线15天无理由退换货，对俄罗斯、欧美等重点市场的支付渠道全覆盖，引入分期付款，且首次面向商家推出人民币报价体系。

全球速卖通不只是卖货，而是做可复制的解决方案。

"全球速卖通面临的最大挑战，是如何用一个统一的平台来满足不同国家用户的差异化需求。"正因如此，全球速卖通总经理王明强认为，全球速卖通持续在"平台能力""数据和技术能力"和"基础设施建设"方面的"重"投入一定是正确的发展方向，也是建立行业壁垒的重要抓手。

虽然欧美地区几个重要的电商网站在当地耕耘许久，但整个市场的电商渗透率仍然很低，核心是模式出了问题，"它们没有把生态真正建立起来，它们做的是线上化的零售，而不是电商。""全球速卖通做电商，实际上是向海外输出一套包含物流、支付在内的中国电商的解决方案，且这些解决方案是根据不同国家、不同区域的实际情况定制化而成的。"王明强表示。2019 年，全球速卖通将联合菜鸟重点推进海外仓建设。计划在一年内拓展 94 个海外仓，包括菜鸟认证仓 70 个，菜鸟官方仓 6 个，商家仓 18 个，覆盖全球 18 个国家，其中菜鸟的自建能力会覆盖 80% 以上的仓库。其中美国、俄罗斯、泛欧区域作为全球速卖通核心买家市场，会通过当地的海外仓覆盖，进一步提升本地消费体验和时效。

与此同时，结合不同国家市场具体发展情况，全球速卖通为海外用户和商家提供了更加多元化的物流解决方案。

在俄罗斯，全球速卖通推出了创新性的超级经济线路，用海铁联运的方式，在价格和可运输品类上均实现突破。在法国，全球速卖通与 Relais Colis 公司达成合作，在法国新增 5 200 多个自提点服务，消费者可以就近提货，法国消费者的末公里体验得到极大的飞跃。在欧洲，和菜鸟一起推出的中欧班列可直达欧洲的列日车站，运行时间为 16 至 18 天。未来还将联合在欧洲的数十个合作伙伴，将货物送至波兰、法国、捷克等 28 个国家。

此外，由于退货体验一直是海外买家的痛点，2019 年 3 月，全球速卖通正式上线 15 天无理由退换货服务。目前该服务已在美国、加拿大和澳大利亚开始试点，5 月会扩展到欧洲地区。

支付体验也进一步本地化。2019 年，全球速卖通将对重点市场的支付渠道全覆盖，在俄罗斯、欧盟区、南美、非洲等区域，接入多个支付渠道，并引入分期付款。比如与肯尼亚当地支付服务商 M-Pesa 达成合作，使得肯尼亚没有信用卡的广大用户也可以直接在全球速卖通上进行网购。截至目前，速卖通已与全球 30 多家金融机构建立起了广泛的合作关系。

而针对商家，将首推人民币报价服务，未来商家可用人民币报价、收款，无须结汇，成本管理更可控，结算回款更快速。该服务预计在 2019 年"双 11"后推出。同时，2019 年全球速卖通还将与支付宝联合打造阳光高效的结汇服务，除无限额外，结汇到账时效从 t+4 提升到 t+1。

资料来源：人民日报海外网，http://baijiahao.com/s?id=16320396954060602761108wfr=spider&for=pc。作者有删改。

问题：

1. 全球速卖通 2019 战略升级的政策背景如何？全球速卖通开拓的"一带一路"新兴市场主要包括哪些国家和地区？

2. 为什么说"全球速卖通不只是卖货，而是做可复制的解决方案"？

3. 全球速卖通的退货体验和支付体验的操作方式如何？

融通仓与冷链仓

学习目标

1. 通过本章学习，了解融通仓产生的经济与技术背景以及业务性质和特点等；熟悉融通仓的业务模式、创新点和经济价值。

2. 熟知冷链仓的业务流程、技术要求及业务类型，了解冷链仓创新模式功能实现所需要的内外条件；熟悉冷链仓的未来发展趋势。

导引案例

乐钱深耕农业供应链金融　试水吉林人参"融通仓"业务

以农业供应链金融为业务发展方向的网贷平台乐钱，2018 年推出了多笔围绕人参加工贸易而展开的"融通仓"业务，一方面为急需资金的人参贸易商筹集了人参收购及加工贸易所需的资金，另一方面也通过仓单质押的方式，提升了乐钱用户出借资金的灵活性和安全性，为乐钱用户提供了安全可靠的投资渠道。

所谓"融通仓"业务，"融"指金融，"通"指物流，"仓"指仓储；融、通、仓三者组合起来，是一种把物流、信息流和资金流进行综合管理的创新性金融业务，其目的是用资金流盘活库存或物流中的资产，提高资产的利用效率。

以乐钱项目"吉林抚松人参商户马××人参质押借款"为例，借款人马××拥有市值约 172 万元的成品干参，但考虑到其加工贸易的能力，她还需采购 43 万元的水参原料（干参由水参加工而来，约 3 千克水参可加工成 1 千克干参），其生产效能才能达到最大化，但此时尚未到干参交易的旺季，直接销售干参回款，市场价格不够理想，而从其他渠道筹措采购款项则需要 3 ～ 4 个月的时间，会错过水参的最佳采购季节。

于是马××将其加工完成的成品干参质押在乐钱指定的抚松当地仓库（仓储方向乐钱出具仓单，根据乐钱指令管理库存，并将仓库钥匙交由乐钱业务经理保管），通过乐钱平台,向乐钱用户筹集所需的 43 万元资金(其中个人名义借款 20 万元,其名下企业名义借款 23 万元),2 天后,通过乐钱平台,马××获得所需的资金,立即开始采购水参原料。

4 个月后,随着后续资金的到位,马××归还了在乐钱平台的借款,乐钱在收到回款后,交回库房钥匙,并指令仓储方解除货物的质押。随后马××将其原有库存继续通过市场出售获利。

在这一"融通仓"项目中,"仓"是核心风控手段,乐钱选择以吉林抚松作为项目拓展及货物(干参)质押仓储的核心区域,主要是考虑到抚松当地市场有大量人参加工及贸易商,当项目发生风险时,能够快速通过当地人参市场处置质押货物、回笼资金;同时,抚松当地的仓储方也有与金融机构合作人参库存"融通仓"业务的经验,在协助资方管理仓储及处置质押货物方面,拥有较丰富的经验。

在这一项目中,乐钱风险管理团队除了采取"融通仓"业务中常规的风控手段外,还综合了多种保险产品,为出借资金的乐钱用户提供了多项保障:如为质押的干参投保"阳光财产保险股份有限公司"的财产综合险,要求借款人及借款企业法定代表人投保《借款人人身意外伤害保险》,上述保险保额均能分别覆盖项目全额本息,受益人为出借资金的乐钱用户。

据了解,乐钱平台创立于 2014 年 2 月,平稳运行多年,公司产品以"小额分散"的农业种植户借款及农业供应链金融项目为主,兼有小额"车抵贷""房抵贷"等城市业务。

自乐钱平台创立以来,乐钱团队始终将"风险管理"置于平台运营的首要位置,将"合法、安全、透明"作为平台一以贯之的理念,坚持不做资金池、不做期限错配,从未做过任何形式的活期产品或集合理财计划产品,所有项目均为一一对应的"散标",投资期限均与借款人的真实用款期限相匹配,其中农业项目以农地流转抵押作为主要的风控手段,"车抵贷""房抵贷"等城市业务均有足值的车辆及房产资产对应。

资料来源:东方财富网,http://guba.eastmoney.com/news,ofooz118,807023803.html。作者有删改。

10.1 融通仓概述

融通仓是一种物流和金融的集成式创新服务,是仓配一体化服务的衍生品,也是仓配业务拓展的高级阶段。其核心思想是在各种流的整合与互补互动关系中寻找机会和时机,其目的是提升客户服务质量,提高经营效率,降低运营资本,拓广服务内容,减少风险,优化资源使用,协调多方行为,提升供应链整体绩效,增加整个供应链竞争力等。

10.1.1 融通仓的概念

"融"指金融,"通"指物资的流通,"仓"指物流的仓储。融通仓是融、通、仓三者的集成、统一管理和综合协调。融通仓既是仓配一体化的升级版，也是仓配服务未来发展的趋势，所以融通仓是一种把物流、信息流和资金流综合管理的创新。其内容包括物流服务、金融服务、中介服务、风险管理服务以及这些服务间的组合与互动。

融通仓业务中包括可代理银行监管流动资产的物流"表外"服务，金融服务则为企业提供融资及其他配套服务。融通仓服务不仅可以为企业提供高水平的物流服务，而且可以为中小型企业解决融资问题，解决企业运营中现金流的资金缺口。

10.1.2　构建融通仓的目的与意义

构建融通仓的目的是用资金流盘活物流，用物流拉动资金流，使现金流满足企业经营需要。物流、生产、中介和金融企业都可以通过融通仓模式实现多方共赢。融通仓的产生将为我国中小企业的融资困境提供新的解决办法。这一业务的运作，也将提高商业银行的竞争优势，调整商业银行信贷结构，有效化解结构性风险，促进我国第三方物流的进一步发展。构建融通仓的主要意义体现在以下几个方面。

1. 为中小企业融资提供新渠道

融通仓为中小企业融资提供新渠道，企业在发货以后就可以直接拿到相当大比例的货款，大大加速了资金的周转。对那些从事高附加价值产品、供应链内部联系相当密切、发货频率很高的行业，例如计算机、手机、家用电器等高价值产品，融通仓带来的收益就特别可观。就是对那些价值不是很高但是规模相当大的重化工而言，由于其发货数量大，总体的货值也很大，融通仓对它们来说也是很大的利好。未来在仓配业务中，长尾产品的融通效能业务会不断被开掘。

2. 为银行提供新的贷款对象

在物流运行过程中，发货人可以将货权转移给银行，银行根据物品的具体情况按一定比例（如60%）直接通过第三方物流商将货款交给发货人。当提货人向银行付清货款后，银行向第三方物流企业发出放货指示，将货权交给提货人。当然，如果提货人不能在规定的期间内向银行偿还货款，银行可以在国际、国内市场上拍卖掌握在银行手中的货物，或者要求发货人承担回购义务。由此可见，银行在融通仓运作中起到了核心作用，考虑到我国的物流费用要占到 GDP 的 15% 左右，也就是要达到 2 万多亿元的规模，应该说融通仓可以给银行带来利好的商机，一方面是比较可靠的贷款对象，一方面是很好的服务收入来源。

3. 为第三方物流公司开辟新的增值服务内容

在物流金融活动中，第三方物流企业扮演了以下角色。

（1）银行为了控制风险，就需要了解质押物的规格、型号、质量、原价和净值、销售区域、承销商等，要察看货权凭证原件，辨别真伪，这些工作超出了银行的日常业务范畴，第三方物流企业由于是货物流通过程的实际执行者和监控者，因此可以协助银行做好以上信息工作。

（2）一般情况下，商品是处于流动变化当中的，银行不可能了解其每天变动的情况，安全库存水平也就是可以融资的底线，但是如果第三方物流企业能够掌握商品分销环节，向银行提供商品流动的情况，则可以大大提高这一限额。由此可知，第三方物流服务供应商是银行的重要助手。2013 年以来，伴随物流业的繁荣，第三方物流在资产规模、运营规范化和信息系统水平方面都取得了巨大进展，新开辟的运作模式和服务项目成为第三方物流公司的战略方向，如中储集团通过融通仓运作获益正在以每年 100% 的速度增长，融通仓为第三方物流公司开辟新的增值服务内容。

由此引申还包括结算金融，即货品由上游企业发送至下游企业之间的流通过程所产生的融资。

10.1.3　融通仓的融资业务模式

融通仓的融资业务模式是以物流公司为中心建立一个融质押商品仓储与监管、价值评估、融资担保、物流配送、商品处置为一体的综合性物流服务平台，银行根据融通仓的规模、经营业绩、运营现状、资产负债比例以及信用程度，授予融通仓一定的信贷额度，物流公司可以直接利用这些信贷额度向相关企业提供灵活的质押贷款业务，由融通仓直接监控质押贷款业务的全过程，金融机构则基本上不参与该质押贷款项目的具体运作。

根据我国金融法律，由于物流公司不能从事金融业务，因此实践中一般是采取由物流公司提供担保，借款人将商品质押给物流公司进行反担保来进行融资的方式。

融通仓作为一个综合性第三方物流服务平台，它不仅为银企间的合作构架新桥梁，也将良好地融入企业供应链体系之中，成为中小企业重要的第三方物流服务提供者。融通仓主要有仓单质押、保兑仓（买方信贷）等几种融资业务模式。

1. 仓单质押模式 A（质押担保融资）

在仓单质押模式中，根据质押人与金融机构签订的质押贷款合同以及三方签订的仓储协议约定，生产经营企业采购的原材料或待销售的产成品进入第三方物流企业设立的融通仓，同时向银行提出贷款申请；第三方物流企业负责进行货物验收、价值评估及监管，并据此向银行出具证明文件；银行根据贷款申请和价值评估报告酌情给予生产经营企业发放贷款；生产经营企业照常销售其融通仓内产品；第三方物流企业在确保其客户销售产品的收款账户，为生产经营企业在协作银行开设的特殊账户的情况下予以发货；收货方将货款打入销售方在银行中开设的特殊账户；银行从生产经营企业的账户中扣除相应资金以偿还贷款。如果生产经营企业不履行或不能履行贷款债务，银行有权从质押物中优先受偿。在实践中，还存在一种延伸模式，即在一般仓单质押运作基础上，第三方物流企业根据不同客户，整合社会仓库资源甚至是客户自身的仓库，就近进行质押监管，极大地降低了客户的质押成本。

2. 仓单质押模式 B（信用担保融资）

银行根据第三方物流企业的规模、经营业绩、运营现状、资产负债比例及信用程度，授予第三方物流企业一定的信贷配额，第三方物流企业又根据与其长期合作的中小企业的信用状况配置其信贷配额，为生产经营企业提供信用担保，并以受保企业滞留在其融通仓内的货物作为质押品或反担保品确保其信用担保的安全。贷款企业在质物仓储期间需要不断进行补库和出库，企业出具的入库单或出库单只需要经过融通仓的确认，中间省去了金融机构确认、通知、协调和处理等许多环节，缩短补库和出库操作的周期，在保证金融机构信贷安全的前提下，提高贷款企业产销供应链运作效率。同时也可给信用状况较好的企业提供更多、更便利的信用服务，第三方物流企业自身的信用担保安全也可得到保障。

首先，融通仓直接同需要质押贷款的会员企业接触、沟通和谈判，代表金融机构同贷款企业签订质押借款合同和仓储管理服务协议，向企业提供质押融资的同时，为企业寄存的质物提供仓储管理服务和监管服务，从而将申请贷款和质物仓储两项任务整合操作，提高质押贷款业务运作效率。其次，贷款企业在质物仓储期间需要不断进行补库和出库，企业出具的入库单或出库单需要经过金融机构的确认，然后融通仓根据金融机构的入库或出库通知进行审核；而现在这些相应的凭证只需要经过融通仓的确认，即融通仓确认的过程就是对这些凭证进行审核的过程，该模式有利于企业更加便捷地获得融资，减少原先质押贷款中一些烦琐的环节；也有利于银行提高对质押贷款全过程监控的能力，更加灵活地开展质押贷款服务，优化其质押贷款的业务流程和工作环节，降低贷款的风险。

3. 保兑仓模式（买方信贷）

在保兑仓模式中，制造商、经销商、第三方物流企业、银行四方签署"保兑仓"业务合作协议书，经销商根据与制造商签订的购销合同向银行交纳一定比率的保证金，该款项应不少于经销商计划向制造商在此次提货的价款，申请开立银行承兑汇票，专项用于向制造商支付货款，由第三方物流企业提供承兑担保，经销商以货物对第三方物流企业进行反担保。第三方物流企业根据掌控货物的销售情况和库存情况按比例决定承保金额，并收取监管费用。银行给制造商开出承兑汇票后，制造商向保兑仓交货，此时转为仓单质押。这一过程中，制造商承担回购义务。作为第三方物流企业，应当在实际操作中注意以下事项：物流企业作为承保人，要了解经销商的基本情况，然后对于商品的完整和承保比率进行核准。具体的业务操作步骤如下。

（1）要对经销商的资信进行核查，需要了解经销商背景情况、经销网点分布和销量基本情况、市场预测及销售分析、财务状况及偿债能力、借款用途及还款资金来源、反担保情况、与银行往来及或有负债情况、综合分析风险程度、其他需要说明的情况、调查结论。

（2）为保证物流企业自身的利益，需要货主进行反担保。反担保方式为抵押或质押，应提供的材料包括抵押物、质物清单；抵押物、质押物的权利凭证；抵押物、质押物的评估资料；保险单；抵押物、质押物为共有的，提供全体共有人同意的声明；抵押物、质押物为海关监管的，提供海关同意抵押或质押的证明；抵押人、质押人为国有企业，提供主管部门及国有资产管理部门同意抵押或质押的证明；董事会同意抵押、质押的决议；其他有关材料。

10.2　供应链金融与融通仓

资金融通业务已经成为物流业的表外业务，成熟的仓配企业正在积极参与其中，形成新的盈利点，获取主营业收入之外的收益。供应链金融本质是基于对供应链结构特点、交易细节的把握，借助核心企业的信用实力或单笔交易的自偿程度与货物流通价值，对供应链单个企业或上下游多个企业提供全面金融服务，也为仓配一体化的升级提供充裕的资金流支持。

10.2.1　供应链金融的本质

供应链金融是产业融合过程中的必然产物，其核心是解决资源和效率配给问题。现阶段，我国经济已从快速发展时期进入稳定增长阶段，对经济发展高质量、高效率的要求催生出对发展供应链金融的战略需求。

随着《国务院办公厅关于积极推进供应链创新与应用的指导意见》（国办发〔2017〕84 号）的发布，供应链发展更是上升到国家战略层面。供应链金融也已迈入3.0 时代，云计算、大数据、物联网以及区块链等技术的发展和深度应用都将支持供应链金融的进一步发展。以参与主体的模式来划分，供应链金融目前已形成了四种成熟模式，分别为银行等金融机构的应收账款增信、核心厂商的产业链闭环、电商平台的交易信息流闭环和仓储物流企业的控货模式。

银行等金融机构的应收账款增信是最初始的供应链金融模式，基于真实的贸易背景，例如评估来自核心企业的应收账款等，由银行围绕核心企业展开，此供应链金融模式下链条企业所承担的资金成本较低，风控能力强；核心厂商的产业链闭环供应链金融模式，主要是核心厂商通过旗下财务、保理、小贷公司介入供应链金融领域，并依靠自身的产业链、信息流优势打造出基于产业链的供应链金融服务平台；而电商平台的交易信息流闭环的供应链金融模式，则主要是由阿里、京东、苏宁这样的电商利用其平台累积的交易数据来推行供应链金融。

与银行供应链金融模式相比，仓储物流企业供应链金融模式即融通仓更深入产业链内部，目前，第一、二、三产业都需要仓配物流服务，因此仓配物流企业天然置于供应链金融业之中。相比核心企业、电商平台，仓配物流企业又不仅仅局限于一个闭环场景，只要是提供仓配一体物流服务的场景，都可以实现供应链金融服务。

10.2.2　供应链金融的融资模式

供应链金融的融资模式目前主要有三种，分别是应收账款融资模式、基于供应链金融的保兑仓融资模式和融通仓融资模式。

1. 应收账款融资模式

应收账款融资模式是指企业为取得运营资金，以卖方与买方签订真实贸易合同产生的应收账款为基础，为卖方提供的，并以合同项下的应收账款作为第一还款来源的融资业务。

目前国内供应链融资平台主要做应收账款项下融资。这其中，又分为贸易项下、信贷项下、经营物业项下三类，其本质都是基于未来可预测的、稳定的、权属清晰的现金流来进行融资。这种融资方式快速盘活了中小微企业的主体资产——应收账款，使得中小微企业能够快速获得维持和扩大经营所必需的现金流，很好地解决了这些中小微企业回款慢且融资难的问题。

2. 基于供应链金融的保兑仓融资模式

基于供应链金融的保兑仓融资模式是指在仓储监管方（物流企业）参与下的保兑仓业务，融资企业、核心企业（卖方）、仓储监管方、银行四方签署"保兑仓"业务合作协议书，仓储监管方提供信用担保，卖方提供回购担保，银行为融资企业开出银行承兑汇票。

3. 融通仓融资模式

融通仓融资模式是指融资人以其存货为质押，并以该存货及其产生的收入作为第一还款来源的融资业务。企业在申请融通仓进行融资时，需要将合法拥有的货物交付银行认定的仓储监管方，只转移货权不转移所有权。在发货以后，银行根据物品的具体情况按一定比例（如60%）为其融资，大大加速了资金的周转。

10.2.3　供应链金融与融通仓的关系

融通仓融资模式涉及三方，即金融机构、融资企业和第三方物流企业。这三方共同签订融通仓合作协议。当融资企业需要融资时，就将其待销售产成品放入金融机构指定的第三方物流企业的仓库，以形成质押；同时融资企业要向金融机构出具动产质押相关文件，并由第三方物流企业向金融机构出具质押物品的评估鉴定报告，金融机构再根据相关资料向融资企业发放一定额度的贷款。而上述活动的有效实现，有赖于供应链思维与行为的科学运用，只有实现真正意义上的供应链管理，横向与纵向供应链企业之间才能实现资金流、信息流、物流的三流合一。

供应链金融模式中的应收账款融资、保兑仓融资和融通仓融资都集中体现了供应链金融的核心理念及特点，为中小企业提供了短期急需资金。这样既使得企业维持持续的生产运作，提高了整个供应链的运作效率，又使得银行获得收益，并且跳出了单个企业的局限，从整个供应链的角度考察中小企业，从关注静态企业财务数据转向对企业经营的动态跟踪，从根本上改变银行业的观察视野、思维脉络、信贷文化和发展战略，也可以从财务视角观察仓配企业的运营质量和客户信用水平。

10.3　融通仓业务操作中的问题及对策

与普通的仓配企业相比，融通仓的价值链得到实质性拓展，企业自身的资源得到有效利用。同时，融通仓（仓储物流企业供应链金融）并非某一单一的业务或产品，它改变了过去银行等金融机构对单一企业主体的授信模式，而是围绕某"一"家核心企业，从原材料采购，到制成中间及最终产品，最后由销售网络把产品送到消费者手中这一供应链链条，将供应商、制造商、分销商、零售商直到最终用户连成一个整体，全方位地为链条上的"N"个企业提供融资服务，通过相关企业的职能分工与合作，实现整个供应链的不断增值。

10.3.1　融通仓业务操作的规范化与程序化

融通仓融资单笔业务量通常较小而次数频繁，只有有效降低每笔业务的交易成本，才能使这一业务得到持续发展。

1. 规范化

融通仓业务开始运作之前，参与各方应认真进行协商、谈判，确定融通仓业务的具体运作方式，明确各方的权利、义务、违约责任的承担等，在分清责任的情况下，签订合作协议。

2. 程序化

将融通仓业务各环节的分工与协作程序化、制度化、可操作化，在此基础上，利用计算机网络系统对各业务环节进行实时跟踪、处理、协调与监控。

只有如此，才能在保证融通仓融资安全的情况下，简化业务流程，降低交易费用。

10.3.2　风险的控制与管理问题

通过融通仓进行资金的融通，虽然有动产质押物提供质押担保，但参与各方特别是贷款银行和第三方物流企业还是应注意风险的控制与管理问题。就贷款银行而言，控制与管理问题包括以下几个方面。

（1）事前控制。事前应对承担融通仓业务的第三方物流企业和申请加入融通仓融资系统的企业的信用状况进行必要的考核，确保将符合国家产业政策，有产品、有市场、有发展前景、有利于技术进步和创新的生产企业和有较大规模和实力，有较高信用等级的第三方物流企业纳入融通仓融资体系。

（2）事中监控。应对融通仓业务各环节，特别是质押物的评估、入库、出库、货款结算等环节实施适度的监控，并特别注意防范第三方物流企业与生产企业串谋骗贷行为。

（3）事后反馈。应对成功与不成功的融通仓业务案例进行经验总结，对参与企业的信用状况进行评估、记录，并以此作为决定今后是否继续合作的参考。

对第三方物流企业来说，风险的控制与管理主要体现在对会员企业的信用状况评估、对入库质押物的价值评估、对质押物和结算货款的去向的跟踪与监控等环节上。中小企业主要应考虑自身的还贷能力和获取贷款资金的投资合理性问题。只有参与各方都注意风险的防范、控制，加强管理，融通仓业务才能真正起到融资桥梁的作用。

10.3.3 公平交易问题

当金融机构指定一家第三方物流企业承担融通仓储中心服务时，第三方物流企业就很容易凭借其独家经营优势实施垄断经营。在融通仓业务参与三方之中，中小企业是弱势群体，在谈判中处于不利地位，当第三方物流企业采用垄断高价的短期效益行为时，就会大大提高中小企业的融资成本。这样做的结果是：一部分企业承受不了过高的融资成本，退出融通仓融资系统，或者一部分企业铤而走险，不惜成本融入资金投入高风险、高回报的项目，一旦投资失败，后果不堪设想。两种结果都不利于融通仓融资业务的展开。因此，金融机构在选择第三方物流企业时，应选择两个以上第三方物流企业提供融通仓服务，形成竞争机制，或者协议限定其代理服务价格。第三方物流企业也应正确认识企业长远利益与短期利益间的对立统一关系，将战略重点放在吸引更多会员企业、扩大物流服务规模上，实现企业的可持续发展。

10.3.4 第三方物流企业整体素质的问题

提供融通仓服务的第三方物流企业必须具备较高的整体素质。我国目前物流企业整体素质还不够高，应加大在思想观念、科技含量、品牌意识、人才培养、产业化水平、人才培养教育方面的改革和资源投入。

由此可见，融通仓与金融机构不断巩固和加强合作关系，依托融通仓设立中小企业信用担保体系，以便于金融机构、融通仓和企业更加灵活地开展质押贷款业务。充分发挥融通仓对中小企业信用的整合和再造功能，可帮助中小企业更好地解决融资问题。银行拓宽了服务对象范围，扩大了信贷规模，也给第三方物流企业带来新的利润增长点，带来了更多、更稳定的客户。成功的融通仓运作能取得银行、企业、第三方物流公司三赢的良好结果。在仓单质押、保兑仓等成功运作模式基础上，如何设计融通仓的标准运作流程、如何防范风险仍然是值得思考的问题。

10.4 冷链物流

目前伴随人们生活质量、食品营养要求的提高，生鲜食品仓配成为物流业乃至新零售竞争新领域，其中冷链物流对生鲜品仓配质量起到关键性作用。冷链物流大多是以生产端结合市场的情况进行生产和配送的。电商企业信息获取的及时性不足、准确性低以及成本高，生产和配送无法达到最优化，这使得在生产和用户之间存在着大量的库存，货损率提高，也造成生产厂家的资金积压，影响其资金的流动周期。因此，在冷链物流中运用互联网技术、物联网技术，能够以较低的成本控制从生产到销售以及到用户的全部信息，在销售端也能够很迅速地把销售的情况反馈给厂家或商家，厂家或商家获得信息后，能够根据市场的具体变化来安排生产或库存及配送，在减少库存的同时也减少企业生产经营风险，降低货损率，使从生产到销售的全过程变得更加智能化、更加可控。

10.4.1 冷链物流的概念

冷链物流泛指冷藏冷冻类食品在生产、贮藏运输、销售到消费前的各个环节中始终处于规定的低温环境下，以保证商品质量，减少商品损耗的一项系统工程。它是随着科学技术的进步、制冷技术的发展而建立起来的，是以冷冻工艺学为基础、以制冷技术为手段的低温物流过程。

知识 10-1　我国冷链运输损耗高，智能化能够实现监督和预警

相比于国际水平，我国冷链物流处于发展初期，生鲜运输损耗严重。我国综合冷链应用率仅为 19%，果蔬、肉类、水产品冷链流通率分别为 5%、15% 和 23%。美、日等发达国家蔬菜、水果冷链流通率超过 95%，肉禽冷链流通率接近 100%。落后的冷链物流造成严重浪费，据统计，我国果蔬、肉类、水产品腐损率分别为20% ～ 30%、12%、15%，发达国家为 5% 左右。若通过冷链物流使腐损率达到发达国家水准，果蔬、肉类和水产品供给将分别增长 19% ～ 36%、8%、12%。

智能化是我国冷链物流一大短板，冷链物流处于领先地位的加拿大的成功关键因素之一是建有农产品信息系统，包括仓库管理系统、电子数据交换、运输管理系统、全球定位和质量安全可追溯系统等，其实现了信息化、自动化和智能化，物流、商流和信息流三流合一，提高了物流效率、降低了损耗。

资料来源：联冠汇通，http://toplink56.com/index.aspx?/anmuid=92&sublanmuid=742&id=528。作者有删改。

10.4.2 物联网技术介入的冷链物流流程

由于目前互联网已经基本普及，网络营销特点表现得十分明显，普遍存在销售点分散随机、销售量小、销售次数多、销售过程复杂多变等情况，尤其是生鲜食品，同样的商品在同时间可能面临不同的温度，商品尤其是食品质量难以保证。目前，通过物联网的电子标签，可以清楚地了解商品的物流情况，运用互联网，根据冷链物流的控制中心，控制其制冷设备，通过销售人员数据的提示，可以快捷查询包括生产日期在内的产品信息。

1. 采购环节的冷链

传统的产品生产在原材料的采购过程中很少采取预冷措施, 对操作的规范性要求不高。在生产过程依照生产厂商的规定进行操作, 操作过程的透明度不高, 不能确定是具体的哪方面出了问题, 更不能确定相应的责任人。物联网、互联网的采用, 能够解决这个问题。在采购原材料的时候就对其进行电子标记编码, 建立数据库, 通过电子标签, 能够对产品在整个生产加工的过程进行连续的监控, 包括当前的温度、湿度以及相应的操作人员, 全部录入数据库的数据, 这样就很清楚是由哪些因素造成问题, 既能够有针对性地立刻进行改善, 也能够确定责任归属。

2. 生产结束后的冷链

在产品生产完成以后, 不是直接进入市场, 而是要进行储存, 再根据需求进行物流配送到物流中心或者是销售点。储存水平相对于以前来说, 已经有了很大的改善和提高, 但是在这个过程中仍然存在着一些问题, 比如, 不能保证所有的产品都是按照先进先出的原则储存的, 这样可能造成部分产品在仓库的储存时间过长, 后面的销售时间很短的情况, 特别是冷藏的产品的保质期短, 更容易出现这类问题。运用物联网技术之后, 仓配管理变得更加的简便、快捷高效。

3. 库存过程中的冷链

在生产加工时为产品加电子标签, 在储存的时候运用其自动识别功能, 在入库的时候通过读写器就能很快地记录产品的入库时间和相应的数量等信息。仓库的管理过程中不再需要人员逐个进行清点盘查, 通过读写器进行快速的读取或者通过数据库查询相应的数据就能清楚仓库库存的详细情况。产品出库的时候, 利用数据库能够快速确定产品, 从而避免了产品先进后出现象的发生。产品上的电子标签还能够对周围的环境进行监测, 并把数据反馈给物联网, 物联网通过智能处理, 调节仓库的环境, 提高配送质量。

4. 运输过程的冷链

运输过程是生鲜冷链物流中最薄弱的环节, 在移动设备上制冷的成本高、效果差。特别是多种运输方式并存, 长距离或连续转运的冷藏效果更差, 这是造成大部分的产品质量下降, 甚至使产品失去使用功能的重要原因。冷链物流智能系统通过产品上的电子标签, 把在运输途中的信息反馈给系统的控制中心, 控制中心根据反馈的信息进行智能处理, 及时控制调节制冷设备, 就可以保证在配送的过程中产品的质量。

5. 特殊商品的冷链

目前, 冷链物流的适用范围包括初级农产品 (蔬菜、水果; 肉、禽、蛋; 水产品、花卉产品)、加工食品 (速冻食品、禽、肉、水产等包装熟食、冰激凌和奶制品; 快餐原料)、特殊商品 (药品)。由于食品冷链以保证易腐食品品质为目的, 以保持低温环境为核心要求的供应链系统, 因此它比一般常温物流系统的要求更高、更复杂, 建设投资也要大很多，是一个庞大的系统工程。

由于许多商品尤其是食品的时效性要求较高，冷链各环节应具有更高的组织协调性，因此，食品冷链的运作始终是和能耗成本相关联的，有效控制运作成本对食品冷链的发展起到关键作用。

10.4.3　冷链物流的发展策略

在我国，生鲜食品、药品、生物制品等产品的市场需求量逐渐增加，但是由于技术的瓶颈，许多地区冷链物流尚处于起步阶段，一些物流企业尚未建立专业的冷链物流运作体系，冷链物流配送中心建设滞后。同时，冷链物流中心的建设是一项投资巨大、回收期长的服务性工程，资金不足便成为影响其建立冷链物流中心的主要原因。但是这些企业可与社会性专业物流企业结成联盟，有效利用第三方物流企业，完成冷链物流业务。

1. 创建电商物流企业联盟

物流企业可与工商企业结成联盟，先期按条块提供冷链分割的冷链仓配环节功能服务，输出有针对性改进的物流管理和运作体系。冷链配送是冷链物流的关键环节，尤其是鲜活商品要求严格，需要天天配送。鲜活商品的质量要求比较高，需要特殊条件的运输，零售业与厂商结盟实现鲜活商品的保质运输。由于生产厂商有一整套的冷链物流管理和运作系统，能在运输中保证鲜活商品的质量，建立由厂商直接配送的运输服务。

例如，一些大型超市与鲜活商品厂家或产地建立长期的合作关系，由厂家直接配送，利用厂家运输要求和运输工具直接到达超市的冷柜，避免在运输过程中变质，给超市造成重大损失，从而影响厂家的信誉度。随着合作的进展，与客户建立起的合作关系趋向稳固，以及操作经验的不断积累，通过对生产商自有冷链资源、社会资源和自身资源的不断整合，建立起科学的、固定化的冷链物流管理和运作体系。

2. 实现共同配送

共同配送是经过长期的发展和探索优化出的一种追求合理化的配送形式，也是美国、日本等一些发达国家采用较为广泛、影响面较大的一种先进的物流方式，它对提高物流运作效率、降低冷链物流成本具有重要意义。

由于冷链物流的低温特点，因此物流企业单独建立冷链物流中心，投资成本高，而且回收期较长。而因为冷链食品的特点相同，所以社会整个冷链物流业应该联合起来，共同建立冷链物流配送中心，实现冷链物流业的共同配送便成为可能。

从微观角度看，实现冷链物流的共同配送，能够提高冷链物流作业的效率，降低企业营运成本，可以节省大量资金、设备、土地、人力等。企业可以集中精力经营核心业务，促进企业的成长与扩张，拓展市场范围，消除有封闭性的销售网络，共建共存共享经营环境。

从宏观角度来讲，实现冷链物流的共同配送，可以减少社会车流总量，减少城市卸货影响交通的现象，改善交通运输状况。通过冷链物流集中化处理，有效提高冷链车辆的装载率，节省冷链物流处理空间和人力资源，提升冷链商业物流环境进而改善整体社会的生活品质。

●·′ 知识 10-2　冷链 + 前置仓"组合拳"直击生鲜即享需求

如果说苏宁的自建物流体系是为全国消费者提供生鲜美食的"面"，那苏宁"冷链 + 前置仓"的组合拳就是直击消费者生鲜即享需求的"原点"，带来冲击性的生鲜体验。目前，苏宁物流在全国布局了 46 座冷链仓，辐射 188 个城市，专业冷链仓储面积超过 20 万平方米，成为生鲜零售末端服务的终极触角，最大限度地保证了生鲜食材的原汁原味。

10.4.4　冷链物流的发展模式

目前，国内的线上与线下商家虽然希望提高冷链的可靠性，但他们普遍认同应由供应商负责将产品运送到零售点或客户，可是大多数供应商由于成本考虑和实力原因很难在产品安全以及物流设备上投入更多。同时，由于电商背景下多数的实体店密度不足、布点分散、扩张较快，加上更加分散的个体客户，配送成本的增加难以估算。大多数供应商基本处于独立运营状态，由此使冷链物流难以实现规模效应。

冷链物流要发展就要从冷链市场上下游的整体规划和整合这个关键问题着手，努力建立一个能满足消费者、供应商和零售商三方面需求的、一体化的冷链物流模式。

整合冷链物流必须着手于建立一个基于整合冷链市场现有资源，为冷链市场提供一体化服务的平台，这个平台可以通过现代化信息技术、网络技术以及先进的全温层配送解决方案，为冷链市场发展开创一种全新模式，从而在节约社会资源、降低物流成本、提高效率、减少社会环境污染的同时，创造企业效益。这个公共服务平台分为三个层次：网络平台、信息化服务中心、实体冷链物流网络。

1. 建立冷链物流网络平台

建立冷链物流公共信息平台与冷链应用服务网络平台是实现冷链物流一体化的第一步。通过公共信息平台可以整合冷链物流从上游供应商到下游用户各个环节，并将冷链物流产品供需资源数据库与冷链物流行业商业资源数据库组织起来，冷链物流网络平台为冷链物流供需双方提供各环节服务及设备等，方便、及时、准确地提供信息，实现平台的信息共享、交互、全程交易、决策支持、数据挖掘等功能，从而建立面向交易、综合服务的冷链物流行业完全电子商务模式。

2. 提供信息化综合解决方案

通过冷链物流公共信息平台，可以整合现有冷链资源，为冷链物流各环节企业、服务商提供高效的信息化解决方案，提升冷链物流效率，节约社会资源。通过推进现代先进物流信息技术的应用（如 RFID、GNSS、GIS、GPS 等技术），实现数据的采集与应用，提高冷链物流的作业效率，降低冷链物流成本。根据冷链物流企业特点及信息化需求状况，针对不同的应用主体，研究论证并建立相关信息化系统，如建立冷链物流公共信息平台与冷链应用服务网络平台等。

3. 加快实体冷链物流平台建设

加快冷链物流实体平台的建设，整合现有社会冷链实体资源，结合新型冷藏仓储、运输技术、材料等（如蓄冷保温箱）、先进的物流作业方法，运用科学、先进的物流管理方法与商业模式，优化冷链物流实体网络，探讨及建立新型高效的冷链物流业务模式。随着自建冷链物流的生鲜电商企业在冷链配送方面的优势越来越明显，在满足企业自身的业务基础之上，其开始为第三方平台提供服务。比如京东物流，已经不仅仅是服务于京东商城，而是服务于更多的企业，以满足这些企业的物流配送需求；易果生鲜背后的冷链配送安鲜达，在为易果生鲜提供生鲜产品配送的同时，目前也已经承担了整个天猫超市的生鲜配送任务，未来借助其多年积累的冷链物流优势，势必会为更多第三方平台提供物流配送服务。

🔧 本章小结

融通仓是一种把物流、信息流和资金流综合管理的创新。其内容包括物流服务、金融服务、中介服务和风险管理服务以及这些服务间的组合与互动。融通仓主要有仓单质押、保兑仓（买方信贷）等几种融资业务模式。

供应链金融的融资模式目前主要有三种，分别是应收账款融资模式，基于供应链金融的保兑仓融资模式和融通仓融资模式。

冷链物流流程环节：采购环节的冷链、生产结束后的冷链、库存过程中的冷链、运输过程的冷链、特殊商品的冷链。

冷链物流的发展策略：创建电商物流企业联盟，实现共同配送。

冷链物流发展模式：建立冷链物流网络平台、提供信息化综合解决方案、加快实体冷链物流平台建设。

🔧 复习思考题

简答题：

1. 什么是融通仓？构建融通仓的目的与意义是什么？

2. 结合实际案例说明供应链金融融资模式。

3. 从食品安全角度说明冷链物流流程环节控制的方法。

4.结合实际谈谈冷链物流的发展模式。

🌀 课内实训

运用供应链思想，说明供应链金融融资模式的运作原理，并提出降低物流成本、提高资金利用效率的一体化方案。

🌀 课外实训

个人或小组，利用业余时间尝试设计全程冷链构架创业方案，对学校周边的全程冷链单位进行调查，自行拟定创业方案，利用微信公众号、QQ 群、网络社区、专业网站等媒介，建立全程冷链物流信息交流平台，并撰写详细的运营方案。

🌀 案例分析 10-1

“鲁豫纺织”首推　纺织金融供应链＋智能仓储新模式

纺织企业短期缺少周转资金，导致许多订单不敢接或接了单做不成，想去贷款又需要复杂的抵押或担保手续和流程，且时间周期长，这是行业内许多企业老板经常为之头痛的事情。2018 年，浙江鲁豫纺织品有限公司（以下简称“鲁豫纺织”）在纺织界首推纺织金融供应链服务＋智能仓储新模式，由此解决了这个行业的痛点，有货无资金的纺织企业只需把货放到“鲁豫纺织”指定的智能仓储点，很快就能借到款，此举受到了许多急需周转资金的纺织企业的青睐。

经过多年发展，“鲁豫纺织”在全国设有 16 个办事处和 8 个智能金融仓库，连续多年处于全国棉纺织行业销售前列，产品主要销往韩国、日本、东南亚、欧美等国家和地区，成为多家国内大型印染企业和国内外国际知名品牌的战略合作伙伴。公司具备强大的供货能力和仓储物流功能以及行业资源整合力。公司在先前推出鲁豫坯布网络平台化服务和方便快捷的微信营销功能后，积极探索行业互联网＋纺织金融供应链管理＋智能制造＋智能仓储＋智能物流服务发展新模式。

已有 10 多家纺织企业通过这一模式“喝”到了“及时雨”，获得了多笔周转资金，且操作实现了智能化，相关企业不需要东奔西走，全部在网络平台上操作完成。

“现在好多纺织企业缺的不是订单，而是周转资金，这影响了企业的发展。我们看到这一行业内普遍存在困局后，和央企合作联手推出了纺织金融供应链＋智能仓储新服务模式。”公司董事长李志波介绍说，现在公司的架构越来越清晰，正向集团化迈进，实力大增，公司决定在坚持做强纺织业老本行的同时，试水智能金融供应链和智能仓储物流的建设以及互联网销售等模式。

此模式推出后，因为想借款的企业众多，原先在滨海的智能仓储基地已不够用，“鲁豫纺织”又和中国储备棉绍兴直属库合作，增加了上万平方米的智能仓储基地。想借款的企业只需要把货放到仓储点，经验货和点货后，智能平台马上放款给借款企业，十分方便快捷。

该模式经短期运行后即取得了成功。"贸易平台化、贸易工厂化，以前贸易是赚差价为主，现在价格透明化了，要把传统的贸易理念和模式转换到贸易服务商的角色上来，这是必然趋势。"李志波介绍说，平台打造后，他的客户只需解决销售渠道问题，融资、物流、仓储、产品开发生产等都由他一举解决，同时全部流程实现网上即时操作，极大地提高了贸易的效率和信誉度。

近年来，"鲁豫纺织"还积极融入"一带一路"，参与西部开发建设。目前，"鲁豫纺织"已初步确定到陕西投资高端大型纺织企业项目，以陕西为桥头堡，融入"一带一路"建设。"鲁豫纺织"有一个企业大梦想：打造集互联网、智能金融供应链管理、智能仓储、智能物流于一体的纺织行业互联网销售平台。这是早已谋划探索多年的大计划，公司梦想 5 年内上市。

资料来源：慧聪纺织网，http://info.textile.hc360.com/2018/06/250913810920.shtml。作者有删改。

问题：本案例中，"鲁豫纺织"纺织金融供应链 + 智能仓储新模式的主要价值点在哪里？该模式经短期运行后取得了哪些成果？"鲁豫纺织"积极融入"一带一路"的梦想是什么？

🔵 案例分析 10-2

物流科技助阵，为冷链行业降本增效

整个冷链物流行业目前整体还处于洗牌期和整合期，虽然在近两年消费升级和相关政策推动下，冷链物流行业进入了一个快速发展的快车道阶段，但目前行业集中度不高仍处于比较分散状态。据中物联数据显示，百强企业市场份额一直稳定在 12% 左右；冷链行业的粗放式发展导致整个行业标准化程度较低；大数据、信息化技术等先进设备在冷链行业中应用落后，部分传统企业还依靠表单作业和手工作业；冷链物流行业整体处于小散乱的状态，专业人才相对缺乏。

而且冷链物流行业虽有万亿级市场却依旧不温不火，除以上痛点外，成本导向和标准化程度低导致中国冷链流通率处于 20% ～ 30% 的低水平，而欧美、日本等发达国家易腐食品的冷藏运输率已超过 90%，冷链流通率约为 95% ～ 98%，某些肉禽等产品的冷链流通率更是达到 100%。

所以在冷链物流行业中降低损耗和成本、提升流通率就显得尤为重要，其中制约冷链和生鲜供应链发展最大的挑战就是损耗与成本问题，京东集团副总裁郑瑞祥认为可以从以下几个方面改善：第一，优化供应链模式和流程，降低损耗和成本；第二，通过技术和大数据应用，提升效率；第三，在生鲜交互过程中，流程标准化和产品标准化很重要，这也是降低生鲜损耗成本的关键要素；第四，从成本角度来讲，共生理念很重要。"京东无界零售的战略是以开放、共生、互生、再生理念开展产业布局，所以京东冷链依靠此背景构建了冷链社会化平台，通过该平台连接行业资源，降低全流程供应链中的交付成本。"郑瑞祥补充道。

同时，2018 年是物流科技落地的重要节点，各大电商物流、快递企业纷纷启动云仓、

无人机、无人配送车等物流科技来提高行业运作效率。在冷链物流行业中运用物流科技来实现降本增效同样重要，京东冷链运用物联网技术对冷链运力车辆全程安装了 GPS 导航系统和温度传感器来采集位置、温度等，做到全程数据的可视化和透明化；运用人工智能设备、大数据、算法、AGV 等提升仓库智能分拣效率，使用 AGV 代替人工降低冷库零下18 度作业环境对人体带来的伤害，除此之外，再加上算法、技术等实现智能补货、拣货等操作程序，提升仓库交货率。

此外，物流技术在场景应用过程中也会面临实现冷链物流产品的大小不一、分散等问题，郑瑞祥表示，根据业务模式的不同实行分区作业，B2B 的生鲜库和 B2C 的生鲜库是两个不同的物理场景，所以根据不同的业务场景采取不同的技术设备。

资料来源：搜狐网，http://m.sohu.com/a/284133565_100188883。作者有删改。

问题：本案例中所说的"行业集中度不高"主要表现是什么？先进的技术如何使冷链物流降本增效？本案中所说的冷链物流新科技主要指哪些？冷链物流新科技产生的实际效果体现在哪些方面？

新零售与前置仓

学习目标

1. 通过本章学习，了解前置仓产生的原因、性质、特点等；熟悉前置仓对新零售的经济价值。

2. 熟知前置仓的业务流程、运作流程及业务类型，了解前置仓创新功能实现所需要的内外条件；熟悉前置仓的未来发展趋势。

导引案例

每日优鲜 CFO：投入 10 亿元进军上海市场，加速扩张前置仓数量

在位于北京朝阳区百子湾 31 号的一处底商内，几名身着红色工服的员工正熟练地从货架上取出包装好的水果、蔬菜、日百等货品，再到旁边的打包台打包。门外，几名骑手正等待着打包好的货品，他们需要在一小时内将这些货品送达通过移动端下单的客户手中。

这是每日优鲜最新升级的 2.0 版前置仓。该仓面积为 300 平方米左右，覆盖周围 1～3 千米区域，店内 SKU 目前约为 2 000 个，其中生鲜品类占到 60%。

墙面上挂着的一块约 27 英寸显示屏正实时显示着当天的交易单量、履约完成率等数字。下午 2 点，数据显示该区域当天下单量达到 900 单左右。一名员工告诉界面新闻记者，在工作日，这个仓平均每天能够接到 1 200 单左右。

界面新闻记者在现场看到，仓内划分了冷藏、冷冻、常温、餐食、小红杯、活鲜等区域，用以存放不同保温要求的商品。

相比 1.0 版本，2.0 版本的前置仓面积更大，提供的 SKU 更多，并且客服人员也从原来的总部下沉到前置仓。

据每日优鲜物流副总裁王飞介绍，目前北京地区有 100 多个 2.0 版前置仓，全国范围内共有 200 多个 2.0 版前置仓。每日优鲜计划在 2019 年内将全国范围内的 1 500

个前置仓都升级至 2.0 版本。

四年前，每日优鲜以前置仓模式切入生鲜电商市场，并迅速成为行业独角兽。现在，每日优鲜已不满足于生鲜电商的角色定位，其 CFO 王珺说，希望每日优鲜未来成为"水果店＋菜场＋超市＋便利店"的综合体。

如今在每日优鲜的 2.0 版前置仓内，不仅有生鲜，还有活鲜、日常百货、咖啡等，在未来甚至会推出鲜食。"只有买菜模式行不通，必须多品类交叉销售，才能形成更高客单价。"王珺说，目前北京地区每日优鲜的平均客单价是 85 元钱，相比平均 120元客单价的超市，还有 40% 的上升空间。

据王珺透露，2018 年，每日优鲜在北京地区已实现盈亏平衡，并且接近一整年实现正向现金流增长。这意味着前置仓模式已经被充分验证。

除前述升级外，2019 年该公司还会加速扩张前置仓的数量。在北京地区站稳脚跟后，王珺表示，2019 年每日优鲜将投入 10 亿元进军上海，这笔资金将用于前置仓等基础设施的建设中。在上海地区，每日优鲜面临着叮咚买菜、美团买菜以及饿了么等强劲的竞争对手。

除了持续扩品、扩大区域外，每日优鲜还将强化在技术方面的投入。据王珺透露，每日优鲜的前置仓选址、选品和库存管理都是技术驱动的，在每日优鲜总部共1 700 名员工，其中有 40% 是工程师。

在技术驱动下，每日优鲜最新版本的前置仓 3.0 于 2019 年 6 月份前在深圳推出。据王飞介绍，3.0 版本的前置仓将更少人化、规模化和智能化。

每日优鲜的供应链体系为从产地到城市分选中心到前置仓再到用户，共三段物流。其中从前置仓到消费者的物流成本，占到整体物流成本的三分之二，主要为人力成本。目前，每日优鲜每个前置仓约有 10 名员工，1 500 个前置仓的员工总数则是 1.5万人，随着前置仓数量进一步扩张，降低人力成本、研发更少人化的前置仓模式对每日优鲜来说是必然选择。

"降低运营成本是我们永远不断要去挖掘和探索的。"王飞说，3.0 版本前置仓将是模块化、可移动的，且能够迅速大规模复制落地，"三个货柜直接吊装过去，不同温区，马上可以组起来，比现在依靠底商空间会快得多。"

资料来源：百度百家号，https：//baijiahao.baidu.com/s?id=1634096764549885361&wfr=spider&for=pc。作者有删改。

11.1　新零售概述

生产是为了消费，仓配是服务的终端活动。新零售的思想就是将经济关联活动的终极目的揭示出来，将涉及的所有因素整合起来，为疏通流通渠道，完成经济活动的终极目标赋能。

新零售是个人、企业以互联网为依托，通过运用大数据、人工智能等先进技术手段，并利用心理学相关知识，对商品的生产、流通与销售过程进行升级改造，进而重塑业态结构与生态圈，并对线上服务、线下体验以及现代物流进行深度融合的一种零售新模式。

11.1.1　新零售产生的条件

新零售是在互联网、物联网以及计算机技术日益普及，行业融合度逐渐提高，市场利润空间逐渐压缩的背景下产生的。

1. 互联网普及与市场压力的双重影响

互联网的渗透性与扩张性，使传统的零售模式发生颠覆性变化，而只有线上线下和物流结合，衍生出新零售概念和模式才能适应新的市场流通要求。2016 年 10 月的阿里云栖大会上，马云在演讲中第一次提出了"新零售"的概念，并强调："未来的十年、二十年，没有电子商务这一说，只有新零售。"线上是指云平台，线下是指销售门店或生产商，新零售催生新物流，目标就是消灭库存，减少货品囤货量。

2. 网购增速的放缓

经过近年来的快速发展，传统电商由于互联网和移动互联网终端大范围普及，所带来的用户增长以及流量红利正逐渐萎缩，所面临的增长"瓶颈"开始显现。

2018 年对零售企业来说，是充满变化和挑战的一年。尤其中美之间的贸易战争逐步升级，对两国经济产生负面的影响，预计中国的零售业将会受到贸易战的影响，消费者信心受挫，零售销售增长放缓。同时，在"新消费"时代，零售业正快速转型，品牌和零售商正加紧转型升级和重塑业务以适应中国消费者的新需求。同时，中国政府也通过出台适应零售和电商行业的增长和发展的政策和方针，努力鼓励消费。经过数年的爆炸式增长，中国已成为世界上最大的网络零售市场。2017 年，全国网上零售额达到 7.18 万亿元，同比增长 32.2%。其中，实物商品网上零售额达 5.48 万亿元，同比增长 28.0%。

2018 年上半年，全国网上零售额达到 4.08 万亿元，同比增长 30.1%。其中，实物商品网上零售额达 3.13 万亿元，同比增长 29.8%。传统电商发展的"天花板"已经依稀可见，对于电商企业以及关联物流仓配企业而言，唯有变革才有出路。

3. 线上购物的体验要求高

传统的线上电商从诞生之日起就存在难以补平的明显短板，线上购物的体验始终不及线下购物是不争的事实。相对于线下实体店给顾客提供商品或服务时所具备的可视性、可听性、可触性、可感性、可用性等直观属性，线上电商在 AR、VR 技术尚未普及的情况下，始终没有找到能够提供真实场景和良好购物体验的现实路径，因此，在用户的消费过程体验方面要远逊于实体店面。不能满足人们日益增长的对高品质、异质化、体验式消费的需求将成为阻碍传统线上电商企业实现可持续发展的"硬伤"。特别是在我国居民人均可支配收入不断提高的情况下，人们对购物的关注点已经不再局限于价格低廉等方面，而是愈发注重对消费过程的体验和感受。因此，探索运用"新零售"模式来启动消费购物体验的升级，推进消费购物方式的变革，构建零售业的全渠道生态格局，必将成为传统电子商务企业实现自我创新发展的又一次有益尝试。

4. 政府政策红利逐步释放

2016 年 11 月 11 日，国务院办公厅印发《关于推动实体零售创新转型的意见》(国办发〔2016〕78 号)，明确了推动我国实体零售创新转型的指导思想和基本原则。同时，在调整商业结构、创新发展方式、促进跨界融合、优化发展环境、强化政策支持等方面做出了具体部署。该意见在促进线上线下融合的问题上强调："建立适应融合发展的标准规范、竞争规则，引导实体零售企业逐步提高信息化水平，将线下物流、服务、体验等优势与线上商流、资金流、信息流融合，拓展智能化、网络化的全渠道布局。"这就为线下实体店重新布局，物流仓配企业与零售业相互赋能，创新终端销售新模式提供政策支持。

5. 线上零售红利见顶

虽然线上零售一段时期以来替代了传统零售的功能，但从两大电商平台天猫和京东的获客成本可以看出，电商的线上流量红利见顶；与此同时，线下边际获客成本几乎不变，且实体零售进入整改关键期，因此导致的线下渠道价值正面临重估。

尤其是移动支付等新技术开拓了线下场景智能终端的普及，以及由此带来的移动支付、大数据、虚拟现实等技术革新，进一步开拓了线下场景和消费社交，让消费不再受时间和空间制约。

6. 新中产阶级崛起

新中产阶级画像："80 后""90 后"接受过高等教育、追求自我提升，逐渐成为社会经济政治生活中的中流砥柱。新中产阶级消费观的最大特征：理性化倾向明显。相较于价格，他们更在意质量以及相应的性价比，对于高质量的商品和服务，他们愿意为之付出更高的代价。不菲的收入与体面的工作给新中产阶级带来片刻的欣慰，但不安与焦虑才是新中产阶级光鲜外表下最大的痛点，消费升级或许正是他们面对这种焦虑选择的解决方案。

11.1.2　新零售的核心意义

"新零售"的核心意义在于推动线上与线下的一体化进程，推动电商仓配与零售的业态融合，其关键在于使线上的互联网力量和线下的实体店终端形成真正意义上的合力，从而完成电商平台和实体零售店面在商业维度上的优化升级，由此也催生物流、金融等服务业态的升级与创新。同时，"新零售"促成价格消费时代向价值消费时代的全面转型。此外，业内也提出新零售就是"将零售数据化"，将新零售总结为"线上＋线下＋物流"，其核心是以消费者为中心的会员、支付、库存、服务等方面数据的全面打通。

1. 新零售对商业业态的观念冲击

21 世纪初期，当传统零售企业还未能觉察到以电子商务为代表的新零售对整个商业生态圈所可能产生的颠覆性作用之时，以淘宝、京东等为代表的电子商务平台已开始整体发力，电子商务发展到目前，已经占据中国零售市场主导地位，这也印证了比尔·盖茨曾经的话："人们常常将未来两年可能出现的改变看得过高，但同时又把未来十年可能出现的改变看得过低。"随着"新零售"模式的逐步落地，线上和线下将从原来的相对独立、相互冲突逐渐转化为互为促进、彼此融合，电子商务的表现形式和商业路径必定会发生根本性的转变。当所有实体零售都具有明显的"电商"基因特征之时，传统意义上的"电商"将不复存在，而人们现在经常抱怨的电子商务给实体经济带来的严重冲击也将成为历史。

2. 新零售引发仓配模式革命

未来电子商务平台消失是指现有的电商平台分散，每个人都有自己的电商平台，不再入驻天猫、京东、亚马逊等大型电子商务平台，体现出分布式、非结构化、去组织化的特点。

但是每个人在电商平台都有自己的店铺，集中在平台下进行销售，只能在狭小的市场空间里生活，这是很有局限性的。

据此，可以借助互联网＋物流的模式，利用传统特许经营基础模式，在利用直营总部设置的从中心仓到末端前置仓、微仓乃至前店后仓，形成一种新的互联网电商仓配模式的别称。

11.2　前置仓概述

前置仓就是把仓库设在离消费者更近的地方，可能是某个办公楼，可能是某个社区，也可能是直接把零售门店附以仓库功能，用户下单后，尽可能在最短的距离和时间内送货上门。

11.2.1　前置仓的产生

前置仓模式最早发端于北京，随后主要把一、二线发达城市作为其主推广方向，消费群体以年轻人为主，以每日优鲜为例，其用户中 24 岁以下占比 40%，30 岁以下累计占比超过 70%，主要消费者为生活节奏较快、时效性要求高的年轻人群体。目前市场上布局前置仓的企业，可以大致分为三类。

1. 商超企业

（1）沃尔玛山姆会员店。截至 2018 年年底，根据媒体报道，目前山姆前置仓的面积大约为 300 平方米，数量大约为 30 个，主要分布在一线城市。

（2）京东生鲜。2018 年年初，京东生鲜开始布局前置仓，面积在 80 ～ 200 平方米，仓内的 SKU 数则为 300 ～ 600。相对于其他电商零售终端的前置仓，京东生鲜前置仓无论是规模还是 SKU 数量，都相对较小。

（3）永辉超市。永辉超市的前置仓叫作永辉生活卫星仓，永辉的前置仓更加强调门店与仓之间的联动。这里的门店包括永辉超市、永辉超级物种、永辉生活。永辉生活卫星仓是永辉和腾讯合作的产物，面积为 300～600 平方米，商品以永辉具备优势的生鲜品类及日用百货为主，SKU 数保持数千种之多，辐射周边 3 公里，一小时送达，目前已在福州、厦门、上海三地布局，其中福州数量已近 20 个。

（4）苏宁小店。苏宁小店计划在 2019 年年内建成 1 100 个前置仓，核心目标是以仓带店。值得注意的是，苏宁小店是一种类似便利店的业态，传统便利店并不是生鲜的主战场，而前置仓的主力品类都是生鲜产品。

2. 电商企业

（1）每日优鲜。每日优鲜是较早涉水单建前置仓的生鲜电商，采用"城市分选中心 + 社区微仓"的二级分布式仓储体系，每个前置仓的面积为 80～130 平方米，配送时长控制在 2 小时内。每日优鲜目前有 1 000 多个前置仓，中央仓有 1 000 多个 SKU，通过大数据精选，来给前置仓配货。在这种精选 SKU 的模式下，前置仓平均周转周期为 1.5 天，生鲜耗损率不到 1%。

（2）叮咚买菜。叮咚买菜创立于 2017 年 4 月，前身是叮咚小区，叮咚买菜的最大特点是采用城批采购 + 社区前置仓的模式，自建物流配送。这与"城市中心仓 + 前置仓"的模式有比较大的差异。

3. 模式微调整的新玩家

朴朴超市成立于 2016 年，采用纯线上 + 前置仓配送模式，配送半径为 1.5 千米。以生鲜为主打，同时兼顾全品类运营，SKU 数保持在 3 000 个左右。据了解，朴朴超市目前在福州有大约 30 个前置仓，其配送团队也采用自建自营。

从模式上看，朴朴超市与每日优鲜极为相似。但是从经营思路来看，两者仍有较大区别。每日优鲜强调电商运营，在市场层面尽量快速扩张；而朴朴超市听起来更像超市，力求在一地稳扎稳打。

知识 11-1　苏宁小店"便利店 +APP"的模式

2018 年 10 月 11 日在苏宁易购双 11 动员大会上，记者获悉，2018 年"双 11"，苏宁物流将发力即时配送和大件快递市场，备受关注的三到六级市场，大件物流订单则有望迎来井喷。

苏宁物流常务副总裁姚凯表示，2018 年重点关注三到六级市场的消费动态，预计大件物流订单会有较大幅度增长。此外，保证县镇市场的零售云以及苏宁拼购爆发区域的用户服务体验。

苏宁小店采用"便利店 +App"的模式，凭借全新"O2O 小店"模式走进百姓生活，从而满足社区最后 100 米消费者购物、餐饮、生鲜水果、快递代收、家电维修等生活购物和日常服务需求。

依托苏宁强大的自建物流体系，苏宁小店 3 公里范围内的急速配送得以满足。苏宁小店 2018 年在线下布局的速度将逐步加快，年底全国将达到 5 800 家，形成规模化经营，苏宁物流在全国 45 个公司开设苏宁小店中心仓，为用户提供即时配送服务和半小时社区生活圈服务，提升品质服务水平。

同时，为应对"双 11"流量高峰，苏宁物流为大件商品开辟了"特殊通道"——前置仓。前置仓可以减轻主仓的压力，提前对商品销量及购买人群进行预测，科学备货，保障"双 11"期间用户体验不打折。

此外，苏宁物流联手品牌商根据预售以及往年销售情况分析 2018 年"双 11"的热销产品和流向，利用智能仓储系统，将部分产品提前下沉到三、四级仓库，让产品离用户更近，送达的时间将会更短。

资料来源：金羊网，http://3c.ycwb.com/2018-10/12/content_30109835.htm。作者有删改。

11.2.2　前置仓扩展模式概述

前置仓模式是随着生活水平的提高以及大城市生活节奏加快而出现的，现在人们既希望生活"既快又好"，又希望能够在采购的时间成本和商品性价比之间找到最佳结合点。所以前置仓追求的就是大店的规模化和小店的便利性的结合，是大和小之外折中的第三条道路，那就是近而且全，并且有品质，这也是新零售的终极目标。

前置仓模式的典型特征是区域密集建仓。目前成熟的案例较多，不论是每日优鲜、朴朴超市还是叮咚买菜，都选择先在区域市场发展，建立竞争优势后再逐步拓展新的城市。从城市定位来看，一线城市和部分发达二线城市是前置仓的主要布局区域。以每日优鲜为例，其用户主要分布在北上广、天津、江苏等经济发达地区。而叮咚买菜目前仅在上海布局，说明前置仓模式更加适合对于便利性要求较高、生活节奏较快的用户群体。

1. 初期前置仓及其他新零售仓配模式

（1）初期前置仓。初期前置仓是一种仓配模式，它的每个门店都是一个中小型的仓储配送中心，这使得总部中央大仓只需对门店供货，也能够覆盖最后一公里。前置仓在企业内部仓储物流系统内，离门店最近，是最前置的物流仓储节点。消费者下单后，商品从附近的零售店里发货，而不是从远在郊区的某个仓库发货。即便是终端门店，3 公里范围内可以做到 30 分钟送达。前置仓一定是设在离消费者较近的地方，可能是某个办公楼、某个社区里设置一个小型的仓库，甚至是一个面积较大的单店。用户下单后，1～2 小时内就能配送上门。盒马鲜生、妙生活、天天果园、每日优鲜、U 掌柜等均在使用这个模式。

（2）中央仓。中央仓是由商家设置在城市中心区或者卫星城的配送中心，利用其辐射能力强、交通便利、物流基础资源丰富的特点，开展一体化仓储配送活动。可分类为中央配送中心（CDC）和区域配送中心（RDC）。中央仓主要是指接受供货商所提供的多品种、大批量的货物，通过存储、保管、分拣、配货以及流通加工、信息处理等作业后，按需求方要求将配齐的货物交付给物流公司或指定的组织机构。

（3）微仓、仓店一体和前店后仓。微仓是相对于普通仓库而言的，占地面较不大、承载功能也相对单一。这种的微小型仓库有我们常见的蜂巢柜等。仓店一体和前店后仓相类似，均是仓库和直接面向终端消费者的单店，如零售店、体验店等合建在一起，消费者可直接在店内选购商品，在仓内即时提货。

2. 前置仓模式的优势

前置仓模式最主要的优势是，可以实现云平台、云市场、即时营销和全域营销，在商业流通流域全方位实现仓配的空间与时间价值，保证终端门店低成本运营和持续盈利。

在现代零售环境当中，仓库的前置变得越来越重要。它可以较好地利用社会商业资源，将分散的资源进行有效整合，在原有的功能基础上扩展或增加功能，以终端顾客需求为行为导向，用户下单后，能够尽可能在最短的距离和时间内送货上门。

新零售带动新物流，这是新零售模式下，线上线下物流融合最重要的一大突破，前置仓也正是在这种经济环境下产生的。消费者购买的商品不仅可以由专属的电商仓库发出，还可以灵活地从附近门店发货，商家位于线下的门店将成为一个个放在消费者身边的"前置仓"，既能满足消费者的极速、精准等配送需求，又能帮助商家降低仓储成本，更智能地运营销售供应链。前置仓的主要优势体现在以下几个方面。

（1）仓配更加及时。前置仓模式可以使得商铺的配送更加及时。消费者下单后，都是从最近的仓库发货，也就是附加的零售店发货，可以在短时间内送到客户手里。在实际操作中，如果门店有库存可以发货，系统将在消费者支付前的页面上显示"定时达"字样。消费者点击后，可以选择不同的时段送货上门，有的门店最快的可选时段就在下单后的2小时，这意味着门店发货最快2小时就可以送到。

目前，屈臣氏的天猫旗舰店已经开通"前置仓"服务，屈臣氏在上海、广州、深圳、杭州、东莞五大城市的200多家门店变身"前置仓"，可以给3公里内的网购消费者送货。这是继盒马鲜生30分钟达、天猫超市生鲜1小时达之后，阿里新零售基于线上线下融合推出的又一项极速物流服务，零售的即时物流正在成为新零售的标配。

（2）仓配成本低。前置仓不仅仅是简单地把大仓库拆成小仓库再去配送，前置仓的模式本质上是用类似200～300平方米的面积，承载十余个生鲜大品类2 000多个SKU。从面积来说，这是便利店的面积；从覆盖品类以及客群来说，这又是大中型生活超市的客群和覆盖能力。这是以小博大，财务杠杆效应比较明显。

前置仓的运营成本主要是房租成本和配送人员成本。目前相关运营商家和企业越来越感受到成本上升带来的压力，原因有二：第一，相比庞大的电商业务，尽管包括生鲜冷链物流在内的即时配发展很快，但是实际业务量并不大；第二，前置仓运营属于劳动密集型，需要投入大量配送人员，同时仓库与制冷系统建设属于重资产投入，成本也不低。

为了化解成本压力，许多公司也做了很多新业务模式的尝试。一方面，在配送环节，前置仓越来越依赖众包物流配送平台，因为使用众包物流配送平台的运力，相比自建配送队伍成本低很多，并且很多配送平台都提供专门的冷链配送装备（如冷链配送箱），也能给前置仓节约很大的成本。另一方面，充分挖掘前置仓的资源潜力，创造更多的效益，例如增加前置仓的商品展示和销售功能。自提服务是前置仓的重要功能之一，因此可以在门店为上游客户做线下体验、商品展示与推广等服务。这样，前置仓不仅仅是物流仓配中的一个环节，还可以成为一个新的销售通路。

总之，前置仓就是用小店的低成本模型，做出大门店的品类广度和服务深度。商业的典型业态是上万平方米的大超市和上百平方米的便利店，中间那个区间被忽略，这是因为在传统的门店成本结构中，便利性与规模效应成了不可兼得的鱼与熊掌，要便利与新鲜，就上不去规模；要规模，就兼顾不了新鲜与便利。

在财务预算上，一个前置仓大部分都是固定投入，除了人力资源投入、配送资源投入、包装耗材等可以计算到订单里作为变动投入，存在成本利润持平甚至盈利的可能。理论上，随着订单量的上涨，每一单的履约投入可以控制在 3 ～ 5 元，客单价使盈利具有一定的渗透性。

（3）实体店将成为配送支点。自阿里巴巴全面启动新零售以来，已经在物流领域除前置仓之外推出多项创新服务。在传统的物流模式里，行业内能做到当日达、次日达已经是非常快了。但是随着盒马鲜生推出 3 公里内 30 分钟送达，天猫超市生鲜推出 1 小时送达，天猫基于线上线下融合的即时物流异军突起，换道超车实现了消费者体验的大幅改善，这方面前置仓可以具有更多的创新模式应对终端零售市场需求的变化。

目前，天猫和菜鸟更进一步把即时物流拓展到了天猫商家的旗舰店，这意味着即时物流不再局限于生鲜这个垂直门类，未来可以全面服务天猫商家。

未来店与仓功能的融合是趋势，菜鸟门店未来的目标是，在新零售下，线下实体店会进一步形成 3 公里距离内的供求体系，很多货并不需要从电商的仓库里发货，可以从靠近消费者最近的实体店发货，这些实体店会变成未来物流配送的重要支点。

随着菜鸟和屈臣氏天猫旗舰店在物流供应链的深入合作，这项服务预计将覆盖全国 430 多个城市的 3 000 多家屈臣氏门店。

除屈臣氏外，周黑鸭等食品企业、银泰等大型商城都将加入到门店发货的体系中，店的仓配功能体现得越来越明显。到那时，菜鸟将把最快 2 小时送达、定时送达、极速退换货等产品融合到新零售消费场景中，实现线上线下的深度融合。

（4）保证终端门店实现盈利。前置仓模式能否赢利主要取决于订单密度和客单价。总体来说，前置仓模式的盈利机制尚不明朗，除每日优鲜在 2017 年宣布其单月营收突破 2.8 亿元，月订单量达 300 万单，一线城市全面赢利以外，尚未有其他企业宣布赢利。

前置仓模式突破了传统的开店模型，尝试走一种新的中间路线。例如，平均门店面积在 4 000 ～ 5 000 平方米、采取前店后仓模式的盒马鲜生，其思路就是前置仓模式。不过，相比较而言，省去开店成本的前置仓，前期投入更低。在拣货效率上，前店后仓也是仓配模式的选项，也可以形成一套库存应对门店和配送两种通路。

许多商家在对门店功能的开发方面做好充分准备，考虑如果线下门店变身前置仓，商品就可以从消费者身边送出。目前，有些大城市的消费者在屈臣氏天猫旗舰店购物时，菜鸟将根据消费者的收货地址，定位附近 3 公里内的屈臣氏门店。同时根据消费者下单的商品，运算门店内的库存，实现货、时、地三个可信要素的最佳整合。

目前，屈臣氏的天猫旗舰店共有 500 多个 SKU 的商品支持门店发货服务。消费者下单的一瞬间，一条消息会被推送至门店锁定库存，通知打包，另一条消息将通知快递员上门揽收。菜鸟的合作伙伴"点我达"预计将投入数万名快递员，专门用于门店发货的即时递送。上班族白天工作忙，下班后商场多已关门，品质高、品种丰富的日用品在便利店又无法买到，经常出现没有化妆棉之类的窘境。有了"门店发货"和"定时送"，就可以提前从网上下单，根据自己的下班时间来选择送达时间。

3. 前置仓模式的缺点

虽然前置仓在体验上优势很明显，但是对于平台方来说，运营难度极大。

（1）客户订单的不确定性，导致损耗的不确定性，同时还存在如何补货的问题。

（2）每个地段的消费者差异，产生了品类运营差异和价格差异，一个城市多个区域尚且如此，扩展到全国，例如华北跟华东的消费者口感是不同的，复杂度就会大大上升。由于前置仓运营中投入较大，但规模有所差异，因此终端店的前置仓辐射（3公里内）的情况有所不同。

11.2.3　前置仓模式推广的瓶颈

无论前置仓模式表现如何，就新零售市场现状来看，经过各商家摸索，目前前置仓模式已经形成了一些共识。面积大约在 300 平方米，SKU 数量在 1 500 个上下，覆盖 3 公里范围，1 小时送达，自营配送，这几乎是现在前置仓比较主流的配置。除此之外，生鲜作为前置仓的核心品类这一点，已经形成统一认识。

随着 2019 年前置仓的大爆发，首入企业纷纷公布了开仓计划，但是瓶颈性问题表现明显。

1. 前置仓的核心竞争力问题

前置仓的核心竞争力究竟是什么？是算法还是商品？前置仓起步于生鲜电商，运作前置仓的电商都在强调算法大数据对于选品和补货的重要性。但是对于生鲜这样一个高频刚需品类，其中又包括不同的细分品类，算法本身究竟能不能支撑起这样一个庞大的体系，特别是在前置仓的数量不断扩大的情况下，这还需要验证。

除了算法，其实商品本身也依旧是前置仓的核心竞争力，这个观点也是每日优鲜等电商所强调的。因为前置仓本身不是一项服务，而是一个从采购到销售的整体供应链，商品推送力自然是竞争的最大差异点之一。

2. 前置仓的物业成本问题

处于主城区地价高地块，前置仓是否降低物业成本也是值得考虑的问题。前置仓流行的主要原因之一就是前置仓的前期投入较开门店成本投入要低很多，特别是在一、二线城市。其仓的投入为刚性成本一次投入，随着规模的增加可以分摊变薄。

但是，现在开前置仓的企业越来越多，特别是在一、二线城市人口密集的小区，可满足前置仓条件的铺位终究是有限的。这种争夺会不会导致前置仓自己的成本也水涨船高，最终失去低成本这一最大的比较优势？这个疑问只能在前置仓具有一定规模和运作成熟之后才能考量。

3. 前置仓面临超市到家的竞争

前置仓的竞争对手在哪儿？一般认为是社区生鲜店以及便利店。这个模式初始阶段的建仓初衷，实质上构成了对社区业态减低营业维度的冲击，社区生鲜店的问题在于面积小、商品有限。前置仓模式恰恰可以利用庞大的商品库来进行调配，扩充可卖商品的数量，发挥长尾效应。

目前前置仓正处于业态成熟阶段，一个新竞争对手出现了，那就是超市与各种外送平台的合作，主要是美团、饿了么、京东到家延伸出来的到家服务。这一轮到家服务与第一轮O2O热潮的最大不同，在于市场配套先于需求存在，即成熟的2C配送平台已经度过生存阶段，并且形成了寡头垄断格局。在这种情况下，到家服务的发展也迅猛发展起来。而超市自身的海量商品，使得前置仓模式的长尾效应碰到了真正的对手。

当然，前置仓模式创新刚刚起步，面对复杂的市场环境，这些入局的商家会给城市即时仓配行业带来新变化。

11.2.4　前置仓业务主要内容

前置仓的布局规划是配合新物流兴起而设计的，其基本思想是前置仓的仓储物流离实体店距离最近。在做前置仓业务时，也要遵循商业模式创新过程，从积累商业数据开始，逐步与相关业务关联企业合作，通过拓展业务范围、降低经营成本、提供优质服务，实现前置仓模式终极效果。

1. 积累商业数据

一些成熟的仓配公司已经进行了一段时间的前置仓业务探索，积累了一些建设和运营前置仓的经验。例如，前置仓网点往往选择设在人口密集的社区周边，理论上需要和前端销售平台合作，运用大数据分析订单密度等。

但由于运营前期没有数据积累，很多物流公司更多的是通过商业经验，分析外围数据，如根据小区数量、小区居民数量、小区房价等分析当地的消费水平和结构，决定将前置仓网点设置在哪里。通过一段时间的运营，就可以根据大数据进行分析，对前置仓网点进行优化和调整。前置仓通常拥有一个几十平方米的小型冷库、一组冷柜和冷风柜，配送采用保温箱，这样存储生鲜产品的效率更高，效果更好，物流成本更低。

2. 做好横向协作

前置仓模式采用接力传递方式提供冷链物流即时服务，其是否能够运行良好，涉及与合作伙伴的良好协作，因此要做好双方的系统对接、产品品质管理等工作。为了最大程度地减少前置仓操作对生鲜产品品质的影响，前置仓通常只承担货品临时存储、包裹生产、"最后一公里"配送功能，将以前由中心仓负责的包裹生产作业放在前置仓来做，与以前中心仓 + 配送站模式有所不同，配送站不做拆包、拣货、打包的工作，对 SKU 不做任何外形处理。

3. 拓展业务范围

有些前置仓正在进一步拓展销售业务，直接变成了生鲜 O2O。帮客户销售产品与自己销售产品还是有很大区别的，最重要的是要有销售体系和人员。多数前置仓运营企业原初属于物流企业，缺少零售的业务基础，要做好零售，在系统建设、管理、人才储备上都要不断加强，这都需要一定人财物投入，只有持之以恒才能做好。

11.3　前置仓行业成熟模式

传统的物流配送格局已经由"电商网站 + 快递公司 + 消费者"转变为"电商网站 + 前置仓 + 即时物流（或消费者）"，或者前置仓 + 消费者。

11.3.1　唯品会的前置仓

在新零售、前置仓正在不断改变传统的电商行业时，唯品会也在不断地进步，跟上消费需求的节奏。

2018 年唯品会旗下品骏物流获评"2018 年度中国物流行业最具投资价值企业"，其余上榜的还有中铁快运、远成物流、中通快运、地上铁、青岛日日顺物流等百余家优秀物流企业。

目前，品骏快递共设立了东北、华北、华东、华中、华南和西南六大仓储运营中心，13 个前置仓，6 个跨境电商物流中心，10 个海外仓，80 个分拨中心，拥有直营站点 4 500 个，自有车辆 2 000 台，网络覆盖全国 31 个省级行政区主要城市和乡镇，包括新疆、西藏、青海等西北偏远地区。

品骏快递自主研发的无人配送车、快递一体机、热敏式订单等各种物流"黑科技"获得了国家专利，其还自主打造了协同业务、财务、人力资源和行政办公的系统，海外踏足日本、法国、德国、美国等 10 个国家和地区。

在注重服务品质的同时，品骏快递全面开放社会化业务，服务范围涵盖 B 端和 C

端，消费者在寄快递时，除了顺丰、"通达系"等传统快递企业，又多了另外一个选择。未来品骏物流将进一步升级服务标准，通过更全面的网络覆盖来提供更高效的配送服务，打造快递物流体系服务标杆，助力中国快递转型升级。

为进一步提升物流速度，满足用户对服务配套的升级化需求，唯品会新增南宁、乌鲁木齐、济南和哈尔滨四大前置仓。不仅如此，为实现中国品质消费与国际化商品和服务的深度对接，唯品会在跨境物流建设上也积极开拓进展，在日本和韩国新增仓储空间。

11.3.2　阿里巴巴的零售通

本着跨界无界的思想，阿里巴巴主要推出了零售通业务，零售通也是阿里巴巴B2B 事业群的一项新业务，是主要针对线下零售小店推出的一个为城市社区零售店提供订货、物流、营销、增值服务等的互联网一站式进货平台，实现互联网对线下零售业的升级。2017 年 8 月，阿里巴巴零售通首个前置仓在浙江义乌举行开仓仪式，阿里巴巴表示，接下去，零售通将在全国 2 000 多个城市布局前置仓，并与区域仓形成有效的互补，去整合优质商品，让小店获得更多盈利。

阿里巴巴认为零售通前置仓是一个对上整合品牌商商品资源，对下以街道、社区为单位精选优质经销商、邮差商的仓配资源，通过系统和数据赋能中小经销商转变成为小区域内共配服务商，用最低的成本、最高的效率、最透明的全链路数据连接工厂仓库与小店货架。

零售通的前置仓覆盖半径大约为 30 公里，主要以覆盖小型城市为主。通过前置仓，可节约整个行业仓配资源投入的 80% 以上，提高商品体量，提升数据流转效率200% 以上，减少供应链建设的重复投入和资源消耗。不同的商品，根据周转率、成本、频率以及配送时效等多重维度，来选择进入零售通不同的仓储内。

早在 2017 年年底 "2017 中国零售创新峰会" 上，菜鸟网络 B2B 总监范春莹就表示，菜鸟网络已经着手在 B2B 领域打造一个全新的物流模式：通过全面布局前置仓，帮助商品提前下沉、包裹越库集货，形成集约式共同配送，高效服务全国的数百万家小店。按照规划，菜鸟将把小店前置仓规模做到数百个之多，覆盖全国主要城市。此前，菜鸟在小店配送方面已经与阿里巴巴零售通一起，推出了区域仓和城市仓，此次打造前置仓是物流触角的进一步延伸，服务半径缩小到了 30 公里，让商品离小店更近。

🌸 知识 11-2　菜鸟的 "门店发货" 模式

2018 年 1 月 10 日，天猫与菜鸟方面宣布，即日起联合物流伙伴点我达和商家推出基于门店发货的 "定时达" 服务。消费者网购下单时，可以选择从就近的实体门店送货，最快 2 小时可以送达，还可以预约特定时段送货。

"门店发货" 模式试运行后，菜鸟门店发货的订单量显著增长。菜鸟宣布将 "门店发货"的模式进行升级，将这个从线下门店直接发货的模式扩展到全国 30 多个核心城市，总计接入近 400 家门店作为发货前置仓。要把"门店发货""分钟级配送"拓展至全国 30 余个城市，提升用户的购物体验。

资料来源：21 经济网，http://www.21jingji.com/2018/1-12/wNMDEzODFfMTQyMzQwNA.html。作者有删改。

11.3.3　京东的新通路与达达-京东到家、山姆云仓、京东便利店

京东的前置仓战略包括京东新通路，达达-京东到家与沃尔玛旗下山姆会员店共建的仓配一体化云仓，包括"山姆云仓"以及京东便利店。

（1）展示优势。京东新通路是 2015 年京东利用强大的商品供应系统和物流优势，取代品牌商品经销环节，让品牌商的商品直达线下零售终端的 B2B 销售体系。2016 年京东获得沃尔玛 40 亿美元投资，沃尔玛接入"京东到家"，双方合作优势互补，京东到家从沃尔玛获得门店资源，且减弱单纯 O2O 企业的盈利恐慌感，沃尔玛从京东到家得到线上增量。

（2）体系重构。2018 年 3 月 20 日，京东正式发布"京东新通路无界零售战略"，宣布推出一套全新的联合仓配体系，全面升级 B2B 通路效率，并正式进军餐饮 B2B，将联合仓配体系在全国范围内复制推广。京东新通路的联合仓配定位于服务当地 3～5 公里半径内京东掌柜宝客户（夫妻店）的末端物流体系，可以看作打造服务夫妻店的"前置仓"体系。业务模型则是整合、招商各区域中小经销商、批发商的仓配资源，将京东的中央仓与他们的仓配资源打通，实现货从京东中央仓到联合仓，再到夫妻店的业务流程。

（3）呈现图景。联合仓配模式的本质是在"知人、知货、知场"的基础上升级零售的基础设施，联合品牌商、中小经销商、批发商的力量，有效提升配送效率，扩大最后一公里配送的可实现范围，提升用户体验，让整个通路的势能完全释放，从而打造一张完整的无界零售图景。

（4）品牌赋能。不仅如此，京东新通路推出京东便利店。2017 年 4 月，京东宣布了在全国范围内的"百万便利店计划"，2018 年又推出年底前每天新增 1 000 家京东便利店，每 300 米一家的布局规划。与京东便利店的开店模式不同的是京东不使用连锁加盟形式，而是以品牌赋能型的松散合作为主，这使得京东便利店能在短时期内大范围覆盖全国，创造便利店契机。随处可见的京东便利店无疑是京东布局前置仓最重要的砝码之一。

（5）面对挑战。目前京东物流面临的全新挑战如下。

1）日益提高的时效需求：天级→小时级→分钟级。海量 SKU 和订单的管理：万级→500 万级→千万级。3C 端市场波动大：市场需求的波峰/波谷体量相差近 10 倍，差距还在扩大。这就需要京东不断改善供应链体系，打造仓配一体化网络模式，以客户为中心持续创新，重视与加大对智慧化技术应用的投入。

2）仓网需求信息的对接。前置仓还要解决基于京东区域仓与前置仓两级仓库网

络，准确地预测不同地区对商品的需求，通过运筹优化算法，制定补货与调拨政策，降低库存与缺货成本，在保障时效的前提下降低运营成本的问题。

11.3.4　顺丰的前置仓 + 店配

顺丰的模式与阿里巴巴和京东不同，顺丰是利用线下体验店和"前置仓 + 店配"模式。

顺丰的线下体验店经历了一轮市场洗牌探索期。顺丰于 2014 年上线顺丰嘿客，主要解决最后一公里物流难题，市场遇阻之后，2015 年更名为顺丰家，与优选联手打造社区 O2O。2016 年全国范围内的顺丰嘿客、顺丰家门店逐步改变成顺丰优选实体店。在顺丰优选的官网界面上，可以看到如下介绍：顺丰优选由顺丰商业集团倾力打造，以"优选商品，服务到家"为宗旨，依托线上电商平台与线下社区门店，为用户提供日常所需的全球优质美食。顺丰优选的商品覆盖全球 60 多个国家和地区，并深入国内外产地进行直采合作，品类覆盖肉类海鲜、熟食蛋奶、水果蔬菜、酒水饮料、休闲食品、冲调茶饮、粮油干货等。

产品品类列的虽无差异，但顺丰优选与其他便利店的定位明显不同。顺丰优选主要定位于生鲜商品，而且以海外生鲜商品为主，客户人群定位于高端客户。目前，虽然顺丰优选在全国只有数千家门店，与阿里巴巴、京东相比，可谓是相差悬殊，但发展路径并不相同。

2018 年顺丰速运杭州区率先开启了"前置仓 + 店配"的新模式，顺丰速运的"前置仓"设在收方客户较集中区域的速运营业网点，既充分利用分点部现有资源（场地、仓管员、计算机、监控、设备等），同时将配送半径缩小到 1～3 公里，满足了同步配送 5～10 家门店要求，大大减少串点线路后端门店等待时间，达到快速配货的目的。顺丰欲借助速运网点的前置仓资源，通过这种新模式，承接更多的相关服务，将自身的配送优势充分发挥，实现同城生活圈内 1 小时和 2 小时等几个不同配送时效。目前这种模式只在杭州存在，相信顺丰将会以最快的速度将这种模式在全国复制开来。

总之，关于前置仓的布局，阿里巴巴的零售通、京东的新通路可以覆盖到乡村的门店，菜鸟和京东的线下便利店实现可以从门店到个人，顺丰的前置仓主要分布在城市。未来的商业局面，把快递网络、线上交易平台、线下实体三者结合起来，前景可期。

11.4　前置仓扩展模式分析

伴随生鲜电商迅速发展，相关行业前景广阔，但是，高昂的仓储和物流成本让众多商家望而却步，如何降低仓储物流成本，成为行业关注的重点。

为了更好地满足消费者的即时性消费需求，众多生鲜电商已纷纷打出 2 小时甚至

1 小时送达的商业承诺。但是要做到这样的"极速达"，传统的仓储备货及物流配送模式显然是无法实现的，配合新物流兴起的是前置仓的布局以及创新模式的推广。

尽管电商平台＋前置仓库＋即时配送成为生鲜电商主流模式，但各家对仓储的解决方案存在差异，这也导致不同平台呈现给消费者的商品种类、价格、配送时效不尽相同。目前，以每日优鲜为代表的单建前置仓模式，以盒马鲜生为代表的自建线下门店模式，以京东到家为代表的平台模式和以多点为代表的商超联动模式成为生鲜电商的主流仓储模式。

11.4.1　单建前置仓

单建前置仓是常规运作，优势是响应快速灵活、库存周转快，缺点是 SKU 数量受限，缺货率相应提高，导致运营成本较高。

（1）构建仓配体系。对 80、90、00 后消费者而言，他们更看重商品品质，同时对生鲜具有很强的即时购物需求，希望即买即到、高频购买，并尽量保持新鲜。因此，传统的中心化物流模式并不完全适用于生鲜电商，这个垂直领域需要颠覆式创新不同于以往电商平台—快递企业—消费者的中心化电商模式，每日优鲜以城市分选中心（中心仓）为依托，再根据订单密度在商圈和社区建立前置仓，覆盖周边半径 3 公里的区域。产地直采的精选商品会先被送到城市分选中心，经过 100% 批次质检后分温区入库，再分选加工成小包装，随后按照大数据赋能的补货算法每天向各前置仓补货。当用户在线上下单后，则会由离他们最近的前置仓完成拣货、打包和配送。

通过这一仓配体系，每日优鲜的商品能在用户下单后 1 小时内送货上门，而它已在全国 21 个城市开设了 1 000 多个前置仓。根据每日优鲜日前发布的《2019 生鲜年货消费报告》，其年货极速达订单平均配送时长为 42 分 39 秒，而订单最快配送时长仅为 8 分 17 秒。

（2）减损降本。由于前置仓需十分接近居民的生活半径，势必面临较高的地租成本。因此，前置仓的面积往往较小，能容纳的生鲜品类和数量较少。为了尽可能地满足消费者需求，生鲜电商根据消费者订单的大数据分析精挑细选得出 SKU，以小而精代替大而全，以最少的 SKU 最大概率击中消费者的购物清单，建立以高频复购为核心的用户基础循环，以降低损耗率和仓储成本。资料显示，每日优鲜的 1 000 个前置仓中，仅北京就占据 300 多个。业内人士认为，一线和超一线城市虽然地租成本高昂，但消费者对商品价格敏感度也相对较低，每日优鲜的精选商品模式相对容易在这样的城市运行通畅。

（3）防止缺货。每日优鲜面临的另外一个难题是补货预测不够精准，缺货率较高。据业内人士透露，系统预测目前是有范围误差的，因此，对销量预测会选择最低值，预防牛鞭效应，以最大程度减少产品损耗，目前可容忍的缺货率是 10% 以内。

11.4.2 线下门店模式

对于是否布置线下前置仓，盒马鲜生决策者认为，做前置仓有几个弊端：第一，损耗无法控制，尤其是海鲜水产类，比如，螃蟹养三天就算不死，也得瘦 2 两；第二，租金高昂，上海的老工厂都改造成了创意园区，租金 7 ～ 8 元/平方米，而且上海也没有仓库可租；第三，孤单的一个仓，无法汇聚流量，如果靠实体店推、靠买别的平台流量，跟传统电商就没区别。所以盒马鲜生认为前置仓作为"新物种"，其辐射范围有限。

基于此，盒马采用选址开店的方式，一方面可以实现线上线下流量的互相打通，实现一体化运营，让购物场景和体验更丰富；另一方面，盒马超市还有线上订单的前置仓。和单建前置仓相比，线下门店无疑可以容纳更多 SKU。

盒马鲜生自诞生以来，就引起市场关注，但是盒马模式也有两个无法避免的问题：第一，横向看，盒马鲜生的开店模式，不可能像每日优鲜的前置仓一样遍布一个城市的角落；第二，纵向看，目前只有一、二线城市有盒马鲜生，盒马模式是撇脂化重要手段，但是在互联网不断下沉的趋势下，只能与广阔的三、四、五线城市的长尾海量用户错位。

11.4.3 平台模式

京东到家是生鲜 O2O 领域一个重量级玩家，京东把自己打造成一个传统商超的流量入口，平台上不仅有永辉、沃尔玛这样的零售巨头，还有一些便利店、散户商家入驻，用户在任何地方打开京东到家，都能看到众多规模不一的线下门店。京东到家可以享受整个京东体系的资源，以及达达众包物流的支持，其核心竞争力在于线上导流 + 线下及时配送。

（1）仓店品类有限。显然，这种入驻平台模式因为门槛相对较低，更容易快速实现商家接入规模化，将 O2O 配送范围延伸至城市的各个角落，从而在很大程度上解决仓配覆盖半径问题。不过，打开京东到家 App 我们会发现，尽管接入商家的业态齐全，层次丰富，但其 SKU 数量并没有成比例放大，即使是卜蜂莲花、永辉超市这样 SKU 数量达几万个的大型连锁商超，其线上商品也仅有 1 000 种左右，更不论中小门店了。

（2）仓店信息孤岛问题。造成这种现象的原因，离不开京东到家与门店的仓储合作方式。据了解，目前京东到家与大型商超的合作模式为"同店不同仓"。以沃尔玛为例，同一个门店分设两仓，其一为传统的后仓区，为门店线下经营提供存储供货服务，其二为京东在前端经营区域内圈划出一块"电商专属工作区"，作为线上销品的仓储区和拣货、打包工作场所。两仓平行作业，互不干扰，大大提高了履约效率，却很难充分打通，实时共享库存数据。

（3）备货空间有限。模式可以理解为开设在门店内的前置仓，跟每日优鲜仓储模式殊途同归。对京东到家来说省去了选址开仓的投入，但是地租成本被转换成对门店坪效降低的挑战。由此可见，电商渠道选品备货同样受仓储空间制约，也会在"缺货率"和"周转率"的平衡点上游移。

（4）经营管理统一问题。对于便利店和散户小店这两种小而精的商业形态，京东到家采取线上线下共用同一个库存的合作方式，但京东到家的库存、价格都由商家维护，暂不实现系统对接。因此，在每一个门店即是电商前置仓又是线下消费场所的情况下，由于缺乏对商品进行统一数字化管理和运营，很容易造成库存更新不及时、缺货率较高的现象。

由此可见，协同性不佳、缺货率较高的问题成为平台模式的痛点，想提高店面周转利用效率，商超与电商间的协同效应需要进一步强化。所以此种模式虽有规模优势，但协同性是短板。

11.4.4　商超联动

多点 Dmall 是一家线上线下一体化全渠道新零售平台，自 2018 年以来成长很快，2019 年前已经蝉联易观发布的生鲜电商 App 排行榜榜首数月，其独创的周转前置仓模式值得关注。

（1）系统对接。在与商家合作初始，多点 Dmall 先着手对"商品、会员、供应链"的系统进行开发、打通，当消费者开始体验到自助购和 O2O 等新零售服务时，双方其实已经完成了复杂的数字化对接改造。

（2）仓、售、配一体化。在仓储解决方案上，多点 Dmall 采用的是"周转前置仓模式"，仓、售、配一体化运营是主要特点。首先，O2O 平台跟门店经营共用同一个商品库存，同一个后仓区域，商品数据协同统一管理，既不会产生额外的仓储成本，又不会干扰门店坪效。其次，根据数字化分析管理，基本可以确保 90% 的线上订单都包含 TOP 100 的单品，将这些商品集中到合作商超的后仓区域，直接在后仓发货，提高拣货效率，同时也不会影响门店正常经营。这种对原有仓储模式进行升级改造，而非打破重构的模式既确保了商品价格的竞争力，也确保了商家的利润。

（3）疏解前置仓 SKU 瓶颈。周转前置仓模式还解决了普通前置仓 SKU 不足的痛点。利用门店后仓强大的仓储能力可确保电商 SKU 丰富性和供货及时性。目前，北京物美在多点上在售 SKU 数将近 4 000 个，美食林将近 6 000 个。因为商品库存管理是同一套系统，更不会出现线下售罄而线上商品数据未更新的情况，在大促期间还可以根据库存情况随时灵活调整促销商品。

据悉，2018 年 8 月的购物节中，多点 Dmall 联手物美、人人乐、中百、新百、美食林、兴龙广缘和麦德龙多家区域零售合作伙伴，覆盖几十个城市区域，全面展示出多点 Dmall 分布式电商模式的巨大影响力。

跟多点 Dmall 合作了一段时间的商家物美、中百等都取得了良好成绩。科学的仓配体系提升了效率，通过复用优化传统零售商的仓配体系，同时设置周转前置仓，多点

Dmall 低成本实现了仓配的效率提升。比如，多点 Dmall 在北京物美每个卖场后仓设置有 80~200 平方米的专属前置仓，爆款产品直接移到后仓发货，从而节约了配送时间。

（4）平衡效益与成本，周转前置仓在效益和成本的博弈之间，帮助生鲜电商找到了一个良好的平衡点。但是，周转前置仓的设置并不是一蹴而就的，相较于互联网巨头让不同的商家去适应同一套标准化服务，多点 Dmall 采用的是定制化服务，但是，更复杂的技术开发和更多时间投入意味着商家接入数量的限制。

（5）策略跟进。目前，多点 Dmall 用"有限接入、深度服务"的策略，将合作目标锁定为区域零售龙头商家，这样的超市很容易把该区域用户覆盖全。虽然对于用户来说，可选择的商家少了，但区域零售巨头提供的商品 SKU 丰富，价格有竞争力，质量有保障，因此基本能满足用户的日常需求。再加上精细化运营，多点 Dmall App 复购率能达到 70% 以上。

据了解，在 2018 年一年的时间里，多点 Dmall 已经与全国 40 多家区域零售龙头达成战略合作，合作店面逐步渗透至 4 000 多家门店，从超一线到三、四线城市各级区域均有渗透，在覆盖规模和辐射地域完整性上已经建立起护城河。不过，合作商超的数量是一把双刃剑，在拓宽版图和辐射面积的同时，人员技术投入、协调运营、整合不同商超的难度也将成倍地增加。

11.5 前置仓的发展趋势

目前市场上运作的前置仓商业模式只是冰山的可见部分，冰山下隐藏的衍生模式伴随市场推进和需求开掘，将会不断被开发出来。但是跨界经营、跨业布局已经是未来商业模式创新的主导思想，行业属性和发展阶段只是决定方式和手段。

对行业做业态及模式重构需要有俯视思维，解构价值链中核心环节的能力和视角并非一般企业所具备的。而对于本土化的精细化管理需要经验和打磨，行业领导者的思维和精细化管理的能力是决定模式推广成败的关键。

如在做前置仓之前，每日优鲜对生鲜产品上游已经有了一定的积累，同时也发现了"供需两旺、流通不畅"是生鲜行业的弊病，从佳沃出走做每日优鲜的初衷是打破流通壁垒，做一个连接农产品生产者和消费者的平台。

11.5.1 促使经营内容多样化

做电商是一个把用户的传统需求转移到线上的过程，这并非单纯的购买入口转变，而是内涵转变，核心就是创造独特的用户价值。

企业要做品类行家，就必须覆盖品类的全部业态。想给客户提供的是家庭生鲜品全套的解决方案，如食材品类不完善，用户就会抱怨。零售的品类杀手要解决的是用户的整合购买需求。每日优鲜做全品类的出发点是尊重用户购买行为背后的原理，服务好他们的整合需求，实现商业本质，然后在本质的基础上获得盈利。

11.5.2 前置仓模式是生鲜电商的破局关键

如果把企业分为产品化、市场化、生态化三个阶段，行业认为每日优鲜现在已经完成打磨模式的产品化过程，进入了市场化阶段。其他品类电商市场化的流量思维、爆款思维和物流供应链，单纯使用在非标的生鲜品类是行不通的。

（1）注重成本核算。每日优鲜为何选择用前置仓的模式，其基本考虑是：零售业态的毛利空间在 15% ～ 30%，要实现盈利，物流成本不能超过 20%。传统冷链物流成本接近 30 元/单，这意味着客单价要超过 150 元才可以覆盖住。而用户在线下超市的客单价是 150 元，食品类占 50%，即 75 元。强行把用户原本只有 75 元的消费需求拔高到 150 元是不合理的。

（2）分布式仓储体系设置。冷链技术大致可分为三大类：冷源式、冷媒式和时间冷链。所谓时间冷链，是指生鲜品自身的保鲜能力，例如超市购买冷冻食品后到家的半小时使用的就是时间冷链。每日优鲜采用的是"城市分选中心＋社区微仓"的二级分布式仓储体系，在华北、华东、华南地区建立城市分选中心，并根据订单密度在商圈和社区建立前置微仓，覆盖周边半径 3 公里，采取冷源＋时间冷链的配送方式，保证商品品质和 2 小时的交付速度。

（3）壁垒保护。投入建设重资产能使企业形成商业壁垒，减少竞争压力。物流服务企业以及商家店仓核心重资产如何认识，目前我国物流基础资源中大仓、冷藏车这些基础设施已经满足商家需求，而社区前置仓的空白才是关键。每日优鲜目前用户规模为 300 多万人，月活用户 150 多万人，日单量 3 万～ 5 万单，并保持 20% 增长，复购率约为 80%。在北京市场，物流成本约为 12 元/单，损耗率为 1%，且从 2018 年 7 月份开始已经实现规模化盈利。

11.5.3 互联网使任何模式都有可生存的空间

互联网后竞争时代，人口流量红利不再，C 端流量和黏性如何保障的问题成为关注焦点。传统商超业绩下滑是必然，电商任何模式都有可生存的空间。

（1）成本构成变化。未来用户花在购物上的成本可分为资金成本、时间成本和风险成本，便宜、快速和品牌质量有保证，用户黏性自然就高，获客也相对容易。有效流量＝点击量 × 转化率，点击量很容易获得，但是转化率依旧是难点。提高消费门槛或者质量无品牌背书，转化率就低，流量成本自然居高不下。

（2）行为模式考量。目前，沃尔玛、家乐福等传统线下商超担忧的不是财务数据上的业绩下滑，而是用户在店内消费时间的锐减，也就是消耗了用户太多的时间成本。传统营销商模式的衰落，是因为商业终端的行为模式变化，这也是电商面临窘境的原因。

（3）生存空间的假想。行业专家认为生鲜电商任何模式都有可生存的环境，但是要按照市场规则来操作，才能生存下来。无论模式是主流还是非主流，是在行业边缘还是在中心，都要有准确的市场功能定位。虽然近两年许多仓配模式在市场上频频失利，但是我国市场很大，容错能力很强，差异化可以实现模式的生存与发展。

11.5.4　人工智能是未来有格局企业的标配

人工智能被认为是互联网的下一个爆发点。每日优鲜也一直在做人工智能、深度学习方面的研究，也包括智能补货、智能定价、用户智能分层等。这些人工智能技术对于生鲜品损耗率的降低、针对用户的精准营销都有着积极意义。未来是数据化时代，不具备数据能力将无法生存。随着"80 后""90 后"逐渐成为消费主力，母婴、生鲜的电商渗透率会有一定程度的上升。以生鲜电商为代表的主力创新话题，不同于其他品类，用户运营、物流交互、供应链管理等环节都存在逐渐的量变，量变积累到一定时候就会形成质变，商机也就在此时产生。

🎯 本章小结

新零售是个人或企业以互联网为依托，通过运用大数据、人工智能等先进技术手段，并利用心理学知识，对商品的生产、流通与销售过程进行升级改造，进而重塑业态结构与生态圈，并对线上服务、线下体验以及现代物流进行深度融合的零售新模式。

新零售产生的条件：互联网普及与市场压力的双重影响、网购增速的放缓、线上购物的体验要求高、政府政策红利逐步释放、线上零售红利见顶、新中产阶级崛起。

前置仓就是把仓库设在离消费者更近的地方，可能是某个办公楼，可能是某个社区，也可能是直接把零售门店附以仓库功能，用户下单后，能够尽可能在最短的距离和时间内送货上门。

前置仓模式的优势：仓配更加及时、仓配成本低、实体店将成为配送支点、保证终端门店实现盈利。

前置仓业务主要内容：从积累商业数据开始，逐步与相关业务关联企业合作，通过拓展业务范围、降低经营成本、提供优质服务，实现前置仓模式终极效果。

前置仓行业成熟模式：唯品会的前置仓、阿里巴巴的零售通、京东的新通路、达达-京东到家、山姆云仓、京东便利店、顺丰的前置仓＋店配。

🎯 复习思考题

简答题：

1. 什么是新零售？新零售产生的条件是什么？

2. 什么是前置仓？前置仓模式的优势是什么？

3. 前置仓的成熟模式有哪些？

4. 前置仓与微仓、中央仓、仓店一体和前店后仓之间有什么关系？

🔘 课内实训

运用系统思想，结合具体解析新零售终端店与仓配中心以及前置仓的关系，谈谈如何降低前置仓仓配成本、节约社会资源、提高服务水平。

🔘 课外实训

个人或小组，利用业余时间到附近商店考察前置仓设置情况，对前置仓运营情况进行调查，调查前置仓有无创新模式，对微仓、中心仓、店仓以及前置仓的优劣势进行分析，为商家提供详细的运营方案。

🔘 案例分析 11-1

杭州商超门店悄然变身物流"前置仓"

除了盒马，杭州市民可以享受的极速达服务还有很多。2018 年 2 月 5 日，菜鸟和银泰宣布，杭州、宁波、温州、合肥等地的银泰实体店已经接入实体店发货软件，消费者在线上下单后，商品会由距离最近的银泰商场发出，2 小时内便可送达。

记者打开"喵街"App，选择距离报社 700 米的银泰百货武林总店，随意挑选了一套打折后只需 99 元的保暖内衣套装，选择"立即购买"后，在"确认订单"页面，可以选择"配送上门"或者"到店自提"。

"如果选择配送上门，软件将选择离消费者最近的银泰商场发货，2 小时内送达。"菜鸟相关负责人介绍说，目前银泰百货武林总店、银泰百货文化广场店、西湖银泰城、银泰百货庆春店、城西银泰城等 5 家杭州银泰店开通了 2 小时内送达的服务。"每家店可覆盖的范围是周边 10 公里，目前这 5 家开通后差不多主城区都可以覆盖。其他店铺也在陆续开通中。"

"以前买菜可以快速送达，没想到现在买包也可以即时配送了。"杭州市民金女士感叹，从没想到自己可以这样"逛"银泰。

实际上和银泰的合作，并不是菜鸟第一次尝试"网上下单、实体店发货"。2018 年 1 月初，天猫、菜鸟就联合物流伙伴和商家，推出基于实体店发货的"定时达"服务，屈臣氏的天猫旗舰店率先试水。

据了解，屈臣氏在上海、广州、深圳、杭州、东莞五大城市的 200 多家实体店都可以给 3 公里内的网购消费者送货。消费者在屈臣氏天猫旗舰店购买商品时，菜鸟将根据消费者的收货地址，定位附近 3 公里内的屈臣氏实体店。同时根据消费者下单的商品，运算实体店内的库存。如果实体店有库存可以发货，软件将在消费者支付前的页面上显示"定时达"字样。消费者点击后，可以选择不同的时段送货上门。最快的可选时段就在下单后的 2 小时，这意味着实体店发货最快 2 小时就可以送到。

资料来源：企查查，https://www.qichacha.com/postnews_c300cfe21ab0f4fe250d9e5748cc470f.html。作者有删改。

问题：

1. 本案例中银泰商场在仓店售三个角色中担任了何种角色？

2. 菜鸟与银泰合作的最终目的是什么？银泰的优势在哪里？

3. 菜鸟的"网上下单、实体店发货"运作要点是什么？

4. 天猫、菜鸟实体店发货的"定时达"服务，屈臣氏的天猫旗舰店是如何操作的？

🔘 案例分析 11-2

用前置仓模式实现 2 小时生鲜配送

京东前置仓很快将会覆盖北京全境，但不局限于自营，京东的这一手可是经过深思熟虑的。

前置仓是京东生鲜 2018 年上线的，从提出到上线，也就三四个月的时间。在此之前，京东的前置仓模式分别在成都、天津做过试点。目前，京东的前置仓"1 小时达"服务基本可以覆盖北京 5 环内绝大部分区域。据京东生鲜事业部总裁叶威介绍，北京跑通模式以后，就会迅速进入其他区域。

其实做前置仓并不是新鲜事了，屡败屡战的生鲜电商，"前置仓"会是最终出路吗？每日优鲜凭借前置仓模式，在众多生鲜电商平台中独具一格，山姆会员商店 2018 年也在深圳、上海开出前置仓。可见店仓协同模式正在受到更多平台的认可。京东的前置仓又有哪些不一样的地方？

据叶威介绍，京东生鲜的前置仓面积为 80 ~ 200 平方米，因为不同区域，用户购买力不同，前置仓的面积就会相应调整。每个前置仓内的 SKU 数则为 300 ~ 600，并且不同的前置仓选品也有差异，会根据用户数据分析进行相应选品。目前前置仓聚焦的品类主要包括常温、控温和冷冻等商品。

不同于线下店和电商平台丰富的商品，前置仓满足的只是周围 3 公里内的线上用户，因此面积不需要很大。目前主流的前置仓面积普遍为 100 平方米左右，这样导致选品有限，如果扩大前置仓面积，又会面临坪效不高的问题。因此，前置仓运营的一个关键点在于：如何用有限的面积做最优的选品？

京东的前置仓更多的是依据大数据进行选品。京东内部有一套基于大数据算法的智能系统，会对前置仓的选址和选品进行指导分析。在选品上，前置仓会根据所在区域的用户类型、消费行为等数据，决定放入其中的品类。在选址方面，大数据同样功不可没，前置仓会综合经济性、覆盖范围、用户消费水平等数据进行选址。据了解，京东 Y 事业部在大数据分析方面给予前置仓很多支持。

值得注意的是，京东生鲜的前置仓并不局限于自营，叶威透露，未来 7FRESH 门店、京东便利店也可以作为前置仓，店仓协同来满足用户的消费需求。

但想象空间不只局限于京东内部体系，前置仓模式还可以与更多的合作伙伴联动，如沃尔玛、步步高、永辉超市的门店，它们都有可能作为京东的前置仓，从而快速提升前置仓密度和配送效率。

京东物流 CEO 王振辉 2018 年 4 月在博鳌论坛上宣布，京东物流正式推出"闪电送"时效产品系统，围绕本地生活即时配送场景进行。

据悉，用户在京东商城购买商品时，京东可自动识别用户的收货地址，并匹配附近供货网点仓库发货；用户如选择带有"闪电送"配送标识的商品，下单后可实现数分钟到几十分钟不等的送货上门。

目前，"闪电送"分钟级送达服务已覆盖米面粮油、果蔬生鲜、肉禽蛋奶等品类，首期已与达达的前置仓打通，并在天津、成都、杭州等城市上线；未来，随着各项合作商业模式的开展，"闪电送"将覆盖生鲜、家电、美妆、日用百货等所有品类的商品。

王振辉表示，"大数据和无线互联网年代到来后，消费者成为新的权力中心，物流逐渐围绕用户体验而设计。针对消费者在不同场景下的消费需要，咱们的配送时效在满足快的基础上推出了更加丰富多元的配送服务。"

此前，京东物流已于 2010 年推出 211 限时达服务，实现"当日达"与"次日达"。之后，京东物流相继推出了"京准达""夜间配"，以及满足高端配送需要的"京尊达"和可预约 40 天内送货上门的"长约达"等服务产品。

资料来源：36kr，http://36kr.com/p/5062460。作者有删改。

问题：

1. 京东的前置仓"1 小时达"服务与普通仓配有何不同？

2. 前置仓运营的关键点在哪里？运营中是如何解决关键点问题的？

3. 京东物流推出"闪电送"是基于何种需求场景提出的？运作上有何特点？

仓配物流政策法规

学习目标

1. 通过本章学习，了解我国仓配物流政策法规的法律地位、制定背景及完善过程，理解政府仓配物流政策法规制定与实施的必要性和重要性。

2. 了解我国仓配物流政策法规的主要类型和相关文件，熟悉仓配物流政策法规的基本构架。

导引案例

2018 年国家及各省市无人机最新政策

近年来，随着市场需求的增长与价格持续亲民化，我国无人机市场迎来了快速发展。据发布的《2018—2023 年中国无人机行业市场需求预测及投资战略规划分析报告》显示，2017 年，无人机市场将实现出货量 50 万台以上，预计到 2019 年无人机出货量将突破 200 万台。

无人机的广泛普及虽然推动了各行各业的全新变革，但是由于法律体系、市场体系不够健全，以及其他因素的影响，无人机扰航、威胁公共安全的事件频频发生，造成了较为恶劣的影响。2017 年以来，特别是我国西南地区无人机扰航事件频发之后，国家以强化监管和标准完善为主轴，相继发布了一系列关于无人机管理、规范、应用等方面的法律法规和通知公告。

2017 年 5 月，民航局下发《民用无人驾驶航空器实名制登记管理规定》（以下简称《规定》），要求自 2017 年 6 月 1 日起，民用无人机的拥有者必须进行实名登记。

2017 年 6 月，工信部联合国家标准化管理委员会、科技部、公安部、农业部、国家体育总局、国家能源局、民航局等部门发布了《无人驾驶航空器系统标准体系建设指南（2017—2018 年版）》，确立了无人驾驶航空器系统标准体系"三步走"建设发展路径，明确了系统标准体系建设的总体要求、建设内容和组织实施方式。

2017 年 11 月，民航局发布《无人机围栏》和《无人机云系统接口数据规范》两部行业标准，首次明确了无人机围栏的范围、构型、数据结构、性能要求和测试要求等，并对无人机围栏进行分类，按照其在水平面投影几何形状分为民用航空机场障碍物限制面、扇区形、多边形三种，且无人机围栏所使用的经度和纬度坐标点均为 WGS-84 坐标。

资料来源：搜狐网，http://www.sohu.com/a/224798759_175233.

12.1 仓配物流政策法规制定的背景

改革开放 40 年来，我国以发展开放型经济为先导，吸引外资与先进技术、管理理论，以市场经济促进国内改革，加快了国家现代化建设。这一时期，贸易和投资成为拉动经济增长的主要动力，这是包括仓配物流行业发展的最大社会经济背景，也是行业政策法规制定的依据和条件。

12.1.1 物流业发展的 40 年回顾

改革开放 40 年来，中国的物流市场不断开放，鼓励竞争。1978 年，我国货运量仅有 24.89 亿吨，到 2018 年底，全国货运量超过 500 亿吨，40 年增长近 19 倍，其中公路货运量、铁路货运量、港口货物吞吐量多年来居世界第一位。2018 年，快递业务量突破 500 亿件，继续稳居世界第一，同时，中国仍是全球最大的物流市场。市场呈现的基本特点如下。

1. 结构不断优化

物流业促进产业结构优化，消费与服务业成为我国经济增长的最大动力。改革开放的前 30 年，我国的国情，决定了交通只能以满足工农业生产和人民温饱的运输为主。

从 2011 年起，消费对经济增长的贡献率开始超过 50%，成为我国经济增长模式变化的历史拐点。2017 年，我国服务业占 GDP 的比重达 51.6%，包括物流业在内的第三产业（服务业）对 GDP 增长的贡献率为 58.8%，消费已升级为经济增长"三驾马车"中的第一动力。

2. 效率质量不断提升

物流效率与服务质量稳步提升，物流社会总费用占 GDP 的比重持续下降。改革开放的前 30 年里，我国物流业粗放经营与多头管理严重，物流市场主体小、散、乱，社会化程度低，效益差，污染重，无序竞争多，导致我国与发达国家社会物流效率的差距很大。

"十一五"国家就开始调结构，"十二五"国家提出经济向高质量发展的要求，物流业积极调整、优化产业结构，各级政府持续加大支持物流业的政策与降本增效力度，促进了社会物流效率稳步提升。2017 年社会物流总额为 252.8 万亿元，按可比价格计算，同比增长 6.7%，同年社会物流总费用与 GDP 的比率为 14.6%，已连续 11 年稳中有降（见表 12-1）。

表 12-1　2006 ～ 2017 年中外社会物流总费用在 GDP 中的占比变化

年　份	发达国家社会物流总费用占 GDP 的百分比（%）	中国社会物流总费用占 GDP 的百分比（%）	中国社会物流总费用与 GDP 的占比减少幅度（%）
2006	±8	18.4	—
2007		18.2	−0.2（比 2006 年）
2008		18.1	−0.1（比 2007 年）
2009		18.1	与 2008 年基本持平
2010		17.8	−0.3（比 2009 年）
2015		15.0	−2.8（比 2010 年）
2016		14.9	−0.1（比 2015 年）
2017		14.6	−0.3（比 2016 年）
合　计			−3.6

根据国家统计局、中物联相关数据整理测算，服务业增加值占 GDP 的比重每上升 1%，社会物流总费用与 GDP 的比率就会下降 0.3 ～ 0.4 个百分点，推动了我国经济提质增效。但是，与发达国家社会物流总费用平均占 GDP 约 8% 相比，中国物流业还要继续努力。

3. 物流业的产业地位明显提高

改革开放以前，运输业仅仅是辅助性的产业。而现在，物流业已成为新时代支撑中国经济发展的基础性、战略性产业，对国家经济社会发展的作用不断加深。

12.1.2　我国仓储行业发展概况分析

1. 2018 年仓储业发展状况分析

2018 年以来，受国际政治经济形势影响，我国宏观经济稳中有变，与此相应仓储行业发展也出现了新变化，业务规模稳中趋缓，行业需求整体趋弱，企业盈利能力下滑，整体就业规模下降。但变中也有进，成本支出增速减缓、商品库存压力下降、企业预期情况良好。

2018 年，我国服务业占 GDP 的比重继续提高到 52.16%，同比提高了 0.56 个百分点；我国社会消费品零售总额突破 38 万亿元（380 987 亿元），同比增长 9.0%。其中，网上零售额在快递业有力支撑下创 6.9 万亿元的新高，同比增长 26%，占社会消费品零售总额的比重约为 15%，且增长潜力很大。电商物流成为扩大内需的新动力。

2018年，我国最终消费支出对GDP增长的贡献率为76.2%，消费作为经济增长主动力，其作用进一步巩固。截至2018年年底，物流业从业者超过5 000万，占全国就业人员的6.5%，对扩大就业的贡献很大。

据前瞻产业研究院发布的《中国仓储行业市场前瞻与投资战略规划分析报告》统计数据显示，从中国仓储指数来看，2018年2月、6月和7月均处于50%以下的收缩区间，其余各月均保持在扩张区间（见图12-1），而2017年仅有7月处于收缩区间。2018年全年该指数的均值为51.3%，低于2017年1.1个百分点。

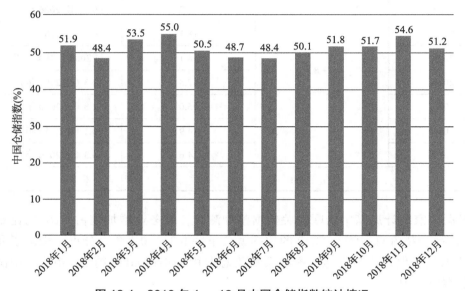

图12-1　2018年1～12月中国仓储指数统计情况

从各分项指数走势看，2018年以来，仓储行业运行确实是稳中有变，变中有忧。

（1）行业需求整体趋弱。从新订单指数的变化情况来看，全年均值为52.7%，较2017年下跌2.4个百分点。从2018年全年的走势来看，全年共有3个月在50%的荣枯线以下，分别是3月、6月和7月，其中6月为47.4%，是2016年3月份以来的最低点。不过，下半年均值为53.0%，较上半年回升0.6个百分点，显示仓储行业受大宗商品传统消费旺季，以及"双11"等因素影响，行业需求稳步回升。

（2）业务量及设施利用率增速减缓。2018年2月物流业务量指数平均水平为52.7%，较2017年同期下降0.8个百分点，显示全年仓储行业业务总量呈现稳中有降的态势，业务量增速有所减缓。受其影响，设施利用率增速也有所减缓，全年设施利用率指数均值为53.0%，低于2016年同期0.8个百分点。从指数的全年走势来看，业务量指数自8月止跌回升至扩张区间后，年内持续保持在51%以上的高位，设施利用率指数除7月处于50%的荣枯线上以外，其余月份均保持在50%以上的扩张区间。

（3）行业盈利能力下降。2018年仓储物流收费价格指数均值为50.7%，高于2017年1.0个百分点，显示全年仓储行业对外服务价格明显上升。而2018年，主营业务成本指数平均水平较 2017 年下降 0.9 个百分点，行业成本支出有所减缓。2018 年，仓储行业业务利润指数均值为 49.7%，较 2017 年下降 1.9 个百分点。从指数的变化情况来看，全年服务价格水平上升、成本支出减少，但业务利润反而出现下降，显示行业仍处于以量换价的阶段，仓储行业依然是靠规模的低盈利发展模式，降本增效仍需进一步落实。

（4）就业形势仍需关注。从企业员工指数的变化情况来看，2018 年 6 次位于 50% 的荣枯线以下，特别是一季度各月受春节因素影响均处于荣枯线以下。全年均值为 49.4%，低于 2017 年 1.0 个百分点，反映出随着智慧物流的快速发展，特别是智能仓储、在线调度、全流程监测和货物追溯等新技术的广泛推广、应用，仓储行业就业活动明显萎缩，行业解决就业的能力下降。

2. 2019 年仓储行业发展现状分析

2019 年，世界经济在经历了较为强劲的复苏之后，现在面临下行风险。实际上，2019 年年初国际货币基金组织已将 2018 年和 2019 年的全球经济增长预测值从 3.9% 下调至 3.7%。而这是自 2016 年以来，国际货币基金组织第一次下调全球经济增长的预测值。

2019 年中国经济虽然存在一定下行压力，但下行压力有限，整体看好。总的来说，2019 年中国经济情况还是比较乐观的。特别是中国将进一步深化经济改革、扩大经济对外开放，大力发展中小企业和民营企业，更加重视保护知识产权等，这些都将为 2019 年经济增长提供支撑，因此经济下行压力有限。受此影响，2019 年仓储行业需求基础稳固，仍将保持平稳较快发展，特别是互联网＋高效物流将会快速发展。在此背景下，我国仓储行业的运行环境将会继续优化，行业稳中向好的格局将会延续。

（1）国内宏观经济增速继续回落，走势前低后高。从目前来看，国内需求仍显偏弱，外部环境依然复杂，世界经济复苏存在波动风险，从整体来看，2019 年仍有较大下行压力，这种压力在上半年表现相对突出。但随着政策红利累积和逐步释放，投资增长有望企稳回升，消费的基础性作用有望增强，新旧动能转换进一步加快，经济走势下半年有望趋稳，甚至有所回升。总体判断，全年经济增长率约为 6.2%，走势前低后高。

（2）国内大宗商品市场对仓储行业的需求仍有亮点。经济的先行指标——制造业 PMI 在 2018 年 12 月跌破 50% 的荣枯线，制造业景气度继续下降。在经济不景气的背景下，企业不仅面临销售端的低迷，而且面临着融资困难、成本抬升的窘境，企业生存压力较大。由于债务负担从政府部门向居民转移，国内居民杠杆提高，房贷严重抑制消费能力。

（3）电子商务对整体物流仓储租赁需求仍将继续增加。2018 年，在电商促销作用下，电商物流保持平稳较快发展。电商物流指数中，总业务量指数、农村业务量指数全年平均为 132.4 点和 131 点，显示电商物流总业务规模和农村业务规模同比增长均超过 30%，特别是 2018 年 6 月及"金九银十""双 11"等促销旺季，电商物流订单量剧增。以 2018 年 11 月为例，电商物流总业务量规模环比增长近 60%，农村业务量规模环比增长超过 30%。从整体来看，2019 年以电商物流为代表的物流新业态仍将保持平稳较快发展。预计 2019 年中国整体零售市场将达到 6.77 万亿美元，其中电商零售销售额为 1.25 万亿美元，同比上一年分别增长 9% 和 21%。

综合来看，2019 年虽然国内经济存在一定下行压力，但下行压力有限，整体看好，预计增长率约为 6.2%，走势前低后高。在此背景下，我国仓储行业仍将保持平稳较快发展，行业运行环境将会继续优化。不过，如何降本增效仍是全行业的难题，仍需重点关注，特别是在创新发展中要重视推动供应链的创新与应用，适应创新发展形势，要加快管理创新。

12.2　2014 ～ 2018 年仓配物流政策法规概述

一个行业应该朝哪个方向发展，相关政府部门出台的政策是风向标。目前我国物流仓配行业"成本高、效率低、不环保"问题较为突出。因而，政府将持续推进物流业降本增效工作，注重中长期目标确立和长效机制建设。通过简政放权、降税清费、补短强基、创新驱动等，加强对行业标准化、规范化、智能化提升，推动物流行业发展进入量质齐升阶段。

12.2.1　国家层面宏观法规政策主要内容

为保障物流运输业务的发展，2014 年以来，国家相继出台政策规划，促进仓储环节的建设。2014 年 9 月国务院印发《物流业发展中长期规划（2014—2020 年）》，提出加快现代化立体仓库、资源型产品物流集散中心和重要商品仓储设施建设，鼓励仓储等传统物流企业向上下游延伸服务，为仓储物流业的现代化建设提供政策保障和建设依据。

2016 年作为国家"十三五"发展的开局之年，2016 年 3 月，商务部、国家发展改革委、交通运输部、海关总署、国家邮政局、国家标准委 6 部门共同发布《全国电子商务物流发展专项规划（2016—2020 年）》，支持建立具备运营服务中心和仓储配送中心（商品中转集散中心）功能的县域农村电子商务服务中心。做好电商物流的仓储、分拨、配送等规划选址和用地保障，落实好现有鼓励政策，进一步有效地促进了仓储规划的布局及建设运营。

2017 年 2 月，商务部、国家发展改革委、国土资源部、交通运输部、国家邮政局在之前政策基础上制定《商贸物流发展"十三五"规划》，提出加强商贸物流基础设施建设，提升仓储、运输、配送、信息等公共服务水平；通过信息技术优化物流资源配置和仓储配送管理；提高物流园区、仓储中心、配送中心的物流供需匹配度。

总之，2014 年以来国家层面积极出台政策规划，加强仓储环节的自动化建设，为仓储业发展的规划布局及建设运营提供了政策保障，在此之上为推进物流业务及电子商务贸易的发展做出了积极的贡献。

12.2.2　国家物流政策法规解读

2018 年天猫"双 11"当日的物流订单量超过 10 亿单，开启了全球物流一个新的时代。随着网络购物的高涨，物流业也迎来了繁荣发展时期。但同时也衍生出"成本高、效率低、不环保"等突出问题。为此，国务院、国家发展改革委、国家邮政局等部门于 2018 年出台多部政策法规与发展意见，加强对行业标准化、规范化、智能化提升，推动物流行业发展进入量质齐升阶段。

对此，中国电子商务研究中心梳理了 2018 年来国家政策方面关于促进物流行业发展的内容，并由中国电子商务研究中心法律权益部助理分析师蒙慧欣对这些政策进行了点评。这些政策、指导意见从不同的角度为物流业未来五年乃至十年的发展指明了方向。顺应大环境，找准发力点，物流企业才能更加准确地把握智慧物流新风向。

1.《快递业信用管理暂行办法》

发布单位：国家邮政局

发布时间：2018 年 1 月

核心内容：为加强快递业信用体系建设，促进快递业健康发展，对快递业信用信息的采集、评定、应用和监督管理等进行了规定。

点评：快递业信用体系建设，完善快递业的行业规范，促进物流业的健康发展。

2.《关于推广标准托盘发展单元化物流的意见》

发布单位：商务部等十大部门

发布时间：2018 年 1 月 18 日

核心内容：旨在更大范围、更长链条、更高层面发挥托盘的物流单元作用，提升单元化物流水平，促进物流提质增效。

点评：托盘作为最基本的物流单元器具，广泛应用于生产和流通领域，对于促进物流一体化运作具有"牵一发而动全身"的作用。推广应用标准托盘、发展单元化物流，是推进物流提质降本增效的有效措施。

3.《关于推进电子商务与快递物流协同发展的意见》

发布单位：国务院办公厅

发布时间：2018 年 1 月 23 日

核心内容：围绕完善基础体系、优化快递节点布局、提升数字化协同水平、构建智慧快递服务体系，明确提出七大举措：一是推动企业改革创新，培育壮大电子商务与快递物流业协同发展主体；二是加强基础设施建设，夯实电子商务与快递物流业发展基础；三是聚力快递物流的协同作用，助推农村电子商务、城市社区电子商务和跨境电子商务的发展；四是规范快递物流交通工具，推动电子商务配送通行便利化；五是推动快递物流智能化建设，提高电子商务和快递物流协同运行效率；六是强化绿色理念，打造电子商务和快递物流协同发展的标准化绿色生态链；七是强化服务，建立健全电子商务与快递物流协同发展支撑保障体系。

点评：该意见从 6 个方面，开出 18 条"处方"，每一条都是针对当前面临的实际问题，明确了国家邮政局与各部委、各地人民政府等在快递行业发展中应承担的责任，为两个行业下一步更好地协同发展提供了强有力的保障，指明了方向。

4.《快递封装用品》

发布单位：国家质检总局、国家标准委

发布时间：2018 年 2 月 7 日

核心内容：根据减量化、绿色化、可循环要求，对原有标准的相关方面进行了补充完善。新标准降低了快递封套用纸、气垫膜类快递包装袋、塑料编织布类快递包装袋的定量要求，降低了塑料薄膜类快递包装袋的厚度要求，要求快递包装袋宜采用生物降解塑料，增加了重金属与特定物质限量要求，补充完善了重复使用要求和印刷要求等。

点评：此前快递绿色环保包装用品生产、使用和检测无标可依，急需修订标准，提供指导。新修订的《快递封装用品》国家标准弥补了标准内容缺失问题，以及原标准没有考虑的提升运营效率、标准协调一致问题。

5.《快递暂行条例》

发布单位：国务院

发布时间：2018 年 3 月 2 日

核心内容：为促进快递业健康发展，保障快递安全，保护快递用户合法权益，加强对快递业的监督管理，立足包容审慎监管和管理创新，对快递服务车辆、包装材料等相关强制性规定作了调整，增加了推动相关基础设施建设、鼓励共享末端服务设施等规定，完善了无法投递快件的处理程序，补充了快递业诚信体系建设的内容。

点评：快递业是现代服务业的重要组成部分，也是推动流通方式转型、促进消费升级的现代化先导性产业，《快递暂行条例》此时出台，是为了持续推动快递业健康发展，保障快递安全，保护用户合法权益，促成快递业治理体系和治理能力现代化。

6.《快递业信用体系建设工作方案》

发布单位：国家邮政局

发布时间：2018 年 4 月 19 日

核心内容：在全国范围内开展快递业信用体系建设，明确了快递业信用体系建设的指导思想、工作目标、工作原则、工作任务、职责分工、时间安排和工作要求。快递业信用体系建设坚持政府推动、社会共建，完善制度，规范管理，统筹规划，稳步实施，整合资源，共建共享的四项原则。

点评：方案明确了快递业信用体系建设的指导思想、工作目标、工作原则、工作任务、职责分工、时间安排和工作要求。快递业信用体系建设坚持政府推动、社会共建；完善制度，规范管理；统筹规划，稳步实施；整合资源，共建共享的四项原则。着重从八个方面开展相关工作：一是完善快递业信用管理规章制度，二是建设快递业信用管理信息系统，三是建立完善信用档案，四是组建快递业信用评定委员会，五是编制快递业年度信用评定方案，六是全面采集信用信息，七是信用评定和结果应用，八是推进诚信文化建设。力争到 2019 年年底，快递业信用基础性制度和标准体系基本建立，行业信用信息采集机制基本建成，信用监管体制基本健全，守信激励和失信惩戒机制初步发挥作用，规范运行、科学高效的快递业信用管理工作体系基本建成。

7.《关于组织实施城乡高效配送重点工程的通知》

发布单位：商务部、公安部、国家邮政局、供销合作总社

发布时间：2018 年 4 月

核心内容：各地按照《城乡高效配送专项行动计划（2017—2020 年）》任务要求，组织开展专项行动，确定一批工作基础好、有发展潜力、兼顾不同类型的城市进行试点探索，选择一批经营规模大、配送品类全、网点布局广、辐射功能强的骨干企业加强联系指导，围绕《城乡高效配送专项行动计划（2017—2020 年）》三大工程中的城乡配送网络建设工程和技术与模式创新工程，通过设施规划保障、政策引导支持、体制机制创新、重点项目推动，促进城乡配送资源整合与协同共享，推广现代物流技术应用和标准实施，推进城乡配送组织方式创新和集约化发展。

点评：城乡配送涉及部门较多，职责比较分散，资源整合不够；农村配送设施不足，配送成本偏高；配送车辆"三难两多"问题一直没有很好解决，亟须出台新的政策措施提升城乡物流配送水平。

8. 国务院常务会议确定进一步降低实体经济物流成本的措施

发布单位：国务院常务会议

发布时间：2018 年 5 月 16 日

核心内容：为进一步促进物流降本增效，会议确定，从 2018 年 5 月 1 日至 2019 年 12 月 31 日，对物流企业承租的大宗商品仓储设施用地减半征收城镇土地使用税。同时，从 2018 年 7 月 1 日至 2021 年 6 月 30 日，对挂车减半征收车辆购置税。2018 年年底前，实现货车年审、年检和尾气排放检验"三检合一"。取消 4.5 吨及以下普通货运从业资格证和车辆营运证。对货运车辆推行跨省异地检验。推动取消高速公路省界收费站。采取上述措施，加上增值税率调整后相应下调铁路运价，预计全年降低物流成本 120 多亿元。

点评：进一步加大力度推进简政放权和减税降费，降低制度性交易成本和企业负担，促进物流降本增效，助力经济发展。

9.《关于物流企业承租用于大宗商品仓储设施的土地城镇土地使用税优惠政策的通知》

发布单位：财政部、税务总局

发布时间：2018 年 6 月 1 日

核心内容：自 2018 年 5 月 1 日起至 2019 年 12 月 31 日止，对物流企业承租用于大宗商品仓储设施的土地，减按所属土地等级适用税额标准的 50% 计征城镇土地使用税。符合减税条件的纳税人需持相关材料向主管税务机关办理备案手续。

点评：对承租用于大宗商品仓储设施的土地使用税收优惠政策，不仅能够减少企业的负担，还能利于物流企业的发展。

10.《关于提升快递从业人员素质的指导意见》

发布单位：国家邮政局

发布时间：2018 年 6 月 27 日

核心内容：进一步提升快递从业人员职业素质、职业保障、职业地位和职业荣誉，保障安全生产，提高服务能力，推动快递业高质量发展，不断满足人民群众对快递服务水平提升的新期待。

点评：当前，快递行业正处于上升期，我国快递从业人数超过 200 万人。但是，这一庞大群体的职业素质如何，不仅事关个人及企业的发展，而且也是一个社会问题。例如，快递小哥能够自觉做到不超速、不闯红灯、不违停，势必会强化社会的安全。相反，如果交通法规意识淡薄则会成为道路安全的祸患之源。因此，提升快递人员素质十分必要。

11.《邮件快件实名收寄管理办法》

发布单位：交通运输部

发布时间：2018 年 10 月 22 日

核心内容：寄件人交寄邮件、快件时，应当出示本人有效身份证件，如实填写寄递详情单。寄件人交寄信件以外的邮件、快件时，拒绝出示有效身份证件，或者拒绝寄递企业登记身份信息的，寄递企业不得为其提供收寄服务。寄递企业实名收寄操作不规范或者不执行实名收寄制度，将承担相应的法律责任。该办法特别强化了寄递企业保障用户信息安全的义务，并明确了在执行实名收寄过程中泄露用户身份信息应承担的法律责任。该办法强调，寄递企业应当建立健全信息安全保障制度，采取必要防护措施，防止信息泄露、毁损、丢失。寄递企业及其从业人员应当对提供寄递服务过程中获取的用户身份信息严格保密，不得出售、泄露或者非法提供寄递服务过程中知悉的用户信息。

点评：该办法针对用户关心的信息安全问题进行了进一步规范，防止用户信息泄露、毁损、丢失，更好地保障了用户的权益。

12.《智能快件箱寄递服务管理办法（征求意见稿）》（以下简称《办法》）

发布单位：交通运输部

发布时间：2018 年 11 月 26 日

核心内容：一是包容相关企业共同发展。《办法》根据企业从事的服务环节，将提供智能快件箱寄递服务的企业细化为智能快件箱运营企业、智能快件箱使用企业，要求运营企业和使用企业具备与快件收寄、投递业务相适应的服务能力。规定运营企业、使用企业符合快递业务经营许可条件的，按照有关规定申请快递业务经营许可。

二是保护快递用户合法权益。《办法》规定了收件人的相关权利，以及智能快件箱运营企业、使用企业的相关义务。要求企业使用智能快件箱投递快件应征得收件人同意，投递快件后应及时通知收件人。

三是规范智能快件箱寄递服务。《办法》明确了智能快件箱设置要求，要求智能快件箱运营企业为实名收寄以及验收、拒收快件提供技术条件和技术服务。进一步明确了智能快件箱使用要求，规定智能快件箱使用企业建立管理制度，明确收寄验视、实名收寄、服务时限、服务质量等事项，并规定了运营企业、使用企业不得通过智能快件箱接收交寄物品和投递快件的具体情形。

四是保障智能快件箱寄递安全。《办法》紧密衔接收寄验视、实名收寄、过机安检三项制度。明确了企业在监控设备安装、寄件人身份查验、物品信息登记等方面的主体责任。细化了邮政管理部门的监督管理职责，并对企业违反相关规定的行为设置了相应法律责任。

点评：智能快递箱的出现解决了物流末端"最后一公里"的配送问题，但从中也产生了收费、验收、丢件等问题，该管理方法能够在未来很好地解决该问题。

13.《快递业绿色包装指南（试行）》

发布单位：国家邮政局

发布时间：2018 年 12 月 17 日

核心内容：快递业绿色包装坚持标准化、减量化和可循环的工作目标，加强与上下游协同，逐步实现包装材料的减量化和再利用。

点评：电商网购繁荣的另一面是快递业务量的大涨，据数据显示，2018 年 1 ～ 11 月全国快递服务企业业务量累计完成 452.9 亿件，同比增长 26.3%。可以想象，从中产生的大量包装垃圾（包装箱、编织袋、塑料袋、胶带）对环境会造成不可逆转的损害，因此快递包裹减负刻不容缓，同时绿色物流才是未来发展的方向。

12.3 2014 ～ 2017 年我国政府制定的重要仓配物流法规汇总

表 12-2 列出了 2014 ～ 2017 年我国物流行业相关政策法规及内容解读。

表 12-2 2014 ～ 2017 年物流行业相关政策法规汇总

发布时间	名　　称	内容解读
2014 年 8 月	《加快发展生产性服务业促进产业结构调整升级的指导意见》	鼓励企业向价值链高端发展，推进仓储物流、维修维护和回收利用等专业服务的发展
2014 年 8 月	《关于促进海运业健康发展的若干意见》	加强海运业国际竞争力，形成具有较强国际竞争力的品牌海运企业、港口建设和运营商、全球物流经营主体，基本建成具有国际影响力的航运中心

（续）

发布时间	名　　称	内容解读
2014 年 9 月	《物流业发展中长期规划（2014—2020 年）》	加快现代化立体仓库、资源型产品物流集散中心和重要商品仓储设施建设，鼓励仓储等物流企业向上下游延伸服务，在此基础上引导仓储物流企业采用现代管理理念和技术装备，提高服务能力
2014 年 11 月	《关于我国物流业信用体系建设的指导意见》	针对运输、仓储、代理等不同行业和不同运输方式利用信用记录建立企业分类监管制度，分别制定信用考核标准。在运输、仓储、配送、代理等物流各相关领域大力推进政务诚信建设
2014 年 11 月	《关于促进内贸流通健康发展的若干意见》	支持商贸物流园区、仓储企业转型升级，经认定为高新技术企业的第三方物流和物流信息平台企业，依法享受高新技术企业相关优惠政策
2015 年 5 月	《全国流通节点城市布局规划（2015—2020 年）》	加强流通基础设施建设，尤其关注加强粮食仓储及物流设施，大力发展冷链物流，积极发展公共仓储、城际物流、邮政服务、快递服务、共同配送和第三方物流
2015 年 6 月	《国务院办公厅关于促进跨境电子商务健康快速发展的指导意见》	建设综合服务体系，鼓励外贸综合服务企业为跨境电子商务企业提供通关、物流、仓储、融资等全方位服务
2015 年 7 月	《关于智慧物流配送体系建设的实施意见》	加强技术创新和商业模式创新，优化供应链管理和资源配置，推动物流业与制造业、商贸业的融合，物流与商流、信息流、资金流的融合，互联网、移动互联网、物联网与车联网的融合，促进提高效率、降低成本，提升物流业综合服务能力和整体发展水平
2015 年 7 月	《物流标准化中长期发展规划（2015—2020 年）》	大力推进仓储设施、装卸机械、运输工具、信息编码、质量监督、在线监测等粮食物流重点标准制定；着力推进托盘及仓储配送等相关配套设施设备的标准化改造和衔接，提升物流一体化运作水平
2015 年 8 月	《关于推进国内贸易流通现代化建设法制化营商环境的意见》	构建开放融合的流通体系，加大对流通企业境外投资的支持，统筹规划商贸物流型境外经济贸易合作区建设，支持企业建设境外营销、支付结算和仓储物流网络，推动国内流通渠道向境外延伸，打造全球供应链体系
2015 年 9 月	《关于推进线上线下互动加快商贸物流创新发展转型升级的意见》	转变物流发展方式，大力发展智慧物流，建设智能化仓储体系、配送体系。发挥互联网平台实时、高效、精准的优势，对线下运输车辆、仓储等资源进行合理调配、整合利用，提高物流资源效率
2015 年 10 月	《国务院关于促进快递业发展的若干意见》	到 2020 年，基本建成普惠城乡、技术先进、服务优质、安全高效、绿色节能的快递服务体系，形成覆盖全国、联通国际的服务网络。重点任务是培育壮大快递企业，推进"互联网＋"快递，构建完善服务网络，衔接综合交通体系，加强行业安全监管

（续）

发布时间	名 称	内容解读
2015 年 10 月	《关于促进快递业发展的若干意见》	推进"互联网＋"快递业务的发展，鼓励快递企业充分利用移动互联网、物联网、大数据、云计算等信息技术，优化服务网络布局，提升运营管理效率，拓展协同发展空间，推动服务模式变革，加快向综合性快递物流运营商转型
2015 年 11 月	《关于加快发展生活性服务业促进消费结构升级的指导意见》	加快批发零售业务的发展，鼓励发展商贸综合服务中心、农产品批发市场、集贸市场以及重要商品储备设施、大型物流（仓储）配送中心、农村邮政物流设施、快件集散中心、农产品冷链物流设施。积极发展冷链物流、仓配一体化等物流服务新模式，推广使用智能包裹柜、智能快件箱
2015 年 12 月	《关于推进农村一二三产业融合发展的指导意见》	在各省（区、市）年度建设用地指标中单列一定比例，专门用于新型农业经营主体进行农产品加工、仓储物流、产地批发市场等辅助设施建设
2016 年 2 月	《关于深入推进新型城镇化建设的若干意见》	提升城市公共服务水平，打造包括物流配送、便民超市、银行网点、零售药店、家庭服务中心等在内的便捷生活服务圈
2016 年 2 月	《关于加强物流短板建设促进有效投资和居民消费的若干意见》	针对我国物流仓储业发展现状，推动县级仓储配送中心建设，依托重要物流集散地建设集运输、仓储、配送、信息交易于一体的综合物流服务基地是重要任务
2016 年 3 月	《全国电子商务物流发展专项规划（2016—2020 年）》	支持建立具备运营服务中心和仓储配送中心（商品中转集散中心）功能的县域农村电子商务服务中心，发展与电子交易、网上购物、在线支付协同发展的农村物流配送服务。做好电商物流的仓储、分拨、配送等规划选址和用地保障，落实好现有鼓励政策
2016 年 4 月	《关于深入实施"互联网＋物流"行动计划的意见》	大力发展绿色流通和消费，推动仓储配送和包装绿色化发展，提高商贸物流绿色化发展水平
2016 年 4 月	《交通运输信息化"十三五"发展规划》	加强新技术创新应用工程的推进，通过信息集成和共享，实现港口与船公司、铁路、公路、场站、货代、仓储等港口物流服务企业的无缝连接
2016 年 5 月		依托国家交通运输物流公共信息平台，实现我国与东盟、中亚物流信息互联互通，提高物流信息国际合作水平，为"一带一路"倡议国家战略实施提供支撑，促进物流信息化发展
2016 年 7 月	《发展服务型制造专项行动指南》	培育一批第三方物流企业和第四方物流企业，加快发展供应链业务流程外包，高效提供信息咨询、订单管理、物流配送、仓储库存等服务；推广智能化物流装备和仓储设施，提升技术、调度、运作和监控能力
2016 年 7 月	《"互联网＋"高效物流实施意见》	进一步推进先进信息技术在仓储、运输、配送等环节的应用，促进基础互联网的物流新装备、新模式、新技术出现和发展，从而大幅度提高物流效率

（续）

发布时间	名　称	内容解读
2016年7月	《综合运输服务"十三五"发展规划》	发展铁路全程物流和总包物流，推进道路客运班线经营许可改革，鼓励港口、海运企业发展全程物流服务，实施民航空域资源分类管理
2016年8月	《推进快递业绿色包装工作实施方案》	推进国内快递业绿色发展，鼓励快递绿色包装的应用
2016年9月	《关于推进改革试点加快无车承运物流创新发展的意见》	健全物流运输管理信息系统，通过互联网物流信息平台为货主和实际承运人提供信息服务，利用物流信息平台和大数据技术整合实际承运人相关信用信息，建立健全对实际承运人的信用评价体系
2016年9月	《物流业降本增效专项行动方案（2016—2018年）》	依托重要交通枢纽、物流集散地规划建设或改造升级一批集运输、仓储、信息交易于一体的综合物流服务基地，促进干线运输与城市配送有效衔接，加强公用型城市配送节点建设，优化配送相关设施布局，引导仓储配送资源开放共享
2016年10月	《关于进一步加强农村物流网络节点体系建设的通知》	完善站场功能，提升服务水平；县级农村物流中心原则上应设置运输组织、信息交易、仓储服务、快递电商等功能区块，并根据实际需要增设冷链物流等其他专业化服务
2016年11月	《国内贸易流通"十三五"发展规划》	支持跨区域农产品冷链物流设施和公益性农产品批发市场建设，完善重点农产品产地预选分级、综合加工配送、包装仓储、冷链物流、产品追溯等基础设施，引导农产品批发市场升级改造。支持国家重要商品储备库、公共仓储配送设施、农村邮政物流设施等流通设施建设
2016年12月	《全国药品流通行业发展规划纲要（2016—2020年）》	促进仓储资源和运输资源有效整合，建设集初加工包装、仓储养护、物流配送及追溯管理于一体的中药现代物流体系，提高中药材物流的组织化、标准化和现代化水平
2017年1月	《关于进一步鼓励开展多式联运工作的通知》	夯实发展基础，提升支撑保障能力；深化行业改革，创新运输服务模式；推动信息共享，加快装备技术进步；深化对外合作，拓展国际联运市场
2017年1月	《商贸物流发展"十三五"规划》	加强商贸物流基础设施建设，提升仓储、运输、配送、信息等公共服务水平，同时加强商贸物流标准体系建设
2017年1月	《促进电子商务发展三年行动实施方案（2016—2018年）》	"软硬结合"即是相关法规政策、标准规范、科技支撑和人才培训和电商基础硬件设施的共同推进和建设，"内外并举"即是国内电商和跨境电商共展，"纵横协调"即是加强国家各部门和各地方政府协调和合作，"政企合作"即加强各级政府部门、行业协会与各类电子商务企业、研究院所等社会团体的合作，共同开展电子商务理论研究、技术攻关、模式创新
2017年2月	《"十三五"现代综合交通运输体系发展规划》	强化与矿区、产业园区、物流园区、口岸等有效衔接，促进交通运输体系建设，支持综合性交通枢纽和物流集散中心的交通建设

（续）

发布时间	名　　称	内容解读
2017 年 2 月	《商贸物流发展"十三五"规划》	加强商贸物流基础设施建设，提升仓储、运输、配送、信息等公共服务水平；通过信息技术优化物流资源配置和仓储配送管理；提高物流园区、仓储中心、配送中心的物流供需匹配度
2017 年 4 月	《"十三五"铁路集装箱多式联运发展规划》	创新铁路服务方式，拓展延伸增值服务；以市场需求为导向，拓展经营范围，延伸服务链条，强化仓储、装卸、配送、包装等增值业务
2017 年 5 月	《关于加快推进邮政业供给侧结构性改革的意见》	支持邮政业上下游国有资本和电子商务、仓储、物流等企业，对发展潜力大、成长性强的快递企业进行股权投资。实施寄递服务现代农业"一地一品"示范工程，为农产品提供包装、仓储、运输的标准化、定制化服务，助力国家精准扶贫
2017 年 5 月	《"十三五"铁路集装箱多式联运发规划》	拓展延伸增值服务，以市场需求为导向，拓展经营范围，延伸服务链条，强化仓储、装卸、配送、包装等增值业务
2017 年 8 月	《加快发展冷链物流保障食品安全促进消费升级的实施意见》	提升冷链物流信息化水平，积极使用仓储管理、运输管理、订单管理等信息化管理系统，按照冷链物流全程温控和高时效性要求，整合各作业环节
2017 年 8 月 17 日	《关于进一步增进物流降本增效促进实体经济发展的意见》	加大联税清费力度，切实减轻企业负担；全面落实物流企业大宗商品仓储设施用地城镇土地使用税减半征收优惠政策
2017 年 9 月	《工业电子商务发展三年行动计划》	实现供应仓储、生产计划、物流配送的精准对接、快速响应和柔性供给，提高产业链整体协作水平的综合竞争力，建设跨境工业电子商务平台、海外物流仓储和跨境支付渠道
2018 年 1 月	《关于推进电子商务与快递物流协同发展的意见》	重规划引领，简化快递业务经营许可程序，创新产业支持政策，健全企业间数据共享制度，健全协同共治管理模式
2018 年 1 月	《关于全面深入推进绿色交通发展的意见》	提出了推广高效运输组织方式、提高物流信息化水平、发展高效城市配送模式等任务，鼓励大力发展多式联运、江海直达、滚装运输、甩挂运输、驼背运输等先进运输组织模式，鼓励"互联网+"高效物流等业态创新

🔵 本章小结

　　2014 年以来，国家相继出台政策规划，促进仓储环节的建设。2014 年 9 月国务院印发《物流业发展中长期规划（2014—2020 年）》，提出加快现代化立体仓库、资源型产品物流集散中心和重要商品仓储设施建设，鼓励仓配等传统物流企业向上下游延伸服务，为仓配物流业的现代化建设提供政策保障和建设依据。

　　2016 年 3 月，商务部、国家发展改革委、交通运输部、海关总署、国家邮政局、国家标准委 6 部门共同发布《全国电子商务物流发展专项规划（2016—2020 年）》，支持建立具备运营服务中心和仓储配送中心（商品中转集散中心）功能的县域农村电子商务服务中心。

2017 年 2 月，商务部、国家发展改革委、国土资源部、交通运输部、国家邮政局在之前政策基础上制定《商贸物流发展"十三五"规划》，提出加强商贸物流基础设施建设，提升仓储、运输、配送、信息等公共服务水平；通过信息技术优化物流资源配置和仓储配送管理；提高物流园区、仓储中心、配送中心的物流供需匹配度。

🔘 复习思考题

简答题：

1. 2014 年以来我国仓配物流法规主要有哪些？
2. 2014 年以来国家层面宏观物流仓配政策法规有哪些？
3. 谈谈 2014 年以来国家颁布了哪些电商物流法律法规？

🔘 课内实训

大家组织讨论，为什么我国自 2014 年以来频繁出台直接与物流仓配方面相关的政策法规。这些法规政策的出台，对行业的发展有何促进作用？

🔘 课外实训

以小组为单位，开展政策法规竞赛活动，通过竞赛熟悉我国物流法规立法过程以及完善情况。

🔘 案例分析 12-1

规划布局，为仓储业发展提出目标

在国家阶段规划的指引下，相关部门积极出台政策鼓励各省市物流园区及相关企业推进仓储物流业务的发展。《国务院办公厅关于促进跨境电子商务健康快速发展的指导意见》《国务院办公厅关于推进线上线下互动加快商贸流通创新发展转型升级的意见》《关于加强物流短板建设促进有效投资和居民消费的若干意见》《"互联网 +" 高效物流实施意见》等一系列政策措施有效地为物流业发展的中间环节仓储物流提供了政策保障和依据，为我国仓储业的智能化和物流业发展的现代化提供了建设方向。同时推动运输、仓储、配送等全物流环节的高效发展。

在国家规划及政策的保障和促进下，根据《"互联网 +" 高效物流实施意见》有关工作部署，国家发展改革委、商务部联合委托第三方机构组织确定京东上海亚洲一号物流基地、南京苏宁云仓物流基地、顺丰华北航空枢纽（北京）中心、九州通医药集团东西湖现代医药物流中心、长春一汽国际物流有限公司物流园区、日日顺物流青岛仓、菜鸟网络广州增城物流园区、招商物流北京分发中心、怡亚通供应链深圳物流基地、荣庆上海嘉定冷链物流园区等 10 家单位获得智能化仓储物流示范基地建设的称号。

智能化仓储物流示范基地名单的公示更进一步明确了在我国电子商务规模不断增加、

人均购买量提升的需求下，我国仓配物流应逐渐向智能化方向转变。

资料来源：前瞻经济学人，http://www.qianzhan.com/analyst/detail/220/180205-ae5aaoc2.html。作者有删除。

问题：

1. 国家为中间环节仓配物流的发展提供了哪些政策支持？
2. 智能化仓配物流示范基地建设对先一步仓配一体化有何重要意义？
3. 为什么说智能化仓配物流是未来物流仓配的发展方向？

◉ 案例分析 12-2

德邦物流正式上市上交所，全力 PK 顺丰、"四通一达"

2018 年年初，德邦股份在上交所成功上市后将"德邦物流"更名为"德邦快递"，并以大件快递的特色服务亮相国内。阿里集团联手蚂蚁金服、投行及菜鸟网络，顺丰及丰巢科技、京东物流、苏宁物流、万科物流、中通快递、中交兴路、满帮集团、福佑卡车等众多企业或是以大手笔的投资收购、并购整合资源，或是再获新一轮的国内外融资。

同时，银行业对物流业特别是中小物流企业增加贷款及优惠政策支持。据不完全统计（按人民币计算），2018 年内投融资市场项目总额超过人民币 1 600 亿元，缓解了物流业发展的资金困难。

同时，多地对高污染的柴油重卡限行或禁行，顺丰等企业率先更换新能源车辆。京东继续推行"青流计划"，"通达系"、苏宁等规模化使用无胶带纸箱、环保袋、循环箱。菜鸟首创电子装箱单的推广每年节省纸质运单超过 300 亿张。新版《快递封装用品》系列国家标准正式实施。菜鸟的绿色物流计划受到了多部门和全国政协的肯定。

截至 2018 年年底，菜鸟在高校起步的"回箱计划"已在全国 200 多个城市设立了约 5 000 个回收台，开始纳入绿色城市发展内容。菜鸟研发的切箱算法已覆盖上万品牌，累计优化超过 5 亿个包裹。全行业在行动，包裹在"瘦身"，物流正"变绿"。

资料来源：东方资讯，https://www.qianzhan.com/analyst/detail/220/180205-ae5aa0c2.html。作者有删改。

问题：

1. 顺丰等企业率先更换新能源车辆的政策法律背景是什么？
2. 菜鸟首创电子装箱单得到国家何种政策法规支持？
3. 菜鸟在高校起步的"回箱计划"符合国家何种发展战略？

参考文献 • Reference

［1］叶伟媛. 仓储与配送管理［M］. 大连：东北财经大学出版社，2018.

［2］梁旭，刘徐方. 物流仓储与配送管理［M］. 北京：清华大学出版社，2017.

［3］何庆斌. 仓储与配送管理［M］. 上海：复旦大学出版社，2016.

［4］梁军，李志勇. 仓储管理实务［M］. 北京：高等教育出版社，2014.

［5］郑丽. 仓储与配送管理实务［M］. 北京：清华大学出版社，2014.

［6］李永生，郑文岭. 仓储与配送管理［M］. 北京：机械工业出版社，2010.

［7］周正义. 配送管理实务［M］. 天津：天津大学出版社，2011.

［8］魏立武. 关于仓储配送一体化运作的思考［J］. 科技创新与应用，2011（22）：233.

［9］奚倩倩. 面向电商企业的仓配一体化服务模式研究［J］. 物流工程与管理，2016（12）：57-58.

［10］王阳军，罗勇. 快递企业开展融仓配一体化服务策略研究［J］. 广西科技师范学院学报，2016（6）：117-120.

［11］曹迪. 基于"互联网+"的跨境电商物流仓配一体化运营模式研究［J］. 市场研究，2016（11）：41-42.

［12］张小勇. 仓配一体化的发展现状及未来趋势［J］. 物流技术与应用，2017（11）：88-90.

［13］陈雨欣. 基于物流联盟的平台型电子商务企业仓配一体化研究［D］. 南昌：江西财经大学，2017.

［14］陈艳. 仓配一体化服务跨境电商［J］. 中国邮政，2016（9）：58-59.